rowohlt
BERLIN

GERHARD SPÖRL

«Es muss noch etwas anderes geben als Angst und Sorge und Herrn Hitler»

Die Liebesgeschichte von Artur und Grete

Rowohlt · Berlin

Die Zitate aus den Tagebüchern von Victor Klemperer sind mit freundlicher Genehmigung des Aufbau Verlages entnommen aus: Victor Klemperer, «Ich will Zeugnis ablegen bis zum letzten», Bd. 1, hrsg. von Walter Nojowski unter Mitarbeit von Hadwig Klemperer,

1. Auflage November 2016

Satz aus der Janson Text, InDesign,
bei Dörlemann Satz, Lemförde
Druck und Bindung
CPI books GmbH, Leck, Germany
ISBN 978 3 87134 837 2

Für Peter und Patricia

Inhalt

1.

Zwei, die sich lieben

Schön sieht sie aus in ihrem weißen Seidenkleid. Zwei Sträuße hält sie im Arm, einen Strauß aus Feldblumen, einen aus weißen Rosen. Seitlich ins lockig rotblonde Haar hat sie einen weißen Schleier gesteckt. Mittelgroß ist sie, schlank und schön. Sie leuchtet. Sie scheint ganz Erwartung zu sein, und dabei wirkt sie doch auch vollkommen in sich gekehrt.

Wahrscheinlich hat sie nie glücklicher ausgesehen, hat sie nie zuversichtlicher dem Leben entgegengeblickt, das sie erwartet, das ihr gehört, das ihr gebührt. Der Bräutigam an ihrer Seite mag sie zum Leuchten bringen, aber sein Blick sagt, dass er sich dessen nicht sicher ist. Staunend schaut er sie an, weil er sieht, dass sie sich in eine stolze junge Frau verwandelt, die genießt, wie sie wirkt. Sie trägt den Namen Margarete, so heißen junge Frauen in dieser Zeit, die kurz vor dem Ersten Weltkrieg, der natürlich noch nicht als der Erste bezeichnet wird, geboren werden. Genannt wird sie Grete.

Grete ist ein romantischer Name. Mädchen werden so getauft, weil ihre Eltern dezent auf Goethe verweisen möchten. Und die Mädchen wären natürlich gerne so verführerisch, lebensfroh und selbstbewusst wie Gretchen zur Osterzeit, allerdings ohne das traurige Schicksal, das ihr nach der Begegnung mit Faust blüht.

Grete ist Grete, kein Gretchen. Sie sieht kraftvoll aus, als wollte sie gleich losstürmen, hinein in diese verheißungsvolle Zukunft, die sie vor sich sieht. Sie liebt den Mann an ihrer Seite, kein Zweifel, ihn hat sie gewählt. Wenn es nach ihr gegangen wäre, hätten sie schon früher geheiratet. Sie hat es sich in den Kopf gesetzt, sie will seine Frau sein und die Mutter seiner Kinder werden. Doch sie musste sich erst gegen ihre Eltern durchsetzen, nicht zum ersten Mal in ihrem Leben, aber zum ersten Mal bei einer so wichtigen Entscheidung.

Sie hatte keine Bedenken, sie hat nur eine Zeitlang Rücksicht auf die Eltern genommen. Sie ist fest davon überzeugt, dass sie das Richtige tut, dass dieser Artur an ihrer Seite der Mann fürs Leben ist. Sie weiß ganz einfach, dass auf dieser Liebe Segen ruhen wird, wie man wirklich Wichtiges tief innen weiß und nur dort. Die Entscheidung, die sie getroffen hat, ist eigentlich gar keine Entscheidung gewesen. Sie war einfach da, sie lag in ihrem Gemüt bereit und musste nur noch ausgesprochen werden.

Grete hat es früh gewusst, sie kennt sich gut. Wenn sich eine Wendung in ihrem Leben abzeichnet, zögert sie nicht lange. Sie kommt dann immer rasch mit sich ins Reine. Da sie gute Erfahrungen mit ihren Entscheidungen gemacht hat, hat sie auch keine Angst davor. Im Gegenteil, sie ruht in solchen Augenblicken mehr noch als sonst in sich. Sie liebt die Wirkung wichtiger Erlebnisse. Dann fließt das Leben warm in ihr wie ein ruhiger Fluss. Der Fluss tritt nicht über die Ufer, er reißt nichts mit sich fort, er kennt den Weg zum Meer und folgt ihm, wie sie ihrem Weg folgen will. Nie fühlt sie sich dem Leben inniger verbunden als in diesen Momenten. Nie ist die Ruhe, die sich in Grete ausbreitet, ähnlich erfüllt.

Darin liegt das wahre Glück dieser Ehe, in der Rückwirkung der Liebe auf Grete. Sie weiß jetzt, dass Liebe mehr ist als nur ein großes Gefühl. Liebe rundet den Liebenden ab. In der Liebe zu Artur liebt sich Grete selbst. Daraus schöpft sie die Kraft, die sie brauchen wird.

Grete fällt es nicht leicht, über diese Selbsterhöhung zu reden, weil sie sich ungern größer macht, als sie ist und sein will. Aufplustern liegt ihr nicht. Sie findet das Leben spannend und vergnüglich, solange es nicht einfach dahinplätschert. Sie war immer schon davon überzeugt, dass in ihrem Leben mehr auf sie wartet. Was es sein sollte, würde sie schon im richtigen Augenblick erfahren. Der Augenblick ist da. Von jetzt an geht es um sie beide.

In ihrem Inneren kennt Grete sich aus. Sie weiß, was sie sich zumuten kann, sie kennt ihre Grenzen. Sie ist ein erstaunlicher Mensch und fest entschlossen, dass ihr die Schwere des Lebens, die nie ganz ausbleibt, wenig anhaben soll. Leicht will sie bleiben, nicht schwer werden, nicht gebeugt von irgendwelchen Widrigkeiten. So hat sie den Widerstand ihrer Eltern überwunden und musste doch nicht mit ihnen brechen. Auf ihrer Lebensbahn möchte sie niemanden verlieren, weder freiwillig noch unfreiwillig. Mit ihrer Willenskraft hat sie nicht nur ihren Mann, sondern auch ihre Eltern beeindruckt.

Wer so sicher ist, wer so entschlossen wirkt und dabei freundlich und zugewandt bleibt, überzeugt seine Eltern vielleicht nicht, macht es ihnen aber fast unmöglich, kompromisslos zu bleiben. Wieder und wieder hat sie über den Unterschied zwischen einem erfüllten Leben und einem unerfüllten Leben geredet. Vielleicht liegt ihr dieses entspannte Argumentieren auch deshalb, weil sie ohnehin glaubt, dass die Jahre zwischen zwanzig und dreißig eine Zwischenzeit bilden. Dahinter erst wartet das richtige Leben. Diese Vorstellung zeigt sie als ein Kind des bürgerlichen Zeitalters, in dem sie aufwächst. Erwachsenenzeit ist Kinderzeit und

Ehefrauenzeit. So ist sie erzogen worden, diese Maßstäbe hat sie übernommen.

Natürlich hat sie nicht die ganze Zeit, die sie in Görlitz und zwischendurch in Berlin verbracht hat, nur darauf gewartet, bis einer wie Artur auftritt und sie erobert. Dafür ist sie zu unternehmungslustig und vor allem zu hübsch. Vor Artur gab es andere Männer. In dieser Zeit lernt man sich bei einem Sonntagsausflug in die Umgebung kennen und geht dann in ein Varieté oder ins Kino, meistens in einer größeren Gruppe. Und wer miteinander allein sein will, findet eine Gelegenheit. So war das vermutlich immer schon.

Grete und Artur heiraten am 9. November 1932 und haben bereits eine Ahnung, was ihnen bevorstehen könnte. Sie verbindet eine große Liebe, und diesen Schatz an tiefen Gefühlen brauchen sie auch, vor allem in den nächsten zwölfeinhalb Jahren, die Anfeindungen und Lebensgefahr mit sich bringen. Was sie erlebt haben, ist in der Familie überliefert. Davon gibt es Dokumente und Fotos und Kronzeugen. Wie aber Grete und Artur ihr Leben erlebt haben, wird in diesem Buch nachempfunden.

Grete und Artur sind Kinder ihrer Zeit, wie könnte es anders sein? Auch für sie sind die zwanziger Jahre ein großer Aufbruch zu sich selbst. Nach dem großen Sterben im Weltkrieg wollen die Menschen leben, es sich gutgehen lassen. Wahrscheinlich steckt in der Lebensgier noch die Verzweiflung über den schrecklichen Krieg und die turbulenten Jahre danach, vielleicht auch die Ahnung, dass es nicht lange so unbeschwert weitergehen kann, dass das jähe Ende bald schon kommen wird.

Die Revolution in den Wirren des Nachkrieges ist krachend gescheitert, aber die Menschen leben jetzt ganz anders als noch vor ein paar Jahren. Die Frauen panzern sich nicht mehr, ihre Körper verschwinden nicht länger unter langen Gewändern. Mit einem Mal sind die Röcke kurz, die Tänze freizügig wie die Gedanken und Gefühle.

Grete genießt die neuen Freiheiten, sie nimmt sich, was ihr gefällt. Sie macht nicht alles mit, nur das, was zu ihr passt. Sie ist maßvoll. Und sie versteht sich auf das Leben.

Artur ist weniger temperamentvoll als Grete, das sieht man gleich. Er hat ein rundes Gesicht und ein sonniges Gemüt. Er ist ein Menschenfreund, der viele Freunde hat und es liebt, unter Menschen zu sein. Wenn er mit einer Gruppe ein Restaurant betritt, dann übernimmt er es immer, einen guten Tisch im vollbesetzten Lokal auszusuchen. Er betritt das Restaurant nicht, er erobert es und verhandelt so lange mit dem Kellner, bis die Runde am besten Tisch sitzt, der vorher nicht frei war.

Gut sieht Artur aus im Cut, den der Bräutigam tragen muss, wenn er etwas auf sich hält. So einen englischen Gehrock kann man sich leihen, für den Fall, dass er nur einmal gebraucht wird. Aber Artur hat den Cut gekauft. Der Eheschließung soll nichts Geliehenes anhaften, nichts Improvisiertes, das gehört sich einfach nicht. Er hat strikt bürgerliche Vorstellungen über Sitten und Gebräuche, genauso wie Grete, auch wenn er nicht aus einer Fabrikantenfamilie stammt.

Ihm steht der bedachtsame Part in der Ehe zu. Er ist ja auch sechzehn Jahre älter als seine Freundin, die jetzt seine Frau werden soll. Er kann es kaum fassen, dass ihm so ein junges schönes Wesen aus guter Familie über den Weg gelaufen ist. Aber es verwundert ihn auch nicht besonders. Es ist schon angemessen, dass ihm Gutes widerfährt. Er hat ja genug dafür getan.

Etliche Frauen hat Artur vor Grete gekannt. Einige hat er geliebt, bei anderen nur sein Vergnügen gesucht. Auch er versteht sich auf das Leben. Er zergrübelt sich nicht, wenn etwas schiefgeht. Er nimmt nicht alles persönlich. Menschen wie er sind klaglos ein Teil im großen Getriebe, anstatt sich einzubilden, sie hielten ihr Schicksal wie eine Glaskugel in der Hand. Damit soll nicht gesagt sein, dass er ein schlichtes Gemüt hätte. Er gehört zu den glücklichen Menschen, die ein reiches, aber nicht übermäßig kompliziertes Innenleben haben. Er ist kein Schwieriger, er ist ein Zuverlässiger.

Dass er angenehm in sich ruht, weder schrullig noch egoistisch, fiel Grete gleich auf und zog sie an. Männer in ihrem Alter findet sie meistens starr, unnachgiebig und selten einfühlsam. Und dann dieses Imponiergehabe, dieses Trommeln für die eigene Bedeutung und der Wunsch, von Frauen bewundert zu werden. Artur aber ist bereit, sich auf sie einzulassen.

Artur ist zweiundvierzig Jahre alt. Er heiratet zum ersten Mal. Vor Grete hat er nichts vermisst. Er hatte nicht das Bedürfnis, sich bis zum Tod an einen Menschen zu binden. Ohne Frau hat er sich keineswegs einsam gefühlt, dafür umgaben ihn immer zu viele Menschen. Deshalb ist er jetzt immer wieder ganz gerührt über sich. Artur mit Ring und im Cut und alles für diese junge Frau: alle Achtung. Wer hätte gedacht, dass er unter die Ehemänner fallen würde? Und mit Grete? Er nicht, und seine Freunde hätten es ihm schon gar nicht zugetraut.

Auch Artur denkt nicht groß von sich und hoch hinaus will er genauso wenig. Zufrieden will er sein, genug Geld verdienen, damit er seine kleine Familie ernähren kann. Die Familie ist ihm von nun an das Wichtigste auf der Welt. Auf das Leben dort draußen auf den Straßen haben Menschen wie er keinen Einfluss. Die Welt rast vor sich hin; seit er denken kann, sind ungeheure Dinge schon in seinem Leben passiert.

Es ist noch nicht lange her, da war plötzlich Krieg. Er war vierundzwanzig Jahre alt. Bald schon fiel sein älterer Bruder auf dem Feld der Ehre, wie sie sagten. Fallen? Als sei er gestürzt, dabei ist er in den Ardennen einen traurigen, schrecklichen Soldatentod gestorben. Und Ehre? Das hört sich nach freiwilligem Tod an, als sei er im Wissen um die Größe der patriotischen Sache gestorben, und das auch noch gerne. Wer im Krieg stirbt, stirbt nie freiwillig, und seine letzten Gedanken dürften kaum der Ehre und dem Vaterland gewidmet sein. Hat man beim Sterben überhaupt letzte Gedanken? Und woher soll man wissen, dass die Gedanken, die man hat, die letzten sind?

Artur musste ins Feld ziehen, wie sie sagten. Ins Feld ziehen: als wollte er das Feld bestellen, wo er doch die Franzosen töten sollte, die ihr Land verteidigten, was er ihnen nicht einmal verdenken konnte. Seither verstand er diese widersinnige Welt nicht mehr. Genauer gesagt verstand er, dass er keinen Einfluss darauf hat, wie es draußen zugeht. Ihm ist seitdem auch bewusst, dass einer wie er nicht wissen kann, ob der große Wirbel ihn erfassen oder verschonen wird. So viel Sterben, so viel Durcheinander. Der abgedankte Kaiser zwirbelt jetzt seinen Schnurrbart in Holland, und keiner vermisst ihn außer ein paar Königstreue, die sich ans Untergegangene klammern.

Vieles, was Teil von Arturs Jugend war, ist nicht mehr da. Stattdessen gibt es dieser Tage einiges, was Artur nicht gefällt. Früher trugen die Menschen nur im Krieg Uniform, wenn sie sich in Soldaten verwandelten. Heute rennen sie in Uniformen durch die Straßen, schreien herum, prügeln sich mit anderen, die andere Uniformen tragen und anders brüllen. Sie schlagen sich gegenseitig tot, und niemand hindert sie daran. Warum eigentlich nicht?

Artur liest in der Zeitung über Herrn Hitler, der neu ist,

und Herrn Hindenburg, der alt ist. Auch in den Görlitzer Straßen randalieren Nazis und Kommunisten schon länger und hauen sich gegenseitig auf den Kopf. Deshalb hat Artur eine Entscheidung gefällt, und seither geht es ihm besser. Er regt sich nicht mehr so sehr darüber auf, was in Deutschland und der Welt passiert. Er kann nichts dafür tun, und genauso wenig kann er etwas dagegen tun. Er vermag den Lauf der Dinge nicht zu beeinflussen, ob er gut ausgeht oder schlecht, ob es ihn in die Tiefe reißt oder nicht. Er zieht sich auf sich und seine Nächsten zurück. Und dazu gehört nun sie, Grete, seine Frau.

Meine Frau: Wie schön, wie traut das klingt. Meine Frau Grete. Er schaut sie verwundert an, ein Lächeln in den Augen. Manchmal kann er es gar nicht fassen, dass er, mit seinen zweiundvierzig Jahren, schon bald ein frisch verheirateter Mann sein soll, der sich ein Nest baut und an Kinder denkt. Ihn springt nur ganz selten Angst an. Sie lauert irgendwo in ihm, aber er hält sie klein. Er fühlt, dass sie von dem Altersunterschied und der Feindseligkeit des Schwiegervaters geschürt wird. Aber die Freude auf die kommenden Jahre ist größer. Es wird schon gutgehen mit ihnen, warum denn nicht? Er macht sich Mut. Er richtet sich auf.

Schön kann es eben auch sein, das Leben, denkt er.

2.

Kleines Glück, großes Glück

Das kleine Glück und das große Ganze. Beide sind verknüpft, sagt sich Artur. Wie genau, wissen wir immer erst hinterher, und dann kommen wir uns wie Tölpel vor, weil wir nicht haben kommen sehen, was über uns hereingebrochen ist. Aber warum sollten wir auch immer das Schlechteste erwarten?

Pessimisten können nicht unangenehm überrascht werden, doch dafür haben sie weniger Freude am Leben. Artur ist ein Optimist, er lebt vergnügt und lässt sich überraschen, im Guten wie im Schlechten.

Auch wenn er kein Grübler ist, denkt Artur darüber nach, was ihm widerfährt und wie er sich dabei verhält. Wenn nichts Besonderes in der Welt geschieht, ist die Verbindung zwischen dem kleinen Glück und dem großen Ganzen lose, hat er herausgefunden. In solchen Zeiten hat er sich manches Mal sogar der Illusion hingegeben, dass es allein in seiner Hand liegt, was aus seinem Leben wird. Wenn es in der Welt aber grollt und zuckt und blitzt, und das kommt in seinem Leben nicht selten vor, dann wird der Mensch zum Kaninchen, das auf die Schlange starrt.

Meistens bemerkt man früh, dass sich etwas zusammenbraut. Artur findet es erstaunlich, dass er das Unheil heraufkommen sieht und einfach das Beste hofft, und das Beste ist immer, dass es sich verzieht, anstatt auszubrechen. Wenn das Unheil dann wirklich hereinbricht, fühlt er sich gedemütigt und sagt sich: Meine Güte, es war doch klar, dass es nicht gut enden würde.

Nach allerlei Überlegungen hat Artur die Entscheidung getroffen, dass es sinnlos ist, sich um das große Ganze zu kümmern. Man könnte es tun, und das wäre auch aus moralischen Gründen vielleicht sogar angebracht, schon wahr, aber man kann es genauso gut sein lassen. Denn Wissen hilft wenig. Auch mit der genauen Kenntnis, warum die Weltwirtschaftskrise ausgebrochen ist und die Nazis Zulauf bekommen, könnten Menschen wie er nichts verhindern oder befördern. Für ihn gibt es daher keinen praktischen Unterschied zwischen Wissen und Nichtwissen.

Wissen ist nur Theorie. Es bringt ihm nichts, findet er, darüber zu grübeln, was es bedeuten soll, wenn es fast täglich Tote gibt und die Polizei und die Staatsanwälte und die Gerichte parteiisch sind und die Schläger grölend die Städte übernehmen. Artur ist sich unschlüssig, wer ihm mehr Angst einflößt, wer ihm widerwärtiger ist, die Kommunisten oder die Nazis. Weder den einen noch den anderen steht er auch nur entfernt nahe. Für ihn sind beide gleich schlimm. Mordlustige Rabauken: Was sollte jemand wie er von ihnen erwarten?

Artur sieht, was sich zusammenbraut, aber er fühlt sich ohnmächtig. Und weil er sich nicht ohnmächtig fühlen möchte, malt er sich die Welt schöner, als sie ist. Er ist ein Beschwichtiger, ein Wird-schon-gutgehen-Mensch. Das ist nicht etwa seine Schwäche, sondern seine Stärke, weil er ziemlich genau weiß, was er beschönigt und beschwichtigt.

Artur ist praktisch veranlagt, ein Tüftler, der hingebungsvoll Dinge auseinandernimmt und sie wieder zusammensetzt. Er liebt es, sich in seine Werkstatt zurückzuziehen, die er in jeder der Wohnungen einrichtet, die er mietet. Er schließt die Tür, pfeift eine Melodie, redet mit sich selbst, nimmt ein paar Werkzeuge, die sauber aufgereiht an der Wand hängen, und frickelt vor sich hin.

Er hat Phantasie. Was er auseinandernimmt, setzt er nicht genau so wieder zusammen, wie es einmal war. Er hat eine Lehre als Feinmechaniker in einer Nähmaschinenfabrik gemacht und sich über die Jahre mehr als nur fortgebildet. Er ist kein Handwerker, sondern ein Kunsthandwerker. Was er in die Hand nimmt, verlässt sie vollendeter.

Am Morgen seines Hochzeitstages ist Artur früh auf den Beinen. Er hat sich vorgenommen, den letzten Tag seines alten Lebens und den ersten Tag seines neuen Lebens auszukosten. Er geht hinunter auf die Berliner Straße, die schon um halb sieben summt und brummt. Die Straßenbahn scheppert vorbei, bepackt mit Menschen. Der 9. November 1932 ist ein kühler Herbstmorgen. Noch ist es dunkel. Es wird Regen geben, sagt der Wetterdienst.

Am Kiosk neben der Litfaßsäule kauft er die vier Görlitzer Tageszeitungen. Er hat sich vorgenommen, sie wenigstens flüchtig zu lesen. Vor allem aber möchte er sie aufheben als Erinnerung an diesen Tag, der sein Leben auf den Kopf stellt. Er hat eine Kiste, in der er sammelt, was ihm wichtig ist, Fotos, Urkunden, seinen ersten Pokal als Rennfahrer, seine erste Rassel.

Kurz überlegt er, ob er noch hinüber zu «Cigarren Haller» gehen soll, lässt es dann aber. Zwei Angestellte von Frankenstein («Posamenten, Weißwaren, Damenputz») kehren den Gehsteig vor dem überladenen Bau aus der Gründerzeit. Die Berliner Straße ist das Herz von Görlitz. Wer etwas auf sich hält, wer modern sein will, hat hier sein Geschäft.

Wieder quietscht eine Straßenbahn heran. Leute springen heraus, Leute springen hinein. Abgesehen von den

Schienengeräuschen ist es merkwürdig still. Die Menschen hasten vorbei, den Kopf in den Nacken gezogen. Wer jetzt unterwegs ist, hat wenigstens noch Arbeit.

Artur wirft einen prüfenden Blick in seine beiden Schaufenster. Im einen steht der abgeschrammte Adler, mit dem er zahlreiche Bergrennen gewonnen hat. Damit jedermann sieht, wozu dieses Automobil genutzt wird, hat er es ungewaschen hineingestellt; der Lorbeerkranz des Siegers ruht auf dem elegant geschwungenen Kotflügel. In der anderen Auslage steht ein Adler-Coupé zum Verkauf. «Autoschlesinger» heißt es in kunstvoller Schrift auf den Schaufenstern. «Autobedarf» prangt in großen Buchstaben über dem Laden, dazu der Hinweis, wie Artur zu erreichen ist: Telefon 1397.

Dann ist er wieder oben in der Wohnung, setzt sich an den Tisch, die Semmel auf dem Teller, die Tasse heißen Kaffees in den Händen. Artur zwingt sich zur Morgenroutine und schlägt die erste Zeitung auf. Vor drei Tagen gab es Reichstagswahlen, schon wieder, und jetzt machen sich die Zeitungen Gedanken darüber, wer nach Papen kommen wird. Der Reichskanzler empfiehlt, so schreiben es die «Görlitzer Nachrichten», ein «Kabinett der nationalen Konzentration». Wer aber soll es führen? Kaum der elegante Herr von Papen, eher schon der verschlagene General Schleicher, der den altersschwachen Reichspräsidenten Hindenburg um den Finger wickeln kann. Hitler ist fürs Erste entzaubert, behauptet der «Görlitzer Anzeiger», denn die NSDAP hat diesmal Mandate im Reichstag eingebüßt. Der Marsch an die Macht sei gestoppt. Die Nazi-Postille «Oberlausitzer Frühpost» schreibt dick und fett: «Hinweg mit dem Kabinett der Reaktion!», im Kommentar zur Lage in Deutschland steht mit vielen Ausrufezeichen: «Hitler bleibe hart! Die Macht oder Nichts! Einmal werden, einmal müssen wir sie ja doch bekommen!» In fast jedem Artikel wird in diesem Blatt «der Tag der Schmach» erwähnt. «Der 9. November 1918, 1923, 1932 – das Schuldkonto des Marxismus und der Reaktion».

Artur zwingt sich zum Lesen. Er will diesen Tag in sich aufnehmen. Dazu gehören die Not und das Elend, die seit dem Ausbruch der Weltwirtschaftskrise herrschen und auch sein Geschäft beeinträchtigen. Vermögende Kunden wie sein Schwiegervater, die sich ein zweites Automobil zulegen und ihr Töchterlein zu ihm schicken, damit er ihr das Fahren beibringt, kommen jetzt nur noch selten. Wenn Artur ehrlich ist, gesteht er sich ein, dass er sein Geschäft wahrscheinlich nicht mehr lange halten kann.

Schnell blättert er sich zu den hinteren Seiten der Tageszeitungen durch und liest, dass im Konzerthaus wie an jedem Mittwoch Damenball angesagt ist, Eintritt frei; dort hat er in seinem Leben vor Grete selten gefehlt. Die «Volkswohl-Lotterie für Arbeitslose und Jugendhilfe» schüttet 52 340 Gewinne und zwei Prämien aus. Außerdem findet heute um zwanzig Uhr die Revolutionsfeier im großen Saal der Stadthalle statt. Sorgsam faltet er die vier Tageszeitungen zusammen und legt sie auf einen Stapel. Mit ihm wird er die Erinnerungskiste füllen.

Dass Artur und Grete ausgerechnet am 9. November 1932 heiraten, ist Zufall. Es hat sich so ergeben. Ihnen ist klar, dass es nicht nur für sie ein besonderer Tag ist, wie es die Zeitungen ja auch herausschreien. Nazis, Konservative und Kommunisten feiern den 9. November als den Schicksalstag der Deutschen, wobei sie natürlich nicht dasselbe meinen. Wer den Kaiser noch immer liebt, was schon eine Leistung ist, weil man ihm so viele Dummerhaftigkeiten und dazu den Weltkrieg vergeben muss, ruft auf zur tränenumflorten

Feier im Gedenken an den Rücktritt Wilhelms II. vor genau vierzehn Jahren. Wer links ist und die Revolution liebt, weint der Niederlage 1918 nach und hasst dafür den Adel, die Generale und vor allem die deutsche Geschichte, die linke Revolutionen regelmäßig scheitern lässt.

Die Nazis kündigen nächtliche Umzüge an, auf denen sie an den missglückten Putsch in München am 9. November 1923 erinnern wollen. Allerdings fällt ihre Trauer vermutlich triumphal aus, wie alles bei ihnen in diesen Tagen. Denn Hitler hört trotz der Wahlniederlage nicht auf damit zu drohen, die Weimarer Republik zu beerdigen, sobald er die Macht erobert hat.

Wenn Grete und Artur auch politisch nicht sonderlich interessiert sind, so hören sie doch genau hin, was dieser Herr Hitler und seine grölenden Horden von sich geben. Herr Hitler mag die Juden nicht. Er hält alle Linken für Juden und Juden nicht für Menschen. Artur ist kein Linker, aber Jude. Das steht so in der Geburtsurkunde, die ein Standesbeamter in seinem Geburtsort Zittau ausgestellt hat: «Regine und Jacob Schlesinger, beide mosaischer Religion, zeigen am 24. April 1890 die Geburt ihres Sohnes Arthur an», geboren sechs Tage zuvor.

Vater Jacob war ein gläubiger Jude. Er gehörte der Israelitischen Religionsgemeinschaft an, so ist es in der Mitgliederliste von 1890 vermerkt. Er suchte regelmäßig die Synagoge auf. Von Beruf war er Geschäftsgehilfe. Allerdings verschwand er schon bald aus dem Leben seiner Kinder. Als seine Tochter Hertha am 7. März 1893 geboren wurde, war er schon in einem Ort namens Seklat bei Frankfurt polizeilich gemeldet.

Jacob ging fort, und die Kinder bekamen nie eine Erklärung, warum er gegangen war und in welcher Stadt er dann lebte und was aus ihm wurde. Weg war er, und die Erinnerung an ihn verblasste mit jedem Tag. Seine Kinder schienen ihm nicht zu fehlen, sie warteten vergeblich auf eine Nachricht. Er muss ein seltsamer Mensch gewesen sein. Wie ein Schiffschaukelbremser ging er eines Tages weg und kam nicht wieder.

Regine Schlesinger litt offenbar nicht sonderlich unter der Abwesenheit ihres Mannes. Sie arrangierte sich. Sie zog die vier Kinder allein auf und beschwerte sich nie darüber, jedenfalls nicht ihnen gegenüber. Sie war fromm, aber ihre Kinder mussten nicht zum Religionsunterricht gehen. Es blieb ihnen überlassen, wie sie sich zu Gott stellten.

Artur kann mit der amtlich notierten mosaischen Religion wenig anfangen. Es ist in Ordnung, eine Religion zu haben, doch niemand hat ihn je gefragt, ob er Jude sein will oder Katholik oder ob er überhaupt gläubig sein möchte, weder in der Schule noch bei der Lehre noch im Krieg oder danach. Er sah es als Zeichen des Fortschritts an, dass die Religion, egal ob evangelisch oder katholisch oder jüdisch, nicht mehr so wichtig war.

Seine Religion ist ohnehin etwas anderes. Seine Religion ist der technische Fortschritt, der die Stadt nachts erleuchtet und Straßenbahnen fahren lässt. Fortschritt sind die Moderne, die Adlerwerke und Siemens & Halske und die AEG und die Görlitzer WUMAG-Werke, in denen Waggons für die Fernzüge gebaut werden, die die Niederlausitz mit Breslau und Berlin, mit Dresden und Leipzig verbinden. Modern sind das Grammophon, das Rundfunkgerät und auch das Backwunder, ein Gerät, mit dem man Kuchen auf dem Gaskocher backen kann. Damit wird das Leben aller Menschen erleichtert, und deshalb schwärmt Artur vom Fortschritt.

Natürlich spielt die herkömmliche Religion noch eine Rolle. In Görlitz steht eine neue Synagoge. Die jüdischen

Geschäftsleute auf der Berliner Straße sind deutsche Patrioten, die aus Achtung vor ihren Ahnen ein Haus des Glaubens errichtet haben. Es ist ihr Beitrag zur Verschönerung der Stadt. Doch von Juden ist Görlitz nicht gerade überlaufen. Die Stadt hat 94182 Einwohner, davon sind dreihundertsechsundsiebzig registrierte Juden, rund 0,4 Prozent der gesamten Bevölkerung. Artur wäre einer von ihnen, wenn er nicht zum Protestantismus übergetreten wäre. Der Protestantismus ist für ihn der Glaube, der dem Fortschritt am meisten zugetan ist.

Über Gott macht sich Artur keine großen Gedanken. Wenn es ihn gibt: prima. Gibt es ihn nicht: auch gut. Auf Erden kann niemand das eine oder das andere wissen. Das Übersinnliche liegt ihm fern. Über Leben und Tod hat er zuletzt im Krieg nachgedacht. Damals im Schützengraben drängten sich die letzten Fragen auf; da konnte er ihnen nicht entkommen. So viel Leid. Es wurde so viel gestorben. Junge Menschen wie er stumpften ab. Sie redeten sich ein, es sei ihnen egal, was mit ihnen passieren würde. Manchmal war es das wirklich.

Der Krieg ist einfach zu viel für Menschen, sagt sich Artur. Er macht uns klein. Er richtet uns zu. Er treibt uns das Menschliche aus. Im Unterschied zu seinem großen Bruder Max kehrte Artur nach vier Jahren heil nach Hause zurück. Dieses Glück verdankte er einem Offizier, der ihn zu seinem Fahrer gemacht hatte. Der Offizier richtete es so ein, dass seine Aufträge zumeist ins Hinterland führten. Von der Front hielt er sich fern. Nie redeten der Fahrer und sein Vorgesetzter darüber, was sie erlebt hatten und was der Krieg mit ihnen anstellte. Ohne Worte waren sie sich einig, dass sie dem Sterben aus dem Weg gehen würden.

In der Kriegszeit war der Zufall allgegenwärtig. Er ließ Menschen wie Artur überleben, während er andere Menschen wie seinen großen Bruder sterben ließ. Wenn es einen Gott geben sollte, sagt sich Artur, dann spielt er nur mit uns Menschen, vielleicht aus Langeweile, vielleicht aus Verdruss, wer weiß das schon?

Der Krieg ist lange her, vierzehn Jahre sind schon vergangen. Seither gab es keinen Grund mehr, über Gott und den Tod zu grübeln. Auch der mosaische Glaube gehört in die Vergangenheit. Er wird aber in die Gegenwart gezerrt.

Dafür sorgt zunächst Max Lehmann, Arturs Schwiegervater. Er erinnert ihn daran, dass er Jude ist. Deshalb ist Artur als Schwiegersohn nicht willkommen. Max Lehmann ist Protestant und ein wohlhabender Kaufmann. Im Deutschen Reich hat er drei Niederlassungen neben dem Hauptwerk in Rauscha, einer kleinen Stadt in Niederschlesien. Görlitz ist der Sitz seines Hauptkontors. In Hamburg hat er ein Büro im Chilehaus, einem Kontorbau aus Backstein, der wie ein Schiffsrumpf aussieht. Weitere Zweigstellen der Furnierfabrik Max Lehmann befinden sich in den Großstädten Berlin und Frankfurt.

Max Lehmann sagt mit Inbrunst, dass er bei seinen Geschäften mit dem Holz, das er in seiner Fabrik furniert, weit herumgekommen ist in der Welt und deshalb weiß, wie es in anderen Ländern zugeht. Er ist ein deutscher Patriot, der konservativ wählt, aber Hitler nicht schätzt. Den Vorwurf, dass er ein Antisemit sei, weist er weit von sich. Nein, er hat nichts gegen die Juden, sagt er. Mit den jüdischen Geschäftsleuten auf der Berliner Straße pflegt er beruflichen und auch geselligen Umgang. Er hat nur gegen diesen einen Juden etwas einzuwenden, der ihm seine Tochter stehlen will. Die Aussicht, einen Juden als Schwiegersohn zu haben, der ihm womöglich Enkel schenkt, ist für Max Lehmann unerträglich.

Dabei ist er selbst schuld daran, dass Grete, sein Sonnenschein, den Juden kennengelernt hat. Vor vier Jahren, im Sommer 1928, begab sich Max Lehmann in die Berliner Straße, weil er sich etwas gönnen wollte. Ihm war in den Sinn gekommen, sich ein weiteres Automobil zuzulegen, eine Adler-Limousine. Eigentlich brauchte er sie nicht, denn er besaß schon einen kleinen Fuhrpark, zu dem zwei Mercedes mit acht Zylindern gehörten und eine Wanderer-Limousine. Das ist ein Wagen der Mittelklasse mit Schwingachse und Querblattfedern – technische Neuerungen, die Ferdinand Porsche entwickelt hat.

Nun möchte der Kaufmann Max Lehmann einen Adler kaufen. Adler baut die interessantesten Autos. Sie sehen elegant aus und sind technisch auf höherem Stand als die Produkte von Opel oder Mercedes. Zum Beispiel ist beim Adler die Schaltung am Lenkrad angebracht. Max Lehmann hält diese Eigenart für einen erheblichen Fortschritt und bedauert es, dass sich trotzdem die Knüppelschaltung durchsetzt.

Wer einen Adler kauft, darf Extrawünsche vortragen, die dann im Frankfurter Werk in das Wunschauto eingebaut werden. Max Lehmann liebt Autos und protzt gerne damit. Viele Fahrzeuge zu besitzen und dazu ein neues mitten in der heraufziehenden Weltwirtschaftskrise zu kaufen, ist ein Ausweis seines Wohlstandes und seiner gesellschaftlichen Sonderstellung. Dabei besitzt er nicht einmal einen Führerschein. Max Lehmann lässt fahren, er hat einen Chauffeur. So halten es die besseren Kreise, auch in Görlitz.

Um den Adler zu erwerben, begibt sich Max Lehmann zum Autobedarf Schlesinger. Wie oft hat er diesen Entschluss schon bereut! Wie sehr hat er seinen Luxusdünkel beklagt! Der Gang in die Berliner Straße im Frühsommer 1928 verdunkelt die letzten Jahre seines Lebens.

Artur Schlesinger vertritt den Adler-Konzern in Görlitz,

der aufstrebenden Industriestadt. In seinen Schaufenstern stehen mehrere schöne Exemplare, modern, extravagant, nicht unbedingt billig: die Standard-Limousine mit acht Zylindern und achtzig PS in Schwarz; der Favorit mit vier Zylindern und fünfunddreißig PS; das Cabriolet Trumpf mit zweiunddreißig PS.

Artur ist kein armer Jude. Wer sich die Berliner Straße leisten kann, hat es geschafft. Er gehört zum neuen Mittelstand im Handel. Wäre er nicht an der Fabrikantentochter Grete interessiert gewesen, hätte er sich mit Max Lehmann vermutlich gut verstanden. Über die Vorzüge und Schwächen eines Automobils hätten sie sich schnell geeinigt. Zudem ist Artur eine lokale Berühmtheit, weil er mit seinem Adler zahlreiche Bergrennen gewonnen hat. Auch deshalb ist er eine gute Adresse.

Es hätte gutgehen können, wenn Max Lehmann seinen Fuhrpark nur um die schwarze Limousine erweitert hätte. Dann aber verfiel er auf die Idee, auch seiner Tochter Grete ein Auto zu kaufen, das kleine Cabriolet mit zweiundzwanzig PS. Ein Geschenk mit Konsequenzen. Mit schrecklichen Konsequenzen, sagt Max Lehmann, der Fabrikant, der zwei Autos kauft und eine Tochter verliert.

Grete setzt sich nämlich in den Kopf, dass sie den Flitzer selbst fahren will. Dass Frauen hinter dem Steuer sitzen, ist ungewöhnlich, aber die Zeiten ändern sich, und die Frauen sind so modern wie selbstbewusst. Ohnehin kann Max Lehmann seiner Tochter wenig abschlagen.

Also muss ein Fahrlehrer her. Es fügt sich, dass Herr Artur Schlesinger nicht nur Automobile aus dem Hause Adler verkauft, sondern zugleich Fahrunterricht anbietet. Artur ist ein Automobil-Gesamtkunstwerk. So lernen sich Grete und er dank Max Lehmann zuerst kennen und dann schnell lieben. Die Heirat ist die Konsequenz daraus, dass Max Lehmann Automobile hortet. Er sagt sich, er ist selbst schuld an dem Unglück, das seine Familie heimsucht. Und das macht die Sache umso schlimmer und Max Lehmann erst recht kompromisslos.

Grete und Artur, das sind sechzehn Jahre Altersunterschied. Eine Arierin und ein Jude. Eine frische junge Frau aus gutem Hause und ein Bohemien, der auch mal in den Varietés singt. Grete lebt in einem stattlichen Haus mit einem großen Garten. Artur wohnte trotz seines fortgeschrittenen Alters und seines Geschäfts viele Jahre noch mit der Mutter und seiner Schwester Rose zusammen, aus Bequemlichkeit.

Artur hat so gar nichts von dem Schwiegersohn, den sich Max Lehmann vorgestellt hat. Er mag ihn nicht. Er lehnt ihn ab. Ein Jude kommt ihm als Schwiegersohn nicht ins Haus. Er bearbeitet seine Tochter. Droht ihr. Beschimpft sie. Bittet. Klagt. Beschwört Himmel und Hölle. Immer hat er ihr Freiheiten gelassen, nie hat sie seine Großzügigkeit ausgenutzt, nie hat sie sich so widersetzt, wie sie es jetzt tut. Warum nur? Kind, du machst einen schweren Fehler und wirst ihn noch bereuen, sagt der Vater. Papa, glaub mir doch, ich tue das Richtige, sagt die Tochter.

Womit auch immer der Vater droht oder lockt, Grete bleibt dabei. Sie will Artur und sonst niemanden, geschweige denn einen der Söhne, deren Väter mit Max Lehmann Geschäfte machen. Sie möchte Artur heiraten. Lieber mit dem Segen der Eltern als ohne ihn, aber er ist für sie nicht entscheidend. Sie nimmt hin, dass sie enterbt wird. Ja, Max Lehmann beschließt, so weit zu gehen, er wird sie enterben. Dass er so konsequent ist, muss ihr doch zu denken geben, es muss sie doch zur Besinnung bringen. Max Lehmann hofft darauf, dass die Aussicht auf ein Leben mit weniger Wohlstand für seine Tochter unvorstellbar ist. Wenn gute Worte nicht helfen, helfen ja vielleicht schlechte Worte.

Der jüngere Bruder Hans wird jetzt alles bekommen, die Firma und das Elternhaus in der Rauschwalder Straße 53/54. Ist Grete traurig darüber? Ist sie. Ändert das was? Nein.

Die alten Lehmanns reden zu Hause über nichts anderes mehr als über diesen Schwiegersohn. Beim Frühstück, beim Mittagessen, beim Abendessen. Die Familie ist auf dem besten Weg, an diesem Juden, von dem der Patriarch nichts wissen und Grete nicht lassen will, zu zerbrechen.

Max Lehmann gibt nicht nach. Er wird bei der Hochzeit nicht dabei sein. Er will nicht zuschauen, wie sein Kind den schwersten Fehler seines Lebens begeht. Er wird seine Tochter nicht zum Altar führen. Der Bruder Hans tut es seinem Vater gleich. Auch er weist den Gedanken weit von sich, er könne gute Miene zum bösen Spiel machen. Die Mutter ist hin- und hergerissen. Was soll sie tun? Sie wird es sich nicht verzeihen, wenn ihre Tochter ohne sie heiratet. Aber wird ihr Mann es ihr verzeihen, wenn sie hingeht?

Der Familienrat tagt und trifft den Beschluss, dass die Mutter gehen darf, wenn sie will. Es liegt bei ihr, an der Hochzeit teilzunehmen oder nicht. Sie hadert. Ihre Entscheidung wird, wie auch immer sie ausfällt, jemanden kränken. Trotzdem muss sie sich zu einem Entschluss durchringen. Sie sagt, es geht nicht um ihre Gefühle oder die ihres Mannes oder die ihrer Tochter. Nein, ihre Entscheidung hänge davon ab, wie sie am besten die Familie zusammenhalten kann. In ihren Augen ist es ganz wichtig, dass sie alle irgendwann wieder miteinander reden, dass sie bald schon Familienfeste feiern und so viel wie möglich am Leben ihrer Tochter teilnehmen, besonders dann, wenn einmal Enkel da sind.

Die Familie, sie soll doch nicht in die Brüche gehen.

Vier Jahre lang tobt der Kampf um die Liebe der Tochter. An diesem Mittwoch ist er entschieden. Der 9. November 1932 ist auch ein Tag der Trauer. Vater Lehmann wird tatsächlich nicht zu der Trauung erscheinen. Aber ganz ohne Geste hält er es nicht aus. Max Lehmann schickt seinen Fahrer mit der neuen, großen schwarzen Limousine. Um zehn Uhr klingelt Herr Prinz in der Berliner Straße und sagt fröhlich zu Artur: «Los, los, heiraten, ich fahr euch nach Dresden.»

Im Wagen sitzt Mutter Lehmann, die beschlossen hat, dabei zu sein, wenn ihre Tochter dem Juden Artur Schlesinger das Jawort gibt.

3.

Die Enkelin mischt sich ein

Jetzt muss ich mal die Stimme heben. Ich kann etwas zu dieser Geschichte beitragen, denn ich bin die Enkelin der beiden, die gerade auf dem Weg zur Kirche sind. Gerne säße ich mit im Auto, denn Grete und Arthur sind wirklich ein bemerkenswertes Paar. Es kommt nicht häufig vor, dass sich zwei Menschen finden und derart vom Entschluss beseelt sind beieinanderzubleiben, egal was kommt, egal auch, wer sich dazwischendrängen will, egal wie widrig die Umstände sind. So etwas nehmen sich wahrscheinlich viele Paare vor, in guten wie in schlechten Zeiten. Aber die beiden haben sich 1932 die Treue geschworen und bestimmt geahnt, dass schlechtere Zeiten kommen würden.

Ich will damit nicht sagen, Arthur und Grete hätten schon auf dieser Fahrt mit Herrn Prinz wissen können, was die Nazis für sie bedeuten würden. In unseren Köpfen liegen meist mehrere Skizzen bereit für das, was kommen kann. Welche wir aufgreifen, hängt davon ab, was für ein Gemüt wir haben. Und wann wir darüber nachdenken, ob mitten in der Nacht, wenn wir wehrlos gegenüber einfallenden Gedanken sind, oder morgens einigermaßen gefestigt beim Frühstück oder gesättigt beim Lesen der Zeitung oder abends beim Wein im Freundeskreis. Ob wir beiläufig über uns nachdenken oder ob die Gedanken über uns herfallen.

Wenn ich kurz von mir sprechen darf: Mein Gemüt führt so manches Mal ein Eigenleben. Ich wache auf und grüble. Dann können Einfälle oder Gedanken wie Pistolenschüsse sein. Mir geht der nächste Tag durch den Kopf, und ich denke darüber nach, was alles anliegt. Das kann schmerzlich sein oder auch guttun. Ich sehe darin sogar den Vorteil, dass mir meine Nachtgedanken Freiraum geben. Ich stelle mich auf Schwierigkeiten ein. Ich schreite den Horizont ab. So kann ich mir Lästiges, das mich nachts anfällt, auch gleich wieder vom Hals schaffen.

Ich finde Gedankenspiele anregend. Ich bin geneigt, einfach mal etwas auszuprobieren. Dann frage ich mich, was passieren könnte, wenn es anders kommt. Wenn etwas gutgehen sollte, wovon ich meine, es müsste schlecht ausgehen. Oder umgekehrt. Und sooft ich es auch drehe und wende und sosehr ich auch versuche, klug zu sein, so sehr mangelt es mir doch an Phantasie; die Dinge können sich ganz anders entwickeln. Es bleibt immer eine Überraschung.

Habe ich schon gesagt, dass man mir nachsagt, ich sei so wie mein Großvater?

Ich glaube, dass meine Großeltern im Jahr 1932 zu Recht darauf bauen, dass alles weitergeht wie bisher, auch wenn die Zeiten schlechter werden sollten. Der Irrtum gibt ihnen Kraft. Würden sie wissen, was auf sie zukommt, müssten sie jetzt schon über Konsequenzen nachdenken, die sie überfordern würden. Es ist der Zufall des historischen Datums, an dem sie heiraten, dass im Nachhinein gewichtige Fragen aufgeworfen werden, die ihnen an diesem Tag, dem 9. November 1932, fernliegen. Was kommt auf sie zu? Was bedeutet Hitler für Deutschland und seine Juden? Sollen sie abwarten oder schnell das Land verlassen?

Solche Gedanken machen Arthur und Grete sich heute

nicht, sie sind zufrieden mit dem Platz, an den sie das Schicksal oder der liebe Gott oder wer auch immer gestellt hat. Sie sind einfach ein Paar, das sich liebt und das diese Liebe amtlich machen möchte.

Das Problem, das ihnen wirklich am Herzen liegt, ist die Familie Lehmann, der Vater, der den Juden, dem es aus seiner Sicht an Ehrbarkeit mangelt, nicht im Haus haben möchte. Darüber haben sie immer wieder gestritten. Sie hoffen auf die heilsame Wirkung der Zeit, wie man das eben so macht. Und wenn sie erst einmal kleine Kinder haben werden, sagen sie sich immer wieder, dann wird es sich schon ergeben, dann wird das steinerne Herz weich werden. Diese Gedanken beschäftigen das Paar, das im Mercedes des Vaters zur Trauung nach Dresden fährt.

Oft habe ich, vor allem im Studium, mit Freunden und Bekannten über diese Zeit diskutiert, in der meine Großeltern ihr gemeinsames Leben begonnen hatten. Manche Schlaumeier wollten nicht glauben, dass Menschen wie Arthur und Grete 1932 so gut wie ahnungslos waren, weil doch jedermann 1932 hätte sehen müssen, was sich anbahnt, oder nicht? Man musste doch nur hinschauen, auf die Straßen, in die Städte, in die Parlamente, man musste es nur lesen, dieses Buch, dieses Machwerk «Mein Kampf», und schon musste es einem wie Schuppen von den Augen fallen: Das Dritte Reich rollt an, die Machtergreifung steht bevor. Ihr werdet abgeholt, gefoltert, deportiert. Sie nehmen euch alles, das Geld, die Bilder, die Möbel, die Häuser. Sie lassen euch verhungern, sie pferchen euch in die Waggons. Sie erzählen euch irgendwelche Märchen, wohin der Zug fährt. Sie schicken euch ins Gas. Ja, die Juden, sie vor allen hätten es wissen müssen, dass Hitler sie millionenfach ins Gas schicken wird. Oder nicht?

So haben viele in meiner Generation dahergeredet, so ahnungslos klug, so stur, so gefühllos, so starr. Und darin schwingt fast beiläufig Antisemitismus mit, auch im Mitleid, das meist in der Rechthaberei untergeht. Irgendwann fiel mir auf, dass die unausgesprochene Frage, auf die alle schlaumeierische Besserwisserei zulief, so lautete: Warum habt ihr Juden es nicht gewusst? Wolltet ihr es vielleicht nicht wissen? Wart ihr vielleicht zu deutsch, zu brav, zu obrigkeitsgläubig? Darin steckt der Vorwurf: Ihr seid doch selbst schuld an dem, was sie mit euch gemacht haben.

Dass ich nicht so gedacht habe, liegt an meinen Großeltern.

Was ich halb rührend, halb komisch an Arthur und Grete finde, das sind die Kosenamen, die sie sich geben. Er sagt Mädi zu ihr, sie sagt Bübi zu ihm. Sie scheren sich nicht darum, was die anderen davon halten. Irgendwann war es ihnen eingefallen, sich so zu nennen. Dafür hat es bestimmt einen Grund gegeben, den aber nur sie kennen. Geredet haben sie mit mir nicht darüber.

An Bübi und Mädi ist nur komisch, dass Bübi zweiundvierzig Jahre alt ist. Also kein Bübi mehr. In dem Wort steckt eine Verniedlichung, die als Verjüngung gemeint sein könnte. Bübi macht alterslos. Mit Grete ist es anders. Sie ist jung genug für Mädi, wenn auch Mädi unpassend süß klingt. Wie ein kleines Mädchen hat ihr Vater sie behandelt, als er ihr den Juden ausreden wollte. Und Arthur hat die Tochter für sich gewonnen. So schwingt in Mädi für beider Ohren der Triumph über die Eltern mit.

Eines muss ich noch richtigstellen. Ich schreibe immer Arthur, mit h. Einerseits stimmt das. Dieser Vorname steht in seiner Geburtsurkunde. Andererseits stimmt es nicht, denn er hat seinen Namen geändert, weit vor der Hochzeitsfahrt nach Dresden. Arthur hat ja eine bohemehafte Seite. Zugegeben, er hat sie in der Vergangenheit stärker ausgelebt als mit Grete. Genauer gesagt hat sie ihm das Versprechen abgenommen, dass er keine Autorennen mehr fährt und nicht mehr in Varietés singt. Dazu gehört für sie auch die Sache mit dem h. Irgendwann war Arthur auf die Idee gekommen, seinen Vornamen anders zu schreiben. Ohne h. Nicht mehr Arthur, nur noch Artur. Auf den Trophäen aus seiner glorreichen Zeit als Rennfahrer steht schon Artur und nicht mehr Arthur.

In meinem Herzen ist Arthur ein Mensch, der so gut wie nie übertreibt. Immer bleibt er maßvoll, immer und überall – so begnügt er sich auch bei seiner überraschenden Namensänderung mit dem Streichen eines Buchstabens. Er moralisiert nie groß herum. Für ihn ist es eine Frage des Anstandes, der Diskretion, dass er sich nicht über andere erhebt. Angeberei kann er grundsätzlich nicht leiden. Und deshalb ist es auch nicht die schiere Eitelkeit, die ihn dazu treibt, seinen Namen zu manipulieren. Die subtile Auslassung eines Buchstabens hat noch einen tieferen Grund, davon bin ich überzeugt, und der geht auf den Bruch in seinem Leben zurück.

Arthur kehrt heim aus dem Krieg. Das Grauen liegt hinter ihm, etwas Neues beginnt. Das Automobil ist seine Rettung. Eine Reihe Fabrikanten und andere Wohlhabende, die mit ihren eigenen Automobilen Eindruck schinden wollen, veranstalten Wettbewerbe. Der Eisenwarenhändler Martin Ephraim ist die treibende Kraft. Er organisiert Rennen hinauf zur Landeskrone und in der näheren Umgebung. Arthur ist dabei. Er gewinnt immer wieder und wird zu einem Sieger mit Lorbeerkranz.

Sein Leben kreist nun um das Auto, beruflich wie privat. Sein Können hebt ihn heraus. Darin findet er Selbstbestätigung, das verhilft ihm zu Selbstbewusstsein. Der Krieg hat

Arthur verändert. Jetzt lässt er diesen Arthur zurück. Er stellt Abstand her. Artur ist ein anderer.

Grete kennt nur diesen Artur. Und den heiratet sie.

4.
Spieglein, Spieglein

Strahlend sitzt Grete neben ihrer Mutter im Auto. Sie ist glücklich über den Kompromiss, den der Familienrat gefunden hat. Sie wäre traurig gewesen, wenn sie ihre neue Familie ganz ohne ihre alte Familie hätte begründen müssen. So ist es gut. Schade, dass sich der Papa nicht erweichen ließ. Sie schüttelt die Melancholie ab, die sie beim Nachdenken umfängt.

Sie liebt dieses elegante Seidenkleid, das sie im Textilkaufhaus Straßburg erworben hat. Es sitzt figurbetont, so muss es sein. Darin sieht sie fraulich aus, hat ihre Mama gesagt, als sie den Vorhang der Umkleidekabine beiseitezog. Die weibliche, kurvenreichere Mode ist genau das Richtige für sie. Sie ist eine junge Frau, aber kein Mädchen mehr. Sie fühlt sich reif für ihr Alter. Sie hat Sinn für Eleganz. Sie liebt diese neuen Dinge, diese Bolero-Jäckchen, diese Samtumhänge, diese betonten Schultern. Sie liebt vieles aus den neuen Katalogen, die sie sich nach Hause schicken ließ und mit ihren Freundinnen durchblätterte, an lustigen, lauten Abenden, an denen sie von einem glamourösen Leben träumten.

Es hat ziemlich lange gedauert, bis sie ihr Kleid fand. Wie viele Kleider, Hüte, Schleier, Mieder sie anprobiert hat! Das Kleid mit dem Tüllschleier im Renaissancestil gefiel ihr auch sehr gut. Oder dieses teure Kleid ganz aus Brüsseler Spitze, die sogar über ihre Handrücken floss. Sie probierte

Haarschmuck aus und Frisuren, sie zog Pumps an. Sie genoss das Ankleiden und Ausziehen. Sie genoss es, Frau zu sein, Braut zu sein. Sie will sich schön fühlen und schön finden. Sie genießt sich. Der Spiegel, in dem sie sich betrachtet, ist ein Selbstbespiegelungsspiegel. Die Nachmittage, denn es waren Nachmittage, die sie im Bekleidungshaus Straßburger in der Berliner Straße verbrachte, versetzten sie in einen Rausch, in dem die Hochzeit fast zur Nebensache wurde.

Sollte sie ihre Augenbrauen rasieren und nachmalen? Sind falsche Wimpern zulässig? Schwere Entscheidungen. Nein, sie macht nicht alles mit, was in den Modezeitschriften steht. Tagsüber geben sich die Frauen züchtig, abends tragen sie tiefes Dekolleté. Der Absatz darf sieben Zentimeter hoch sein. Begeistert trägt sie die glockenförmigen Röcke bis zur Wade, die Blusen mit den Puffärmeln. Sie mag Schleifen und Rüschen am Kleid.

Das schlechte Gewissen nach den zauberhaften Stunden im Textilkaufhaus bleibt nicht lange aus. Sie fragt sich, was manchmal in sie fährt, warum sie plötzlich in diese Ich-Ich-Ich-Haut schlüpft und schlagartig nicht mehr die ernsthafte junge Frau ist, die bedenkt und abwägt. Muss sie sich ihre Eskapaden übelnehmen? Natürlich nicht, sagt sie sich, sie kommen ja nicht häufig vor und sind auch immer schnell wieder vorbei. Artur sagt, das Leben habe ihn erzogen zu dem, der er heute ist. Das Leben wird auch sie erziehen, beruhigt sie sich. Aber ist es dann noch ihres?

Heute ist die junge Frau mit dem bisweilen turbulenten Innenleben die Braut, die sie gerne sein möchte. Sie schaut in den Spiegel des Autos, prüft den Haarschleier, den Sitz des Kleides. Sie betrachtet den strahlenden Mann an ihrer Seite. Ja, er soll sie anstrahlen, so ist es gut. So fühlt sie sich wohl. Mit sich. Mit ihm. Mit dem Leben. Und strahlt zurück. Auf ihn. Auf das Leben. Auf sich.

Herr Prinz ist der Fahrer seines Herrn und der Herr seines Autos. Er lenkt die Limousine sacht über die Landstraße. Selten nur muss er andere Fuhrwerke überholen. Er hat die Außenspiegel im Blick, wie es sich gehört. Herr Prinz weiß, was sich gehört. Zum Beispiel gehört es sich nicht, den Gesprächen zu lauschen, denen sich die Fahrgäste hingeben. Obwohl es sich natürlich nur selten vermeiden lässt mitzuhören, was hinten gesprochen wird. Herr Prinz verfügt nun einmal über ein Paar Ohren, und die sind sogar größer als die anderer Leute. Was an Worten in sie hineinfällt, ist dort drinnen gut aufgehoben. Vieles behält Herr Prinz bei sich. Fast alles. Was er nicht bei sich behalten kann, ist von solcher Bedeutung, dass sein Wissen ihn erhöht, vor allem dann, wenn er es den anderen Bediensteten des Hauses Lehmann unter dem Siegel größter Verschwiegenheit erzählt. Nur in Ausnahmefällen. Nur wenn es wirklich wichtig ist.

Herr Prinz weiß einiges, und deshalb nimmt er auch eine Sonderstellung im Hause Lehmann ein. So wusste er frühzeitig, welchen wahrhaft salomonischen Kompromiss der Familienrat nach langen Auseinandersetzungen und vielem Bedenken und einigen durchwachten Nächten beschlossen hatte. Das Ergebnis sitzt jetzt hinter ihm. Fremd, aber schön sieht es aus, das Fräulein, das er früher Grete nennen durfte und das sich in den Kopf gesetzt hat, Frau Schlesinger zu werden. Ob das gutgeht?

Was weiß ich schon?, sagt sich Herr Prinz und wirft wieder einen Blick in den Rückspiegel, ganz kurz, damit es niemand bemerkt. Er weiß ja, was sich gehört. Der Herr Schlesinger ist ein sympathischer Mann, findet Herr Prinz. Nett schaut er die Menschen an. Nett schaut er das Fräulein an.

Herr Prinz versteht sich auf die Liebe. Schon seit dreiunddreißig Jahren ist er mit seiner Evamarie verheiratet. Sie können gut miteinander. Die Kinder sind aus dem Haus, ein

Junge, ein Mädchen, Zwillinge, zweieiig. Er sagt Muttern zu Evamarie, sie sagt Vattern. Ist das Liebe? Irgendwie schon, findet Herr Prinz, denn so wie bei ihnen ist es überall, bei den Freunden, bei seiner Familie, bei der Evamaries. Sie machen kein großes Tamtam. Sie leben das Leben, das ihnen zugefallen ist.

Für Herrn Prinz' Empfinden machen der Herr Schlesinger und das Fräulein ein bisschen viel Tamtam um sich. Daran sind nicht allein die beiden schuld, das weiß Herr Prinz. Herr Lehmann und seine Tochter, das erzählt Herr Lehmann gerne, sind sich eben ähnlich, beide stur, beide immer durch die Wand. Das Fräulein hat mehr Pfeffer als ihr kleiner Bruder, der junge Herr Hans. Sie würde die Furnierfabrik auch wuppen, wenn der Alte sie nur ließe. Herr Prinz ist fest davon überzeugt, dass Herr Lehmann darüber nachgedacht hat. Aber er traute sich denn doch nicht, das Fräulein dem Sohnemann vorzuziehen.

Der Altersunterschied zwischen den Brautleuten stört Herrn Prinz nicht. Ein paar Jahre dürfen es schon sein, er selbst ist acht Jahre älter als Muttern. Ihn stört aber, dass Herr Schlesinger aus einem ganz anderen Milieu kommt als das Fräulein. Damit ist nicht das Autohaus Schlesinger gemeint. Über Automobile fachsimpeln kann Herr Prinz ganz wunderbar mit Herrn Schlesinger. Aber musste er denn unbedingt ein Jude sein?

Jude zu sein ist gefährlich, findet Herr Prinz. Über Juden wird immerfort geredet. Sie schaffen Ärger. Sie sind zahlreich vertreten bei den Kommunisten und auch bei den Sozialdemokraten, die Herr Prinz wählt, denn er weiß, wohin er gehört. Doch die Juden, die sind überall, die regen sich, die schreiben in den Zeitungen und auch viele Schriftsteller sind Juden. Juden, überall Juden. Und heute heiratet das Fräulein zwar keinen Schriftsteller und auch keinen Kommunisten und nicht einmal einen Sozialdemokraten, aber eben doch einen Juden.

Herr Prinz, der Chauffeur, denkt wie der Holzfabrikant, Herr Lehmann. Das bleibt nicht aus, denkt Herr Prinz, wenn man so lange gemeinsam in einem Auto sitzt und durch Deutschland fährt, oft tage-, manchmal sogar wochenlang. Da tauscht man sich aus, und da ist es auch besser, wenn der Chauffeur so denkt wie der Herr. Denn die Herren wollen es so. Sie fragen dann durch den Zigarrenrauch ihren Chauffeur: Finden Sie nicht auch? Und soll er es dann anders finden, als der Herr es findet, wo der Herr doch auch will, dass der Chauffeur es so findet wie sein Herr? Herr Prinz ist mit Leib und Seele Chauffeur und will es bleiben.

Die Frau Mama vom Fräulein tut recht daran, dass sie mit nach Dresden fährt. Sie hat es gewagt, anderer Meinung zu sein als der Herr Papa. Ganz behutsam, wie es sein muss, hat sie sich vorgewagt. Ganz umständlich und doch wie nebenbei hat sie zum Kompromiss gefunden. Und nun sitzt sie zwischen dem Brautpaar. Nicht ganz glücklich sieht sie aus, die Falten um die Nasenwurzel haben sich tief eingegraben.

So wie das Fräulein hat die Frau Mama auch einmal ausgesehen, bevor sie zu einer Dame werden musste und in den Kleidern und Kostümen verschwand, die eine Dame der Gesellschaft trägt, weshalb auch jede Dame der Gesellschaft wie alle anderen Damen aussieht, wie Herr Prinz findet, der sie kennt, weil er sie fahren darf. Ob es dem Fräulein auch bald so ergehen wird? Wahrscheinlich nicht, denn sie zieht ja mit ihrem Juden in eine Wohnung, nicht in das große Haus der Lehmanns in der Rauschwalder Straße.

Eine Wohnung macht einen Unterschied. In einer Wohnung ist man weniger eine Dame. Eine Wohnung macht die Menschen kleiner. In Wohnungen leben Angestellte, keine Fabrikantentöchter. Ob das Fräulein den Unterschied kennt? Und wird er sie stören? Wird sie das alles aus ihrem früheren Leben vermissen, das große Haus, die neuen Kleider, das hübsche Auto, die Bediensteten, die das Essen auftragen und Ordnung schaffen und so gut wie nichts dem Fräulein überlassen? Und kennt das Fräulein schon den Unterschied zwischen Haus und Wohnung?

Herr Prinz hängt seinen Gedanken nach, auf der Landstraße von Görlitz nach Dresden.

Warum, fragt sich Herr Prinz, heiraten die beiden eigentlich nicht in Görlitz, wo sie leben? In der Peterskirche ist das Fräulein konfirmiert worden, und an Weihnachten oder Ostern, wenn die Familie es feierlich haben will, geht sie immer in das Gotteshaus, das so hübsch hoch über der Neiße thront. Irgendwie, so findet Herr Prinz und rückt seine Krawatte am Steuer zurecht, irgendwie ist alles schwierig geworden, und er kann sich nicht recht entscheiden, ob es an dem Fräulein und dem Herrn Schlesinger liegt oder an den Umständen oder am Herrn Lehmann. Wahrscheinlich an allen zusammen, sagt er sich und fühlt sich gut mit diesem Kompromiss. Dann sind sie in Dresden, und die Kirche kommt in Sicht. Es ist so weit. Die Limousine fährt behutsam vor.

Noch einmal richtet Grete die Blumen, den Schleier. Noch einmal zupft sie am Kleid, zieht die Krawatte des Mannes gerade, der in ein paar Minuten ihr Mann sein wird. Was wird das ändern? Und ändert es überhaupt etwas, wenn der Mensch, den man liebt, weil er so ist, wie er ist, zu einem Mann wird, den man sein Eigen nennt? Eigentlich ändert sich ja nur mein Name, denkt Mädi. Wird das etwas ausmachen?

Sie schauen sich noch einmal tief in die Augen, dann gehen sie los. Langsam. Bloß nicht aufs Kleid treten. Die beiden Trauzeuginnen stehen mit dem Pfarrer vor der Kreuzkirche. Der Pfarrer sieht ihnen halb wohlwollend, halb genervt entgegen. Warum müssen diese beiden Menschen, dieses ungleiche Paar, hier bei ihm vor den Altar treten, und wenn sie das schon unbedingt wollen, obwohl sie in Görlitz heiraten könnten, warum kommen sie dann auch noch zu spät?

Dem Pfarrer ist es lieber, wenn er die Personen kennt, die er traut, doch diese beiden kennt er so gut wie gar nicht. Sie haben ihn aufgesucht, wie es sich gehört, und mit ihm über die Ehe geredet und die Pflichten und Rechte, die daraus erwachsen. Aber überzeugt haben sie ihn nicht. Wenn er heute noch dürfte, was Pfarrer früher durften, dann hätte er diesen beiden Menschen auferlegt, das Christentum zu studieren, es sich anzueignen, damit sie aus der Verbindung zu Gott Kraft schöpfen können, denn ihnen stehen sicherlich nicht nur gute Tage bevor.

Dieser Bräutigam, der Herr Schlesinger (er rümpft die Nase, wie er es immer tut, wenn er jemanden von Herzen missbilligt), ist ja bestenfalls ein halber Christ. Geboren als Jude. Und wer als Jude geboren wird, so sagt der Pfarrer immer, der bleibt ein Jude. Aus ihm wird kein Protestant, selbst wenn er zum Protestantismus übertritt. Er tut es ja keineswegs aus Gottesglauben heraus, aus innerster Überzeugung oder glühender Frömmigkeit. Er tut es, weil er diese junge Christin heiraten will. Er will ihr beiwohnen, wie er wahrscheinlich schon häufig irgendwelchen Frauen beigewohnt hat. Hat er die junge Frau zum Heiraten überredet? Ist die Überredungskunst nicht eine der schärfsten Waffen der Juden? Und hat er sich nicht in das Herz dieser schönen jungen Tochter aus bestem Haus eingeschlichen, heimtückisch und verschlagen? Er ist kleiner als sie, wie peinlich, und dazu etliche Jahre älter. Und jetzt soll er, der Pfarrer dieses ehrwürdigen Gotteshauses, das Paar trauen. Ihm seinen Segen geben. Den Segen der Kirche. Den Segen des dreieinigen Gottes.

Die beiden Trauzeuginnen durfte sich Grete aussuchen. Sie wusste sofort, dass Anneliese eine von beiden sein würde. Seit Kindheitstagen kennen sie sich, immer haben sie sich alles erzählt. Sie teilten ihr Liebesleben. Sie teilten ihre Liebesnöte. Sie lachten und weinten miteinander. Als Grete sich in den Kopf gesetzt hatte, ein Jahr nach Berlin zu gehen, ging Anneliese mit. Daraus wurden dann zwei Jahre. Schöne Jahre. Wilde Jahre. Sie saßen nebeneinander im Seminar von Max Reinhardt, lernten alles, was auf der Bühne passierte und dahinter. Wie gerne wären sie Schauspielerinnen geworden, aber ihr Wunsch war nicht groß genug, sie brannten nicht für das Spiel, das dieser bedeutsame Mann in seinen vielen Theatern aufführte.

Und Berlin! Sie waren ja Provinzlerinnen und blieben es auch, zum Glück. Denn das Rasante, das Wilde, Ungehemmte, das Polymorphe, wie sie es nannten, die Schauspieler und Dramaturgen und Stückeschreiber, in deren Kreisen jeder mit jeder und jedem schlief und Kokain schnupfte – all das lag ihnen nicht, auch wenn sie es bedauerten. Sie nahmen daran teil, ein wenig. Sie gingen zurück nach Görlitz und kichern seither geheimbündlerisch, wenn sie etwas an Berlin erinnert.

Anneliese, die Frohnatur, strahlt ihnen entgegen. Sie wenigstens freut sich für sie, ohne Einschränkung, ohne Hintergedanken. Sie mag Artur, sie mag seine Verlässlichkeit. Sie gibt den beiden die Ringe aus Gold, sie schaut zu, wie Artur den einen Ring Grete ansteckt, seine Hand zittert leicht. Dann zieht Grete den anderen Ring über Arturs Finger. Sie sind verheiratet. Sie dürfen sich küssen, als Ehepaar. Alle schauen zu. Alle denken sich ihren Teil.

In der ersten Reihe entdeckt Grete ihren Bruder. Hans ist also doch gekommen. Sie freut sich, dass er da ist. Einer weniger, der fehlt. Viele ihrer Freundinnen sitzen in den hinteren Reihen der riesigen Kirche. Von Artur sind die beiden Schwestern Hertha, die in Mühlhausen mit einem Rabbiner verheiratet ist, und Rose, die mit ihrem Mann nach Berlin gezogen ist, und auch ein paar Freunde gekommen. Die meisten haben ihre Frauen oder Freundinnen dabei. Gemessene Paare. Ob sie und Artur auch so werden? Selbstverständlich und langweilig?

Die Orgel stimmt ein und spielt triumphal Bachs «Nun danket alle Gott». Die Musik auszusuchen, hat sich der Pfarrer nicht nehmen lassen. Grete hatte noch versucht, ihn umzustimmen, doch es gelang ihr nicht. Auf dem Weg zum Altar stimmte der Organist den Brautchor aus Lohengrin an. Wagners Musik liegt Grete nicht gut im Ohr und auch Artur nicht. Als sie die Ringe tauschen, spielt der Organist die Fuge in G-Dur von Bach. Der Pfarrer will es uns schwermachen, denkt Grete. Der Pfarrer straft uns. Sie weiß schon, warum.

Aber es ist ihr Tag, ihr Glückstag, ein Lebenstag, und sie lassen sich ihn nicht verderben. Grete hebt strahlend den Schleier und lässt sich noch einmal von Artur küssen und noch einmal. Von Artur, der nicht mehr nur Artur ist, sondern ihr Ehemann, wie sie es haben wollte. Jetzt schweben sie den langen Gang hinab zur Kirchentür, die wie von Zauberhand aufschwingt. Sonnenlicht fällt ihnen entgegen, der Himmel ist auf ihrer Seite. Die beiden Schwiegermütter stehen nebeneinander, mit Taschentüchern in den Händen.

Grete ist glücklich, und wenn sie glücklich ist, muss sie nicht weinen. Artur ist sentimentaler als sie, das weiß sie schon lange. Er verdrückt ein paar Tränen, die er verschämt abwischt, und findet es erstaunlich, dass Grete trockenen

Auges neben ihm hergeht. Er reckt sich ein bisschen, damit es nicht zu deutlich ist, dass er kleiner ist als sie. Er fühlt sich wohl, er ist verheiratet, sie schreiten durch das Kirchenportal, der Pfarrer beglückwünscht sie und bekommt unverhofft etwas Weiches. Sie stellen sich neben ihn, die Hochzeitsgäste ziehen an ihnen vorbei.

Herr Prinz steht bereit, die Chauffeursmütze vor der Brust, und öffnet den Schlag. Etliche Lastwagen fahren vorbei, auf den Ladeflächen hocken johlende SA-Leute. Sie grölen das Lied über Horst Wessel, den Pastorensohn, der in Friedrichshain zu einem SA-Schläger aufgestiegen war und an einer Schusswunde starb, weil er sich nicht von einem jüdischen Arzt behandeln ließ.

Grete und Artur steigen in den Mercedes ein, die beiden Schwiegermütter fahren mit ihnen in das Café «Italienisches Dörfchen» am Elbufer, in das sie alle Hochzeitsgäste eingeladen haben.

5.

Grete und Artur bauen ein Nest

Zittauer Straße 64, so lautet ihre Adresse. Das herrschaftliche Haus, in dem ihre erste gemeinsame Wohnung liegt, hat einen gepflegten Vorgarten mit alten, mächtigen Bäumen. Es steht allein, ein schmiedeeiserner Zaun grenzt das Grundstück von der Straße ab. Das Anwesen war einmal das Handelskontor des Kaufmanns Martin Ephraim, der hat es 1913 im Gründerstil gebaut. Mittlerweile ist es in Wohnungen umgewandelt worden. Im ersten Stock rechts befinden sich die vier Zimmer der Schlesingers. Die Wohnung hat ein richtiges Bad, mit einem modernen Warmwasserboiler der Firma Junkers, und eine separate Toilette.

Eine schöne Wohnung in einem schönen Haus. Sie bietet Grete einiges von dem Komfort, an den sie gewöhnt ist. Artur freut sich für Grete, dass die Damast-Tischwäsche und die Anrichte so zur Geltung kommen, wie sie es sich gewünscht hat. Sie soll sich daheim fühlen. Grete freut sich für Artur, dass er es nun besser hat als vorher. Er soll ein Zuhause haben, in das er nach der Arbeit beschwingt zurückkommt.

Zu Silvester haben sie ihre ersten Gäste geladen. Herr und Frau Artur Schlesinger geben sich die Ehre. Werner Finck kommt mit seiner Freundin aus Berlin. Artur und Grete kennen ihn schon lange. Für sie wird er immer der Apothekersohn bleiben, weil seine Eltern eine Apotheke in Görlitz haben. Er ist zwölf Jahre jünger als Artur und vier Jahre älter als Grete. Er liegt genau zwischen ihnen.

Als Werner noch am Theater in Bunzlau spielte, fuhren sie zu seinen Aufführungen und beklatschten ihn. Bunzlau war sein erstes Engagement, und er war nicht besonders glücklich in der preußischen Provinz. Er wusste nicht, ob er ein Leben lang Klassiker spielen wollte. Er wusste nicht, ob die Regisseure in ihm einen Liebhaber oder einen Bösewicht sahen oder gar ein Nichts. Läge ihm Othello mehr oder Franz Moor? Von Anfang an war er unsicher, ob dieses Theater richtig für ihn sei oder ob er auf einer anderen Bühne besser aufgehoben wäre.

Grete dachte damals, dass er vielleicht von Natur aus ein unschlüssiger Mensch ist. Doch bald schon sollte sie staunen, denn er hatte einen Entschluss gefasst. Er ging an die «Katakombe» nach Berlin, wo er jetzt das macht, was er wahrscheinlich am besten kann: Kabarett. Er sagt, die Zeiten seien golden für einen Kabarettisten und schrecklich für die Menschen. Er sagt auch, er habe gefunden, was wirklich zu ihm passt.

Am Esszimmertisch ist Platz für acht Personen, aber Grete und Artur haben außer Werner und seiner Freundin nur noch Paul und Irma Mühsam eingeladen. Sechs ist eine gute Zahl, findet Grete. Sechs Menschen können sich miteinander unterhalten, ohne dass jemand zu kurz kommt. Sechs ist dreimal zwei, so können sich die Gäste paarweise unterhalten. Und am besten ist es, wenn die große Runde und die kleinen Unterhaltungen ineinander übergehen.

Grete macht sich gerne Gedanken über die richtige Zahl und über die Gäste, die zueinander passen könnten. Von jetzt an will sie, dass die Schlesingers regelmäßig Gesellschaft haben. Sie möchte einen kleinen Salon führen. Eine zwanglose Runde gleichgesinnter Menschen, die sich darüber unterhalten, was ihnen durch den Kopf geht und was ihnen wichtig ist.

Werner ist ein wunderbarer Unterhalter. Paul Mühsam, der um Jahre ältere Notar und Schriftsteller, verfällt ins Dozieren, sobald er Zuhörer wittert. Damit riskiert er, den anderen auf die Nerven zu gehen, doch er hat ein Gespür dafür, wann er zu lange redet. Dann amüsiert er sich gerade noch im richtigen Augenblick über sich selbst und hat die Lacher auf seiner Seite. Wenn er es nicht merkt, muss Irma nur die Augenbraue heben, schon lenkt er ein.

Und Grete und Artur? Sie wollen gute Gastgeber sein. Ihr Besuch soll sich wohlfühlen und die Unterhaltung führen.

«Was gibt es denn heute?», fragt Paul, als er sich den Mantel auszieht. Er liebt das Essen und Trinken und die Geselligkeit im kleinen Kreis, die ihm ein Publikum beschert. Josefine, die hübsche junge Freundin von Werner, dreht sich in ihrem hochsitzenden Rock und der Seidenbluse aus dem Pelzmantel und genießt die Blicke. «Wie ist es jetzt so mit euch?», fragt sie. «Anders als vorher? Noch schöner, noch doller?» – «Ja», antwortet Grete und wird zu ihrem Ärger rot. «Anders schön», sagt sie und entschuldigt sich in die Küche.

Grete hat geschwankt, ob sie Wild servieren soll oder Tafelspitz. Jetzt duftet der Tafelspitz mit den Kartoffeln, dem Meerrettich und dem Spitzkohl. Alles ist perfekt, Grete schaut beruhigt in die Runde. Die vier sind gute Gäste und loben die Dame des Hauses überschwänglich. «Ihr habt eure Wohnung gemütlich eingerichtet», sagt Irma. Es ist nicht eindeutig herauszuhören, ob sie es ernst meint oder nur höflich sein möchte. Vermutlich fehlt ihr die Vitrine mit dem bürgerlichen Literaturkanon, der in ihrer eigenen Wohnung so viel Platz einnimmt.

«Aber erzählt doch mal, wie es für euch ist, verheiratet zu sein», will Werner wissen.

«Schön ist es, auch wenn wir noch in der Gewöhnungsphase sind», sagt Artur.

«Vor allem du bist noch in der Gewöhnungsphase», wirft Grete halb scherzend ein.

«Na ja, mein Lieber, du bist ja auch nicht mehr der Jüngste und hast sicherlich deine Eigenheiten, die nur du für selbstverständlich hältst», neckt Werner mit vollem Mund.

«Er will aus einem Zimmer seine Werkstatt machen», sagt Grete im ironischen Beschwerdeton.

«Weil ich meine Werkzeuge um mich brauche», verteidigt sich Artur. «Wie es aussieht, könnte ich bald meine Firma verlieren. Wer kauft in diesen Zeiten schon noch neue Automobile oder will das Fahren bei mir lernen? Ich weiß nicht, wie ich mich dann durchschlagen soll.»

«Du bist geschickt, du kennst dein Metier, du wirst schon was finden», muntert Werner ihn auf.

Die Aschenbecher kommen auf den Tisch, die Herren rauchen Zigarre, Josefine steckt eine Zigarette in die Spitze. Grete fällt auf, dass die Mühsams kurze Blicke tauschen und ins Schweigen fallen.

«Paul, wie läuft es mit deiner Kanzlei?», fragt Artur, um von sich abzulenken.

«Als Notar geht es mir noch gut, wir Notare werden immer gebraucht», antwortet Paul ungewöhnlich knapp für seine Verhältnisse.

«Und was bekümmert dich?», fragt Werner, dem auch aufgefallen ist, wie verhalten die Mühsams sind.

«Wir überlegen, ob wir weggehen sollen», platzt Irma heraus. Grete nimmt ihre Hand und schaut sie erstaunt an.

«Warum?», fragt Artur.

«Wir sollten sie ernst nehmen, die Nazis», sagt Paul. «Sie sagen, wir Juden sind nichts wert und an allem schuld. Wir wollen nicht abwarten, bis wir an die Reihe kommen. Jetzt können wir noch gehen. Wenn dieser Hitler erst einmal Reichskanzler ist, haben diese Scheusale freie Bahn.»

«Glaubst du denn, dass Hindenburg ihn wirklich zum Kanzler macht?», fragt Josefine.

«Ehrlich gesagt bin ich eigentlich ein unpolitischer Mensch», sagt Werner und sieht Paul dabei an. «Aber in Berlin kommt man gar nicht an der Politik vorbei. Und seitdem ich Kabarett mache, schaue ich auch genauer hin, was dort auf den Straßen vor sich geht, und da geschieht einiges. Und ja, die Nazis beherrschen Berlin, und wahrscheinlich dauert es nur noch ein paar Wochen, bis Hitler am Ziel ist.»

Paul rückt an Artur heran. «Und du, Artur, was ist mit dir?»

«Was soll mit mir sein?», fragt Artur zurück. «Ich kann mir nicht vorstellen, dass Hitler wahr macht, wovon er andauernd spricht. Außerdem bin ich schon lange vor unserer Heirat zum Protestantismus übergetreten und war 1914–18 Soldat. Ich habe sogar Tapferkeitsorden erhalten. Denkt ihr wirklich darüber nach wegzugehen? Wohin denn?»

«Für uns kommt eigentlich nur Palästina in Frage», antwortet Irma. «Paul schreibt ja über Jüdisches und Deutsches. Wohin sollten wir sonst gehen?»

Werner ist beim Zuhören nachdenklich geworden. «Also, ich glaube, wenn ich Jude wäre, würde ich mir auch überlegen, ob ich Deutschland nicht besser den Rücken kehre. Aber wahrscheinlich würde ich darüber reden und reden und womöglich den richtigen Zeitpunkt verpassen. Ich bewundere euch dafür, dass ihr diesen Fehler nicht begeht. Wie lange denkt ihr denn schon darüber nach?»

«Ach, eigentlich schon ziemlich lange. Das begann damit», erklärt Paul, «dass alte Mandanten wegblieben, und dreimal dürft ihr raten, warum. Und vergesst nicht, wie sie meinen Vetter Erich in die Mangel genommen haben.»

«Was war denn mit deinem Vetter Erich?», fragt Josefine nach.

«Er ist zwei Jahre jünger als ich, 1878 geboren, ein wilder Junge, ein Anarchist, ein Feuerkopf», sagt Paul und kommt ins Erzählen. «Er gehörte zur Münchner Boheme, so wie Lion Feuchtwanger, Heinrich Mann und Oskar Maria Graf, diese ganze politisierende Schriftsteller-Mischpoke, die von der Revolution träumte, und als die dann 1918 wirklich hereinbrach, da gehörte mein Herr Vetter zu den Intellektuellen und Schriftstellern, die die Räterepublik ausriefen. Ein verrücktes Abenteuer, das in Mord und Totschlag endete. Erich wurde zu fünfzehn Jahren Festungshaft verurteilt, musste dann aber nur fünf absitzen. Jetzt arbeitet er für die Rote Hilfe und kümmert sich um politische Häftlinge, wie er sagt. Wenn wir recht damit haben, dass Hitler tun wird, was er angekündigt hat, dann gehört mein verehrter Vetter Erich zu den Ersten, die im Gefängnis landen werden.»

Grete steht auf und sagt, sie räume jetzt ab, und dann gebe es den Nachtisch. Sie ist verwirrt über die Unterhaltung. So ernst, so schwer möchte sie ihren Salon nicht haben. So nahe möchte sie das Schlechte nicht an sich heranlassen. Dass die Mühsams die Absicht haben auszuwandern, wusste sie nicht. Natürlich muss man darüber reden, warum sie das machen und ob es richtig ist, aber heute ist doch auch Silvester. Heute will sie Spaß haben. Zum Jahresausklang gab es sonst immer Bleigießen und Sekt und Albernheiten, manchmal haben sie sogar getanzt. Zum ersten Mal haben sie Gäste. Sie weihen ihre Wohnung ein. Es muss noch etwas anderes geben als Angst und Sorgen und Herrn Hitler.

Josefine hilft Grete in der Küche. Die beiden Frauen lassen sich Zeit und plaudern über Werner und wie er und Josefine sich in der Straßenbahn kennengelernt haben, weil sie ihn aus Versehen anrempelte, und wie sehr sie ihn dafür bewundert, dass er ganz allein auf der Bühne steht, seine Witze reißt und sein Publikum mühelos unterhält. Zuerst hat Grete gedacht, Josefine sei nur jung und schön, aber jetzt wird sie ihr richtig sympathisch. Es ist gut, sagt sie sich, dass sie mitgekommen ist. Und Werner, ja Werner erbaut sich an ihrer Jugend, kein Zweifel.

Wenigstens jemand, der so alt ist wie ich, denkt Grete und ist wieder versöhnt mit dem Abend. «An den Mühsams merkt man», sagt Grete, «dass sie ganz andere Erfahrungen gemacht haben und über ganz andere Dinge nachdenken. Sie sind ja viel älter als wir, älter auch als Artur.» Es schüttelt Grete, wenn sie sich vorstellt, dass sie jetzt alles packen und irgendwohin gehen sollte, weit weg von ihren Eltern, ihrem Görlitz, ihren Freundinnen, in ein anderes Land mit einer anderen Sprache, wo sie mit Menschen zu tun hätte, die ihr fremd sind und vielleicht auch fremd blieben. «So», sagt sie zu Josefine, «genug aufgeräumt, vielen Dank für deine Hilfe. Lass uns wieder zu den anderen gehen.»

«Du klingst bitter, Paul», sagt Werner im Wohnzimmer und pafft seine Zigarre.

«Es sind bittere Zeiten, Werner. Du weißt es, und wenn du es nicht wissen solltest, wirst du es noch merken. Kabarett, wie du es machst, mögen die Nazis bestimmt nicht.» Artur schenkt Weinbrand nach und denkt, dass es jetzt eigentlich gemütlich werden könnte.

«Ich bin ja gar nicht politisch, aber vielleicht bin ich einfach zu jung und naiv», sagt Werner nachdenklich.

«Wie alt bist du denn?», fragt Paul zurück.

«Gerade dreißig geworden, aber ich fühle mich nicht so jung, wie ich mich wohl fühlen sollte. Die Zeit steckt mir in den Knochen. Und du, Paul, wie alt bist du?»

«Sechsundfünfzig. Ich denke oft darüber nach, wie sehr sich die Welt seit meiner Kindheit verändert hat. Die Städte haben jetzt elektrisches Licht, Straßenbahnen und Züge fahren. Das Automobil ist eine Selbstverständlichkeit. Es gibt Warmwasserboiler und Toiletten in der Wohnung. Flugzeuge fliegen durch die Luft und Dampfschiffe überqueren das Meer. Die Waffen, mit denen sich die Menschen töten, werden aus vielen Kilometern Entfernung abgefeuert. Kaiser sind gegangen und Revolutionen gekommen. Ich glaube, keine andere Generation hat je so viele Veränderungen in so kurzer Zeit durchgemacht.» Die Moderne, die alles auf den Kopf stellt, ist sein Lieblingsthema.

Artur schaltet sich ein, hier kann er mitreden. «Unser Leben ist so viel leichter geworden. Man muss sich allerdings die Dinge leisten können, die es zu kaufen gibt. Und wer kann das schon? Mir tun die vielen Arbeitslosen leid, und ich finde, es muss alles getan werden, damit sie wieder in Lohn und Brot kommen.»

«Tja, wenn nur nicht der Falsche dafür sorgt», sagt Paul, und Werner nickt zustimmend. «Man sieht ja in Italien, was Mussolini alles anstellt, damit die Arbeitslosen zu Arbeit kommen: Er lässt die Sümpfe trockenlegen und Straßen bauen. Ich wette, dass Hitler es ihm nachmacht, sobald er es kann.»

«Irgendwie geht jeder davon aus, dass Hitler es schafft», sagt Artur. «Aber was wäre denn, wenn sich alle irren? Wenn Hindenburg ihn nicht zum Reichskanzler ernennt, weil er ihn nicht leiden kann? Dass er sich über den kleinen Gefreiten aus Österreich ärgert, ist ja offensichtlich.»

«Brüning ist weg, Papen ist weg und Schleicher sicherlich auch bald. Dann bleibt nur noch Hitler», sagt Werner übertrieben streng und nippt am Weinbrand. «Geh mal besser davon aus, dass er dir nicht erspart bleibt.»

«Das Schlimmste ist, dass wir uns so viele Gedanken um das machen müssen, was dort draußen geschieht, und ob es Einfluss auf unser Leben haben wird», sagt Artur plötzlich. «Hier sind wir, Freunde, die Spaß miteinander haben wollen, die Silvester feiern, mit gutem Wein und noch besserem Weinbrand, bei Zigarren und mit schönen Frauen. Aber die Leichtigkeit lassen wir uns stehlen. Ich will meine Leichtigkeit wiederhaben!»

«Das hast du aber schön gesagt, alter Junge», prostet ihm Paul anerkennend zu. «Auf dein Wohl!»

Der Weinbrand lockert die Stimmung. Als die Frauen den Nachtisch hereintragen, ein Sortiment selbstgeernteter Beeren aus dem Garten von Gretes Familie, und als der Bohnenkaffee zu duften beginnt, stürzen sich alle darauf und erzählen bunt durcheinander, wie sie früher Silvester begangen haben. Es ist kurz vor elf Uhr, noch eine Stunde bis Mitternacht. Draußen knallen schon die ersten Böller. Das Jahr 1933, das doch bitte nicht die gesammelten Erwartungen erfüllen möge, bricht gleich an. Grete schaltet das Radio ein, Ballmusik wird gespielt. Das Leben, es muss doch stärker sein als die Sorgen.

Gegen halb zwei machen sich die Gäste auf den Weg. Werner und Josefine sind beschwingt vom Alkohol und albern vor sich hin. Paul und Irma sind froh darüber, dass sie auf andere Gedanken gekommen sind. Und das Ehepaar Schlesinger hat sich als Gastgeber bewährt.

Die vier werfen sich in ihre Mäntel und poltern die Treppe hinab in die kalte klare Sternennacht. Nur hier und dort knallt es noch in den Straßen. Grete und Artur stehen frierend auf dem Balkon und winken den Gästen nach. «Schnell ins Warme», sagt Grete und gähnt zufrieden. Ein angenehmer Gemütszustand nach den düsteren Gesprächen zu Beginn des Abends. Sie nimmt sich vor, sich im Jahr 1933 in Zufriedenheit zu erproben.

«Ist es nicht am besten, man erwartet nicht zu viel, befürchtet aber auch nicht ständig das Schlimmste?», fragt sie und dreht sich zu ihrem Mann um, der sie erstaunt ansieht.

«Natürlich ist es das, Mädi. So denke ich schon mein ganzes Leben lang.» Er nimmt sie in den Arm, sie versinken für einen Moment in Gedanken, bis er sagt: «Ich bin aber nicht nur zufrieden, sondern sehr glücklich darüber, dass wir uns haben.»

6.

Arturs Taggedanken

Morgens gegen neun Uhr verlässt Artur das Haus und fährt ins Geschäft. Über Nacht hat es geschneit. Die Menschen eilen in der Kälte aneinander vorbei. Die Kinder haben rote Wangen, bewerfen sich mit Schneebällen und ziehen Rodelschlitten hinter sich her. Zum Glück springt das Auto an.

Für Artur ist die Gegend um die Zittauer Straße eine Insel der Beschaulichkeit, auf der sich sein neues Leben abspielt. In der Berliner Straße aber, in der es klingelt und hupt und brodelt, in der die Lieferwagen vor dem Hotel «Stadt Dresden» den Gehsteig blockieren und die Damen der Gesellschaft in das «Café Fledermaus» streben, während die Zeitungsjungen die neuesten Schlagzeilen herausposaunen – in der Berliner Straße führt er sein altes Leben.

Er parkt den Adler wie gewohnt in einer Seitenstraße und geht an den großen Kaufhäusern vorbei, am «Frankenstein» und am «Straßburg». Die Inhaber sind Juden, das weiß hier jeder. Ob sie auch ans Auswandern denken wie die Mühsams? Und macht er einen Fehler, wenn er so zuversichtlich bleibt wie immer, weil es schon nicht so arg kommen wird? Vielleicht ist sein Optimismus ja falsch, vielleicht macht er ihn blind. Ist seine Zuversicht nun eine Stärke oder eine Schwäche? Oder beides? Und woher soll er wissen, wann sie eine Stärke ist und wann eine Schwäche?

Artur schüttelt den Kopf. Dass ihm die Unterhaltung von Silvester auch Wochen später nicht aus dem Sinn will! Er ist erleichtert, als er sein Geschäft aufschließt. Er muss auf andere Gedanken kommen.

Das ist gar nicht so einfach. Die Kunden, die ihm in den guten Zeiten die Bude einrannten, sind jetzt Mangelware. Im Briefkasten findet er ein paar Rechnungen, auch keine Stimmungsheber. Aus Frankfurt hat er zum Jahreswechsel ein Schreiben von den Adlerwerken bekommen. Es las sich halb fürsorglich, halb bedrohlich. Er tröstet sich damit, dass im Dezember und Januar auch zu besseren Zeiten nur wenige Menschen auf die Idee kamen, ein Auto zu kaufen oder Fahrstunden zu nehmen. Es wird schon wieder werden. Erneut meldet sich die zweite Stimme, die Mühsam-Stimme, wie er sie nennt: Und wenn es nicht wieder wird?

Auf und ab geht er. Auf und ab. Über dem Schreibtisch hängt ein Foto aus seinen glorreichen Jahren als Rennfahrer. Ein Mann sitzt in einem offenen Automobil, er winkt mit der linken Hand, die rechte lässig am Steuer. Am Straßenrand steht eine kleine Menschengruppe. Eine Dame hält einen Regenschirm, daneben stehen ein paar Zuschauer, sie sehen wie Statuen aus, seltsam gemessen, fast gespreizt. Die Automobile auf dem Feld gehören ihnen. «Zobten Rennen am 17. Juni 1923. Preis für den schnellsten Wagen: Artur Schlesinger, Görlitz, mit dem Adler 18/60», verkünden die Zeilen unter dem Foto. Die Achtzehn steht für die Seriennummer des Adler, die Sechzig für die Anzahl der Pferdestärken. Diese Rennen waren nicht einfach. Es gewann fast immer der Fahrer, der am schnellsten vom Start wegkam, denn ans Überholen war auf dem Weg den Berg hinauf nicht zu denken. Nicht selten führte die Strecke über Holzbrücken. Wenn der erste Wagen darüberraste, flogen die Bretter hoch, und die anderen Fahrer mussten sie erst wieder ordentlich hinlegen, bevor sie die Verfolgung aufnehmen konnten. Artur kam oft zuerst vom Start los. Er war ein guter Stratege.

Zehn Jahre ist das her. Nur zehn Jahre. Schon zehn Jahre. Ab und zu sieht er sich das Foto an, es macht ihn stolz. Heute aber kommt es ihm seltsam vor, dass er es so oft angelegentlich betrachtet. Irgendwie flüchtet er, der Gegenwartsmensch, seit kurzem in die Vergangenheit, die nahe und die ferne. Wieso eigentlich? Noch hat er sein Geschäft. Noch ist der Ehestand neu für ihn, die Wohnung sowieso. Das Leben mit einer Frau, mit Grete, bis dass der Tod uns scheidet. Wieso fällt ihm jetzt der Tod ein?

Grete und er würden gerne Kinder haben. Da er nicht mehr der Jüngste ist, können sie nicht warten, bis alles passt: die Jahreszeit, der Verdienst, die Aussöhnung mit der Familie, seine Stimmung, ihre Stimmung, die Krise, die Regierung. Er hat in seinem Leben immer dann Veränderungen vorgenommen, wenn er sich gut fühlte. Er tat sich nicht schwer damit. Aber dabei ging es immer um ihn allein. Mit einer Familie ist es etwas anderes. Jetzt hat sein Handeln Konsequenzen, nicht nur für ihn. Artur grübelt darüber, warum er darüber grübelt. Er fühlt sich schlecht.

Ihn tröstet der Gedanke, dass er bestimmt nicht der Einzige ist, den die Frage quält, ob man gerade jetzt Kinder in die Welt setzen sollte. In Deutschland wird es eine Menge Paare geben, die solche Fragen wälzen. So viel ist ins Rutschen gekommen. Die große Krise ist ein großer Angstmacher. Und Hitler, ja dieser Hitler, was soll bloß werden?

Vor ein paar Tagen hat sich Artur mit einem alten Freund unterhalten, mit Bernhard Dosselt, der auch lieber zuversichtlich ist als misstrauisch. «Ach, es hat gar keinen Sinn, wenn wir uns einen Kopf machen, was in Berlin passiert. Sollen sie doch den Hitler zum Reichskanzler machen. Dann rufen die Linken einen Generalstreik aus, und er wird schon sehen. Dem Kapp ist sein Putsch auch nicht gut bekommen. Der Hitler spuckt nur große Töne. Die Nazis sind Straßenköter, regieren können die nicht, da bin ich ganz sicher, und vielleicht haben sie das auch gar nicht vor. Sie wollen uns nur Angst machen.»

Artur hört entschiedene Meinungen gern. Sie beruhigen ihn. Später fällt ihm ein, was alles dagegen spricht, aber da ist Dosselt schon seiner Wege gegangen, zufrieden darüber, dass er jemand gefunden hat, der ihm beipflichtet.

Artur ist unglücklich, weil es so wenig zu tun gibt. Eigentlich findet er immer etwas, an dem er herumbosseln kann. Wenn Flaute im Geschäft herrscht, geht er in seine Werkstatt. In der neuen Wohnung hat er aber noch keinen Platz dafür. Wenn ich einen hätte, sagt er sich, würde ich an einem neuen Blinker arbeiten, der sich einfacher bedienen lässt als diese schweren Dinger. Oder an einer Lichtanlage. Für seine Erfindungen könnte er dann Patente anmelden und in die Geschichte eingehen.

Wenn Artur nichts zu tun hat, passiert etwas mit ihm, was ihm nicht gefällt. Die Gedanken gehen mit ihm spazieren, sie rennen weg und schlagen sich in die Büsche. Er kann sie nicht davon abhalten. Ich gerate ins Grübeln, aber ich bin nicht fürs Grübeln geeignet, denkt er sich, ich bin nicht so wie Paul oder Werner, die in den Park gehen und sich überlegen, was sie schreiben wollen, und wenn sie mit dem Überlegen fertig sind, gehen sie nach Hause und schreiben auf, was ihnen in den Sinn gekommen ist, und sind zufrieden. Artur fühlt sich schlecht, wenn er ins Sinnieren verfällt. Er findet es unergiebig. Bei ihm kommt nichts dabei heraus, außer dieser nagenden Unruhe, diesem schalen Unbehagen, das er nicht abschütteln kann. Er wird erst wieder zufrieden sein, wenn er seine Zuversicht zurückhat. Er will nicht mehr grübeln.

Artur ist kein großer Bücherleser. Lieber kauft er sich eine Tageszeitung und informiert sich über das Weltgeschehen, was jetzt gleichbedeutend ist mit der Hitlerei. Zur Erheiterung tragen die Morgen- und Abendzeitungen schon lange nicht mehr bei. Die Schlagzeilen schreien ihm ins Gesicht. Sie stecken voller Hass. Auf die Kommunisten, die Sozialdemokraten, auf England und Frankreich und auf die Juden in der Finanzwelt, die angeblich mit ihren Intrigen die Wirtschaftskrise und die Massenarbeitslosigkeit verursacht haben und sich dumm und dämlich verdienen sollen.

Artur will wissen, wer sein Feind ist, und liest weiterhin die Zeitung. Früher hat er abwechselnd die Görlitzer Morgen- und Abendzeitungen gekauft, das liberale Blatt und das konservative. Welche er heute nimmt, ist ziemlich egal, alle werden dem «Völkischen Beobachter» ähnlich.

Wahrscheinlich wäre es besser für ihn, wenn er in Büchern aufgehen könnte. Dann würde er mehr wissen, könnte öfter im Mittelpunkt stehen, so wie sein Freund Paul. Der kann wie nebenbei über Neuerscheinungen reden und auch schon mal ein Gedicht rezitieren. Ja, damit könnte man Eindruck schinden.

Mit der Prosa hat Artur es nicht so. Bücher haben die unangenehme Eigenschaft, viele Seiten zu haben, etliche Personen vorzustellen. Er neigt dazu, die Übersicht zu verlieren. Er müsste dann immer wieder zurückblättern, um den Anschluss zu behalten, aber dazu fehlen ihm die Lust und die Ausdauer. Er ist nun einmal ein Tüftler. Im Tüfteln versinkt er so wie andere Menschen in Romanen oder Novellen. Dann ist er ganz bei sich. Er vergisst die Zeit, er weiß nicht mehr, wo er gerade ist. Er entkommt dieser Bedrückung, die ihn neuerdings wie ein schwerer Mantel umfängt.

Am 30. Januar 1933 geben die Tageszeitungen Sonderausgaben heraus. Das Gerücht geht um, dass Hitler zum Reichskanzler ernannt werden wird. Der Reichspräsident ist es leid, er hat alles versucht, zuerst mit Brüning, dann mit Papen, zuletzt mit Schleicher. Der alte Feldmarschall hat keine andere Wahl, er bestimmt den Gefreiten, den er verachtet, zum Nachfolger Schleichers. Der Österreicher, der in Braunschweig rasch noch eingebürgert wurde, ist fast am Ziel.

Adolf Hitler ist Arturs Feind, sein persönlicher Feind. Er hat alles gelesen, was er über sein Leben finden konnte, auch über die Zeit, bevor Hitler sich entschloss, Politiker zu werden. Dabei fiel Artur auf, dass sie fast gleich alt sind. Hitler ist genau dreihundertdreiundsechzig Tage älter als er, ein Jahr minus zwei Tage. Im Grunde sind sie Jahrgangsgenossen. Hitler hat klein angefangen, Artur auch. Beide waren Soldaten im Krieg. Beide sind erst spät in das Leben aufgebrochen, das sie jetzt führen. Sogar die Vornamen sind ähnlich: Adolf, Artur.

Artur, der Tüftler, hat sich in Hitlers Leben hineingebohrt. Er findet es nicht komisch, dass es da erstaunlich viele Gemeinsamkeiten gibt. Beide hingen an ihrer Mutter, die sie verwöhnte und vor dem Vater beschützte. Hitlers Vater starb früh, sodass er es ihm nicht verbieten konnte, als sein Junge eigene Wege gehen und unbedingt Künstler werden wollte. Arturs Vater verließ die Familie, als er noch ein kleiner Junge war, er hat so gut wie keine Erinnerung an ihn. Nichts weiß er über seinen Vater, nicht ob er ihn geschlagen hat, nicht wie er seine Frau behandelte. Er zeugte vier Kinder mit ihr und dann verschwand er, einfach so. Ob sie ihn gehen ließ oder ihn vertrieb, auch das weiß Artur nicht.

Hitler hatte kein gutes Verhältnis zu seinem Vater. Er verbrachte einsame, traurige, erfolglose Jahre und scheiterte daran, dass er etwas sein wollte, was er nicht sein konnte. Artur stellt sich vor, dass Hitlers Vater dem Sohn im Albtraum erschien und sich über ihn lustig machte, über ihn, den

Hochgestochenen, den verderbten Sohn, der die Schule nicht beendet hatte und sich nicht mit einem einfachen Leben zufriedengeben wollte, so einem Leben, wie er, der Vater, es geführt hatte, einem Leben, in dem er sich hochgekämpft hatte, bis er Lehrer war, ein anständiger Mann, anerkannt in seiner Stadt, bewundert von seiner Frau. Adolf dagegen lebte in einem Männerheim, zeichnete Postkarten, die seine Freunde auf der Straße für einen Groschen verkauften. Er war ein Verlorener. Ein Gescheiterter. Ein Brütender.

Erklärt das, warum er so wurde, wie er jetzt ist? Ja und nein, findet Artur. Das Nachdenken über Hitler bringt ihn vielleicht nicht sehr weit, doch es ist von Vorteil, seinen Feind zu kennen.

Im Vergleich mit Hitler bin ich ein Angepasster gewesen, sagt sich Artur. Nicht besonders gut in der Schule, aber ein wohlerzogenes Kind. Hat er seiner Mutter Kummer bereitet? Nicht mehr als andere Söhne. Er war vier Jahre jünger als Max. Ohne einen Vater, der Geld nach Hause brachte, war an eine höhere Schule nicht zu denken. Den Kindern blieb nur die Volksschule. Mit einer alleinerziehenden Mutter gehörten sie zu den wenig Begünstigten in Zittau. Sie hungerten nicht, weil die Mutter das schwere Leben auf sich nahm, das ihr zufiel. Artur kann sich nicht erinnern, dass sie sich je beklagt hätte. Er kann sich aber auch nicht vorstellen, dass sie über ihr Leben nicht verzweifelt oder traurig gewesen wäre, heimlich, nachts, wenn die Kinder schliefen. Sie ist sehr beherrscht und machte auch früher immer einen ausgeglichenen Eindruck. Artur kommt keine Situation in den Sinn, in der sie ihren Zorn, ihre Wut, ihre Hilflosigkeit an ihnen ausgelassen hätte.

Da der Vater und Ehemann nun einmal fort war, musste sie, anders als Hitlers Mutter, nicht beständig den Launen, der Wut, dem Zorn, dem Abgründigen des Vaters entgegenwirken. Arturs Mutter konnte sie selbst sein. Hitlers Mutter hingegen musste lieb sein, wahrscheinlich lieber, als sie es eigentlich war, damit die Welt ihrer beiden Kinder einigermaßen im Lot blieb. Wie der Vater Hitler ist der Sohn Hitler unnachgiebig, kompromisslos, abgründig.

Sie haben noch eine Erfahrung gemeinsam, hat Artur herausgefunden. Den Krieg. Ihn hat der Krieg klein gemacht. Er hat ihm gezeigt, wie wenig es auf ihn ankam. Der Mensch ist im Krieg ein Nichts, ein Niemand. Innerhalb einer Sekunde kann er tot sein oder verstümmelt, das Bein ab, der Arm. Es ist egal, ob du ein Held bist oder ein Feigling. Es kommt nicht auf den Einzelnen an, das hat Artur gelernt.

Hitler hat genau die gleiche Erfahrung gemacht, sagt sich Artur. Was sie aber unterscheidet, ist die Schlussfolgerung, die er daraus gezogen hat. Es kommt auf die Masse an im Krieg, und so schafft Hitler überall Massen. In der Partei. In München. In Berlin. In der Reichswehr. Der SA. Der SS. Und jetzt will er das ganze Land in eine Massenorganisation verwandeln, ausgerichtet auf ihn.

Artur kann gar nicht sagen, wann er zur Überzeugung gelangt ist, dass Krieg schlecht ist, immer und überall. Der Krieg war plötzlich da und er mittendrin. Der Krieg holte seinen Bruder Max und verschonte ihn. Er hätte ebenso gut ihn holen und Max verschonen können. Es hätte am Krieg nichts geändert und nichts an seinem Ausgang. Das eine wäre so sinnlos gewesen wie das andere. Einer stirbt, einer überlebt. Einer wird betrauert, einer beglückwünscht. Max ist tot, Artur lebt. Sinn und Unsinn: Ist das nicht das Gleiche? Alles geht immer auch andersherum. Einer hat Pech, ein anderer hat Glück. Rein zufällig kommt der Major Fingersen vorbei und sucht einen Fahrer. Artur meldet sich bei ihm, und schon fahren beide im Automobil durch die Gegend und meiden die Gefahr, wo es nur geht.

Wenn er je eine Überzeugung gehabt hat, dann kreist sie um die Wohltätigkeit des Zufalls, die ihm bisher widerfahren ist. Zufall reiht sich angenehm an Zufall. Von der Lehre führt keine gerade Linie in den Krieg. Vom Krieg führt keine gerade Linie zum Kommandeur. Vom Krieg führt auch keine gerade Linie zu den Bergrennen. Von den Autos führt kein gerader Weg zu Mädi. Sein Freund, der Zufall, sorgt dafür.

Artur und Hitler haben den Krieg überlebt. Am Ende lag Hitler im Lazarett in Pasewalk und wusste nicht weiter. Und weil er nicht weiterwusste, ging er nach dem Krieg nach München, zog wieder in ein Männerwohnheim, verdiente Geld als Spitzel der Reichswehr und wartete auf seine Zeit. Kein Leben für Artur.

Sein Leben ist nicht der Krieg, sein Leben ist das Automobil. Es hat ihn durch die dunklen Jahre gelotst und zu dieser jungen, schönen und zuverlässigen Frau gebracht. Artur sucht sich nichts, was er nicht beherrschen kann. Er will ein Einzelner sein und sich als Einzelner fühlen. Massen meidet er. Er tritt in Varietés auf, aus Spaß und aus diesem Geltungsdrang, der sich immer mal wieder in ihm rührt. Mehr Masse ist ihm verdächtig. Sein kleines Ich kommt am besten aus, wenn es nicht in irgendetwas Größerem aufgehen muss.

Er gehört keiner Organisation an, wählt aus Prinzip eine liberale Partei und bleibt ihr auch treu, wenn sie schrumpft und an Bedeutung verliert. Artur findet, so eine Partei ist wie er. Auch er schrumpft in dieser Zeit, in der die Massen mobilisiert werden, von den Nationalsozialisten wie von den Kommunisten. Beide haben den Krieg hineingezerrt in den Frieden.

Jetzt ist Hitler tatsächlich Reichskanzler, und Artur rechnet damit, dass er bald seine kleine Firma verlieren könnte. Hitler erinnert ihn, wie zuvor sein Schwiegervater, beständig daran, dass er Jude ist, obwohl er sich hat taufen lassen und seit Ewigkeiten in keiner Synagoge gewesen ist. Warum fangen Menschen damit an, ihm zu sagen, wer er ist, und warum warnen sie andere Menschen davor, mit ihm Umgang zu pflegen? Wohin führt das?

Beim Nachdenken bekommt Artur Angst. Wäre es besser gewesen, fragt er sich, wenn er konsequenter gewesen wäre, weniger auf Behaglichkeit im Leben bedacht? Konsequenter wäre es gewesen, mehr Geld zu verdienen, ein Devisenkonto im Ausland zu besitzen und somit jederzeit ein neues Leben in einem anderen Land anfangen zu können. Stattdessen ist Artur jemand, der sich mittelmäßig anstrengt, mittelmäßigen Erfolg hat und sich damit begnügt.

Artur findet, dass ihn das Nachdenken vergiftet. Er will sich aber nicht vergiften lassen. Er weiß, wer er ist. Er will sich nicht mehr den Kopf darüber zerbrechen, was er anders machen sollte.

7.

Gretes Taggedanken

Gretes Tag beginnt damit, dass sie das Frühstück zubereitet. Artur liebt Semmeln mit Wurst. Und mit Marmelade. Manchmal kocht sie ihm noch ein Ei dazu. Dann bringt sie ihn zur Wohnungstür, gibt ihm einen Abschiedskuss oder auch zwei, schließt die Tür und hat ihre kleine Welt für sich.

Jetzt ist sie nicht mehr Mädi, sondern Grete. Sie genießt ihre Wohnung, die ihren Stil atmet, ihre Vorstellungen von einer bürgerlichen Lebenswelt, zu der die Anrichte, die Damast-Tischdecke und die Chaiselongue im Wohnzimmer gehören. Sie schlägt das Bett auf, legt die Nachtwäsche zusammen und öffnet das Fenster, durch das die Winterluft hereinströmt und sie frösteln lässt. Aber Lüften muss sein.

Morgens ist nicht viel zu tun in ihrer neuen Wohnung in diesem herrschaftlichen Haus. Zweimal in der Woche putzt sie gründlich das Bad, die Küche, die Fußböden. Da ihr die Hausarbeit weder widerstrebt noch Perfektion abverlangt, ist sie schnell damit durch. Was sie kochen wird, weiß sie immer im Voraus, sie ist eine gute Organisatorin ihres kleinen Reiches, das ihr gefällt, in dem sie aber nicht aufgeht. Das ist gut so und soll sich auch nicht ändern. Heute hat sie sich vorgenommen, in ihrem Buch weiterzulesen. Es fasziniert sie, weil es in einer ganz anderen Zeit spielt und doch ihre Gegenwart berührt.

Es ist eine Kurzgeschichte von Ricarda Huch, sie heißt «Der Weltuntergang» und erzählt davon, wie sich Menschen verändern, wenn ihnen plötzlich prophezeit wird, dass die Welt bald untergeht. Was die Angst aus ihnen macht. Fremd ist nicht nur die Zeit, in der die Geschichte spielt, im Jahr 1559 nämlich, auch die Sprache ist ganz anders, als die Menschen im Jahr 1933 miteinander reden. Verschachtelte, lange Sätze, irgendwie dem ausgehenden 16. Jahrhundert entlehnt, jedenfalls denkt sich Grete das so. Was sie aber am meisten beschäftigt, das sind die beiden Prediger, die die Gläubigen auf das kommende Ereignis vorbereiten.

Der eine wird Jammerbold genannt, weil er sagt, die Menschen in ihrer Ungläubigkeit und in ihrer Geldbesessenheit würden Schuld daran tragen, dass Gott die Welt untergehen lasse. Eigentlich ist er ein herzlicher Mann, kein besonders guter Redner, aber die Aussicht auf den Untergang der Welt macht einen Fanatiker aus ihm. Den anderen Pfarrer nennen sie den Lustbold. Aus reicher Bibelkenntnis leitet er ab, dass die Kirchenväter den Lebensgenuss als christlich und gottgefällig verstanden hätten. Die Menschen hätten also nichts zu befürchten.

Grete liebt Ricarda Huchs Novellen. Sie ist praktisch veranlagt und fragt sich sofort, wie sie sich wohl verhalten würde, wenn sie wüsste, dass ihre Welt unterginge. Welchem der beiden Prediger würde sie glauben?

Die meisten Gläubigen folgen dem Jammerbold, aber sie sind, findet Grete, nicht wirklich gläubig, sondern abergläubisch, sonst würden sie nicht ihr ganzes Geld auf den Marktplatz bringen und dort aufhäufen, wie er ihnen befiehlt. Aus Angst vor Strafe laufen sie zum Jammerbold, der ihnen Heil verspricht und Rettung vor dem Unheil, wenn sie sich ihm unterwerfen. Und weil es so viele Gläubige in seine Versammlungen zieht, laufen auch die Unentschiedenen dorthin, und so wird aus dem unbedeutenden Redner ein wortgewaltiger Prophet, der weiß, woher Erlösung kommt. Von ihm. Von seiner Nähe zu Gott.

Der Lustbold wird schnell zum Außenseiter. Seine Gemeinde schrumpft. Was er zu sagen hat, hört nur noch eine Minderheit. Er bleibt machtlos, als die vom Jammerbold aufgepeitschte Menge blutdürstig wird und Menschen, die gerade noch Freunde oder Nachbarn waren, wie im Wahn ermordet. Aber natürlich behält der Lustbold recht. Die Welt geht am 13. Juli 1599 nicht unter. Der Wahnsinn ebbt ab. Ein neuer Rat übernimmt die Führung der Stadt. Er lässt die Täter hinrichten und zur Abschreckung für das abergläubische Volk tagelang am Galgen hängen.

An den letzten Abenden hat Grete sich mit Artur darüber unterhalten, was ihr beim Lesen durch den Kopf ging. Artur ist ein guter Zuhörer und Mitdenker. Er öffnet dann immer eine Flasche Wein, sie stoßen an und sind einander nahe.

Die Jammerbolde ihrer Zeit, darin sind sie sich einig, das sind die Braunhemden, die ihre Feinde verprügeln und ermorden und immer neue, immer wildere Geschichten vom Untergang Deutschlands erzählen. Deutschland ist für sie nur ein Spielball überlegener Mächte: der Franzosen und Briten, der Kommunisten und besonders der Juden, die hinter allem stecken würden. Die Jammerbolde behaupten, dass die Rettung nur durch sie kommen könne. Also häufen die Reichen ihren Geldschatz auf dem Marktplatz auf, und die Unentschiedenen tun es ihnen gleich, sicherheitshalber.

Gestern haben sie sich wieder darüber unterhalten. Die Lustbolde sind jetzt in der Minderheit, hat Artur gesagt. Zu den Lustbolden gehören auch sie. Sie haben ein Recht auf ein fröhliches Leben. Fröhlichkeit und Zuversicht können keine Sünde sein. Die Lustbolde müssen schauen, wie sie sich durchschlagen, wenn die Jammerbolde an die Macht gelangen, wenn sie blutdürstig werden.

«Uns wird schon nichts passieren», hat Artur noch zu Grete gesagt. Die Worte klingen nach, als sie die zwei letzten Seiten noch einmal liest. Die Seiten, auf denen erzählt wird, wie der neue Rat für Gerechtigkeit sorgt.

Am frühen Nachmittag fährt Grete zu ihren Eltern in die Rauschwalder Straße. Seitdem sie verheiratet ist, sind ihre Eltern anders als früher. Grete liebt sie, aber sie ist ihnen durch den Konflikt um den Schwiegersohn entrückt. Wahrscheinlich wäre das Gleiche passiert, wenn sich ihr Vater anders verhalten hätte, verständnisvoll, kompromissbereit. Grete glaubt, dass ihr Kinderzuhause immer ihr Kinderzuhause bleiben wird, doch sie ist eben kein Kind mehr.

Sie hat sich vorgenommen, dass sie einmal die Woche ihr früheres Leben besuchen wird. Ihre Mutter freut sich. Ihr Vater ist unsicher, wie er ihr begegnen soll, würde es aber niemals zugeben. Manchmal trifft sie auch auf ihren Bruder, dem sie nicht besonders nahe ist. Sie versteht nicht, wieso er sich zuerst auf die Seite des Vaters geschlagen hat und dann doch zur Hochzeit erschienen ist. Gerne würde sie mit ihm darüber reden, aber sie weiß nicht, wie sie es anfangen soll. Hans weicht Konflikten aus. Er käme nicht auf die Idee zu erklären, warum er sich so und nicht anders verhalten hat. Die Mutter findet fast immer eine Entschuldigung für ihn und hätte es lieber, wenn die Geschwister miteinander lachen würden, anstatt sich anzuschweigen.

Heute ist die Mutter allein zu Hause. Grete liebt sie nicht nur, weil sie ihre Mutter ist, sie bewundert auch ihr Wesen, ihre ausgleichende Art, bei der sie doch immer ihren eigenen Charakter wahrt. Grete hat viel von ihr. Allerdings hat sie sich vorgenommen, dass sie gegenüber ihrem Mann weniger nachgiebig sein will, weniger versöhnlich um des lieben Friedens willen. Sie will für das eintreten, was sie für richtig hält. Allerdings hat Artur nichts Tyrannisches. Er beharrt nicht aus Prinzip auf einer Meinung wie ihr Vater. Deshalb hat sie Artur ausgesucht, und wahrscheinlich spürt ihr Vater diese Ablehnung in ihrer Wahl.

Frisch gebackener Kuchen wartet darauf, verzehrt zu werden, und die beiden Frauen setzen sich an das Ende des großen Esszimmertisches. «Wie geht es dir?», fragt die Mutter.

«Uns geht es gut», antwortet Grete kauend. «Die Wohnung ist jetzt schon ziemlich gemütlich, auch wenn das eine oder andere noch fehlt.»

«Was denn?»

«Über der Küchenzeile hätte ich gern eine neue Lampe, dazu eine Stehlampe im Wohnzimmer, aber nichts davon hat Eile.»

«Und Artur, ist er so nett zu dir wie vor der Hochzeit?»

«Ist er. Er ist häuslich, wie du weißt. Und wir verstehen uns wirklich gut. Wir sind uns immer einig, wenn es wichtig wird.»

Grete antwortet so ausführlich auf diese einfache Frage, weil sie sich vorgenommen hat, immer wenn sich die Gelegenheit ergibt, zu sagen, dass ihre Ehe genau so geworden ist, wie sie es sich vorgestellt hat. Einträchtig. Konfliktfrei. Dass es unwichtig ist, ob Artur Jude ist. Dass es auf den Menschen ankommt, egal welcher Religion er angehört oder woher er kommt. Damit will sie sich nicht nur ihren Eltern gegenüber behaupten, sondern sie auch davon überzeugen, dass sie unrecht haben. Sie will, dass alle miteinander Frieden schließen und vergessen, was war. Es wird seine Zeit brauchen, aber irgendwann soll es damit vorbei sein, dass sie ihre Eltern allein besuchen muss, ohne Artur, ohne den Schwiegersohn.

«Als du das letzte Mal hier warst, hast du gesagt, ihr macht euch Sorgen um sein Geschäft», erinnert sich ihre Mutter.

«Es läuft nicht gut», sagt Grete. «Artur hofft, dass es besser wird, sie dauert ja nun schon mehr als drei Jahre, die Krise. Er ist nicht der Einzige, der Schwierigkeiten hat. Alle Autohändler klagen darüber, dass die Käufer ausbleiben.»

«Es sind so schwere Zeiten. So viele Menschen sind arbeitslos, so viel Elend. Ich weiß manchmal nicht, wohin das führen soll.»

«Aber Papas Firma läuft doch gut, der Holzhandel leidet viel weniger unter der Krise, oder?»

«Ich glaube schon, er redet daheim ja wenig über die Geschäfte. Gerade war er wieder in Südamerika.»

Am liebsten würde die Mutter fragen, ob Artur und Grete schon über Kinder nachdenken. Ob sie verhüten, ob sie aufpassen, ob sie nicht verhüten und nicht aufpassen. Wann es Enkel gibt. Wenn sich Artur und Grete wirklich so gut verstehen, warum sollten sie dann warten, zumal Artur ohnehin kein junger Vater sein wird? Aber sie traut sich nicht, die Fragen zu stellen, die sie brennend interessieren. Denn andererseits weiß ja niemand, was wird. Ist es unter diesen Umständen nicht doch besser, wenn ihre Tochter mit dem Juden kein Kind bekommt, jedenfalls noch nicht? Die Mutter denkt solche Gedanken lieber nicht zu Ende. Nein, sie hat nichts gegen Artur und eigentlich auch nichts gegen die Juden. Aber andere haben etwas gegen die Juden, und auf sie kommt es jetzt an in Deutschland, nicht auf Herrn und Frau Lehmann, ihre Tochter und deren Ehemann.

Grete kennt ihre Mutter gut, sie ahnt, was sie beschäftigt. Solche Gedanken sind ihr vertraut, und sie mag sich dann gar nicht, wenn sie so kühl über ihr Leben sinniert und Artur wie ein Möbel hin und her schiebt. Nichts ist einfach, jede Entscheidung will bedacht sein. Oder sollte man sich einfach darüber hinwegsetzen, wie es die Menschen wahrscheinlich zu allen Zeiten gehalten haben, egal wie es draußen in der Welt zuging?

Es ist alles gut. Artur ist gut zu ihr. Grete ist gut zu ihm. Sie haben eine schöne Wohnung. Sie führen das Leben, das sie führen wollen. Darauf kommt es an. Sie werden gemeinsam durchstehen, was auch immer auf sie zukommen mag.

Beschwingt macht sich Grete auf den Weg, winkt ihrer Mutter noch einmal fröhlich zu und steuert ihr Cabrio über die schneebedeckten Straßen. In der Görlitzer Innenstadt ziehen die Nazis noch größere Fahnen auf und bereiten eine Großkundgebung für den Abend vor.

Nach dem Essen setzen sich Grete und Artur in die beiden gemütlichen Sessel vor dem Fenster. Artur öffnet eine Flasche Wein, gießt ein und schaut Grete erwartungsvoll an. Das machen sie jeden Abend so. Sie nennen es «Abendhalten», sie freuen sich darauf, sie reden miteinander. Fast immer erzählt Grete erst einmal, was sie gemacht hat. Ihr Tagesablauf ist ja abwechslungsreicher als seiner.

«Heute war ich wieder in der Rauschwalder Straße», fängt sie an. «So gern ich da bin, so fremd wird es mir doch.» Grete hält inne, sie sieht traurig aus. Dann prostet sie Artur zu. «Meine Mutter platzt fast vor Fragen, die sie sich aber nicht zu stellen traut. Und mein Bruder – ja, was ist das eigentlich für ein Bruder, noch dazu für ein kleiner Bruder? Eigentlich habe ich mich nie wirklich für ihn interessiert. Als Mädchen war ich ihm keine Beschützerin und auch keine Freundin. Wir begrüßen uns, wir schauen uns an, wir schauen aneinander vorbei, wir sind uns nicht nahe, und zu sagen haben wir uns auch nichts.»

«Was meinst du, warum er bei der Hochzeit dabei war, obwohl er nicht kommen wollte?»

«Mama hat ihn jedenfalls nicht darum gebeten. Vielleicht hat ihm Papa gesagt, er soll mit ihr gehen. Hans trifft selten eigene Entscheidungen.»

«Ich fand es, ehrlich gesagt, ganz nett von ihm. Ich habe mich fast darüber gefreut.»

«Magst du meinen Bruder? Er ist netter zu dir als zu mir.»

Artur sind Unterhaltungen über Gretes Familie meist unangenehm. Dass der Vater und wohl auch die Mutter ihn ablehnen, schmerzt ihn. Aber über den Bruder zu reden fällt ihm leicht. «Ich glaube, er hat es schwerer als du. Nicht nur, weil er immer der Kleine war. Dein Vater wacht über ihn, ich glaube sogar, dass er ihn erstickt, weil er von ihm verlangt, so zu sein, wie er selber ist. Hans war von klein auf der Erbe, der Nachfolger, der Sohn vom Chef. Darum ist er nicht zu beneiden. Er hat keinen Freiraum, vielleicht will er ihn auch gar nicht. Na ja, es ist so, wie es ist.»

Grete glaubt, dass Artur nur so ausgiebig über ihren Bruder spricht, damit die Eltern ausgespart bleiben. Sie versteht ihn, einerseits, aber andererseits denkt sie, dass sie sich für ihn entschieden hat, also müssen sie auch über die Eltern reden können. Nicht jedes Mal, aber manchmal. «Vater war im Kontor, ich habe ihn nicht gesehen. Mama sagt, er erkundigt sich nach uns. Er will genau wissen, wie es uns geht, was wir machen, wie unsere Wohnung aussieht.»

«Er wüsste genau Bescheid, wenn er hierherkäme», antwortet Artur ärgerlich wie immer, wenn Grete den Patriarchen erwähnt. Rasch nimmt er einen großen Schluck und lehnt sich zurück. Dummerweise tut ihm so ein kleiner Ausfall auch gleich wieder leid. Schnell prostet er Grete zu und lächelt sie an.

Artur hat gegen den Geist des Abendhaltens verstoßen,

denn zum Abendhalten gehört Harmonie, das einigende Band. Sie wollen sich darüber austauschen, was sie erlebt haben, und sich auch besser kennenlernen. Beide finden, dass der Unterschied zwischen den Jahren, als sie ein Paar waren, aber getrennt lebten, und jetzt, da sie eine gemeinsame Wohnung haben, groß ist. So oft waren sie früher nie zusammen, ohne Freunde oder Bekannte.

«Wer bist du?», hat Grete an einem der ersten Abende in der neuen Wohnung gefragt. «Ich bin der, den du kennst», hat er sofort geantwortet, als hätte er die Frage erwartet. Beim Abendhalten rücken sie einander näher.

«Ich bin immer fröhlich, wenn ich nach Hause komme», sagt er beim zweiten Glas. «Ich schließe den Laden, schaue die Berliner Straße hinunter, manchmal bin ich versucht nachzusehen, ob jemand, den ich kenne, in einem Lokal um die Ecke sitzt, so wie ich es früher gemacht habe. Doch dann setze ich mich hinters Lenkrad und düse nach Hause. Zu dir.»

«Vieles ist immer noch neu für uns. Miteinander schlafen zu gehen, miteinander aufzustehen, miteinander zu frühstücken. So ganz habe ich mich noch nicht daran gewöhnt.»

«Fällt es dir denn schwer?»

«Nein, überhaupt nicht, es ist schön.»

«Ja, das finde ich auch.»

Gretes Freundinnen sagen immer, sie sei zu beneiden um das abendliche Ritual. Ihre Männer, ihre Freunde seien es nicht gewohnt, längere Unterhaltungen zu führen, geschweige denn Abend zu halten. Grete staunt dann immer. Sie hält Artur und sich nicht für etwas Besonderes. Menschen sind doch dazu da, miteinander zu reden, sagt sie dann zu ihren Freundinnen. Sie kann es sich nicht anders vorstellen. Sie will es so haben.

Anneliese meinte einmal, es läge auch an Artur und daran, dass er älter sei und darum vermutlich erfahrener und geduldiger. Grete hat diese Bemerkung nachdenklich gemacht. Für die Umgangsgepflogenheiten fühlt sie sich verantwortlich. Sie schreibt sich das Abendhalten zugute. Aber vielleicht hat Anneliese recht, und Artur zählt zu den Ausnahmen, denen das Abendhalten wie selbstverständlich vorkommt. Vielleicht haben sie es beide gemeinsam erfunden? Der Gedanke erfreut sie.

Beim Abendhalten reden sie über sich, sonst nichts. Alles andere bleibt ausgespart. Artur findet ohnehin, dass jeder gut daran tut, sich nach innen zu wenden. Er sagt immer, man soll sich um seinen Lebenskreis kümmern und ihn in Ordnung halten – ein typischer Artur-Satz. Zum Lebenskreis gehören Familie und Freunde. Beide soll man pflegen. Was darüber hinausgeht, kann ich nicht beeinflussen, sagt er stets. «Doch was darüber hinausgeht, kann Einfluss auf dich haben», haben ihm Paul und Werner schon oft entgegengehalten, freundlich, aber entschieden.

Umso mehr fühlt sich Artur im Recht, denn wenn die drei auch immer wieder heftig darüber diskutieren, was draußen passiert, können sie genauso wenig dafür oder dagegen unternehmen wie er. Wer hat also recht?, fragt er sich dann frohen Mutes und gibt sich gleich die Antwort. Er natürlich. Und sie auch.

Als Grete das Abendessen vorbereitete, hörte sie im Radio, dass Adolf Hitler zum deutschen Reichskanzler ernannt worden ist. Jetzt ist es so weit, hat sie gedacht. Jetzt ist eingetreten, worüber alle so lange geredet haben, als könnten sie es gar nicht erwarten, sosehr sie sich auch davor gefürchtet haben. «Was, glaubst du, bedeutet das für uns?», fragt sie Artur beim Zubettgehen.

«Ich weiß es nicht, ich weiß es wirklich nicht, und ich glaube, weder Paul noch Werner noch irgendwer sonst kann es wissen.»

«Ich hoffe nur, sie behalten nicht auch noch recht damit, dass es Schlimmes bedeutet», sagt Grete, kämmt sich und zupft das Nachthemd zurecht.

«Manchmal denke ich, sie haben erzählt, wovor sie sich gruseln, und sich zugleich danach gesehnt, dass es endlich passiert, weil sie die Ungewissheit nicht ertragen können», sagt Artur.

Grete hört ihm gebannt zu. Sie freut sich, dass er ausspricht, was sie sich gedacht hat. Und wieder fällt ihr auf, dass Artur ab und zu so redet, als hätte er lange und intensiv darüber nachgedacht und fasse jetzt in wohlerwogene Worte, was in ihm gearbeitet hat.

«Komm ins Bett», sagt sie strahlend. «Komm zu mir.»

8.

Grete und Anneliese gehen ins Kino

Vor dem Capitol wartet Grete auf Anneliese. Sie wollen sich «Menschen im Hotel» ansehen. Grete hat das Buch gelesen, damit sie den Film mit dem Roman vergleichen kann. Sie geht gern ins Kino und bereitet sich darauf vor. Es ist ihr wichtig, auf dem Laufenden zu sein. Sie möchte als moderne Frau auftreten, und seit die Filme nicht mehr stumm sind und Romane verfilmt werden, zieht es sie noch mehr ins Kino. Sie ist jung, chic, neugierig auf die Welt dort draußen, die nicht nur aus Hitler besteht. Wir wollen uns doch auch amüsieren, denkt sie sich, und das geht am besten ohne Hitler.

Anneliese kommt herbeigehastet, die Straßenbahn hatte sich wegen des vielen Schnees verspätet. Anneliese ist rundlich und munter, mit ihr hat Grete immer Spaß. Sie umarmen sich und gehen aufeinander einredend zur Kasse. Nein, die Vorstellung sei nicht ausverkauft, sagt der Kassierer, auch wenn der Film direkt aus Amerika kommt, aus Hollywood, und Greta Garbo mitspielt. Bei Nachmittagsvorstellungen seien die Säle in diesen Tagen meist nur halb voll.

Grete und Anneliese sind Seelenschwestern. Anneliese musste mit, als Grete nach der Schule unbedingt nach Berlin wollte. Grete hatte es sich in den Kopf gesetzt, sie wollte irgendetwas tun in Berlin, eine Art Ausbildung, darauf bestanden ihre besorgten Eltern. Sie hatte von Max Reinhardt gehört und über ihn gelesen. So bewarb sie sich an seiner Schauspielschule und wurde zu ihrem Erstaunen angenommen. Anneliese kam mit, wie es die Eltern Lehmann wünschten. Sie war genauso lebenshungrig wie Grete.

Berlin war die große Welt, kein kleines Görlitz. Die Großstadt blühte damals gerade wieder auf. Es war 1925, das Schlimmste lag zurück, Revolution und Gegenrevolution, Straßenkämpfe und die Toten im Landwehrkanal. Berlin war modern, und die beiden jungen Frauen wollten modern sein. Modern war das Wort, das sie ständig in den Mund nahmen. Modern war, was Görlitz nicht war. Sie gingen in die Kinos, sie besuchten die Varietés. Auch sie trugen diese kürzeren Röcke, tanzten diese neuen Tänze, probierten den Cancan und hörten den Jazz, der aus Amerika herüberschwappte. Sie versuchten sich im Flirten. Sie rauchten Zigaretten und fühlten sich verrucht. Das Leben am Theater war aufregend, und sie lernten viel. Berlin, das war ihre Welt. Auf Zeit. Für zwei Jahre.

Kein Treffen vergeht seither, ohne dass sie sich wissend anschauen oder in Lachen ausbrechen, wenn sie etwas an die Berliner Zeit erinnert. Die Erinnerung an die zwei Jahre ist wie eine Auszeichnung. Sie unterscheidet sie von allen anderen, die nicht aus Görlitz herauswollten oder -konnten, die nicht wussten, was ihnen entging. Die Erinnerung gewinnt mit der Zeit noch an Glanz. So hält es das Gedächtnis, es malt mit goldenem Pinsel.

In Erinnerung an Berlin gehen sie zusammen ins Kino, wenn es einen neuen Film zu sehen gibt. Was aus Amerika kommt, ist immer gut, die Tänze, die Musik, die Filme. Über «Menschen im Hotel» hat Grete in den Zeitungen gelesen. Vor einem halben Jahr kam der Film zuerst in die amerikanischen Kinos, dann langsam nach Europa, und jetzt ist er endlich in Görlitz angelangt. Greta findet die Garbo, die die alternde Primaballerina Grusinskaja spielt, wunderschön. John Barrymore, in der Rolle des Baron von Gaigern, ist aber auch eine Augenweide.

«Worum geht's eigentlich?», fragt Anneliese.

«Ach, um Menschen, die in einem Hotel abgestiegen sind und sich ständig über den Weg laufen. Die Garbo ist eine russische Tänzerin, die langsam verwelkt, aber ohne Liebe und Beifall nicht leben kann. Der Baron ist ein Dieb und Hochstapler, der sich an die Garbo heranmacht, weil er ihre Perlenkette stehlen will. Ihm sind Ganoven auf den Fersen, denen er Geld schuldet, viel Geld. Jeder will was vom anderen, jeder versucht, den anderen auszunehmen, jeder macht sich schuldig, und am Ende kommt keiner weiter, und weil sich nichts geändert hat, ist jeder von ihnen noch schlechter dran als am Anfang.»

Grete hat sich vorbereitet, weil sie wusste, dass Anneliese sich auf sie verlassen würde. Sie ist stolz auf ihre Zusammenfassung. Als die «Deutsche Wochenschau» beginnt, fällt ihr jedoch ein, dass sie eine Sache vergessen hat, die am Ende ihres Vortrags stehen sollte: «Menschen kommen, Menschen gehen. Nie passiert etwas.» Das sagt Dr. Otternschlag, der Einzige, der nicht wie die anderen nach vierundzwanzig Stunden wieder abfährt, sondern wegen einer Kriegsverletzung ständig im Hotel wohnt.

Darüber denkt Grete nach, als Hitler in der «Wochenschau» am 30. Januar den Fackelzug seiner Anhänger abnimmt. Grete findet nicht, dass er besonders gefährlich aussieht. Er wirkt glücklich, dass er dort oben in der Reichskanzlei stehen darf und endlich an seinem Ziel angelangt ist. Er gefällt Grete nicht, mit seinem kleinen Oberlippenbart und dieser überschnappenden Stimme. Sie mag ihn nicht, aber er löst keine Angst oder Wut in ihr aus. Sie will sich jetzt nicht schon wieder den Kopf darüber zerbrechen, was nun aus Deutschland werden wird. Der Film soll losgehen. Sie ist bereit, sich von ihm einfangen zu lassen.

Nach dem Film ist Anneliese ganz aufgelöst. «Warum müssen Menschen so schlecht sein? Ich möchte niemanden kennen, der immer nur auf seinen Vorteil aus ist. Dieser schreckliche Baron, er bricht bei der Garbo ein und will sie bestehlen, obwohl er bemerkt, dass sie dabei ist, sich umzubringen. Ist das nicht furchtbar?»

«Der Baron ist wirklich sehr seltsam. Er bestiehlt ja auch den armen Kringelein, der todkrank ist, gibt ihm dann aber das Geld zurück. Da überkommt ihn eine anständige Regung. Ich glaube, die Menschen sind nie nur schlecht oder nur gut. Sie sind mal so, mal so. Der Baron ist bloß in extremer Weise mal so, mal so.»

«Mir tut die Garbo leid, weil die größten Erfolge hinter ihr liegen und sie jetzt einsam und verloren ist, und dann taucht auch noch ein schamloser Gauner bei ihr auf.»

«Weißt du, was ich komisch finde? Es passiert so viel zwischen diesen Menschen in den vierundzwanzig Stunden im Hotel. Sie kommen und sie gehen. Aber was passiert? Eigentlich nichts», sagt Grete und kommt sich wie ein Dieb vor, weil sie Dr. Otternschlags Satz gestohlen hat. Sie lauscht ihm nach und findet ihn jetzt nicht mehr so klug wie beim Lesen.

Grete und Anneliese haken sich unter und gehen durch das Schneetreiben. Zwischen ihnen war es schon immer so, dass Anneliese die Gefühlvolle war und Grete die Bedachte. Das hat sich eingespielt, und beide sind einverstanden damit. Anneliese ist mit sich zufrieden, weil sie ein gutes Gespür für Menschen hat. Nur selten irrt sie sich. Schwieriger wird es lediglich, wenn es um Männer geht, auf die sie anspringt. Dann verlässt sie die Menschenkenntnis.

Grete ist gelassener. Sie fällt nicht so schnell wie Anneliese ein Urteil über neue Freunde oder Bekannte. Sie hat die

Erfahrung gemacht, dass man länger hinschauen sollte, bevor man sagt, was man über einen Menschen denkt. Sie ist weniger impulsiv und hat noch keinen Reinfall erlebt, was die Männer betrifft. Früher hat Anneliese sie immer geneckt, weil Grete die Männer auf Abstand hielt und sich so um Vergnügungen brachte, die zum modernen Leben gehören. Du heiratest als Erste von uns zweien, hat Grete halb im Spaß, halb im Ernst oft zu Anneliese gesagt.

Seltsamerweise ist es anders gekommen. Die flirtlustige Anneliese ist weder verlobt noch verheiratet und gar nicht glücklich darüber, während die wählerische Grete einen Mann und eine Wohnung hat und sich geborgen fühlt.

9.

Ein Spaziergang durch die neue Zeit

Immer am ersten Sonntag im Monat besuchen Bübi und Mädi Arturs Mutter. So haben sie es sich vorgenommen. Regine Schlesinger, die lieber Rieke genannt wird, ist Mitte sechzig und wirkt seit neuestem müde. Das Leben hat an ihr gezehrt, besonders im letzten Jahr ist sie gealtert. Sie lebt allein, sie war eigentlich immer allein, seit Artur denken kann. Grete hat ihn öfter gefragt, ob es denn nicht den einen oder anderen Mann gegeben hat, nachdem Jacob Schlesinger verschwunden war. Sie kann sich nicht vorstellen, dass Riekes einziger Lebensinhalt die Erziehung der Kinder gewesen sein soll. Spätestens als Artur seine Lehre begonnen hat, waren die Kinder erwachsen. Sie hätte anfangen können, an sich zu denken. Sie hätte ein zweites Leben beginnen können. Warum hat sie es nicht getan?, fragt Grete.

Vielleicht hat sie es ja, antwortet Artur. Ihn bedrücken Fragen, auf die er keine Antwort weiß. «Oder sie hat keine Lust mehr gehabt nach der katastrophalen Ehe. Oder sie hat keine Kraft mehr aufgebracht, nachdem sie vier Kinder allein großgezogen hatte. Außerdem kam der Krieg dazwischen, und als der vorbei war, war sie schon über fünfzig. Ich weiß es wirklich nicht, sie redet nicht darüber, sie spricht nur wenig von sich. Wenn da jemand gewesen sein sollte, habe ich es nicht mitbekommen.»

Grete mag ihre Schwiegermutter. Sie strahlt Verlässlichkeit aus, ein wunderbarer Charakterzug, den sie an ihren Sohn weitergegeben hat. Grete kommt aus einer intakten Familie. Vater, Mutter, Kinder, das ist für sie der Normalfall. Auch ihr Vater war oft nicht zu Hause, manchmal war er wochenlang in Brasilien, doch er kehrte immer wieder heim. Sie wundert sich auch nach wie vor darüber, wie selbstverständlich Artur seine Vaterlosigkeit findet. Aus ihrer Ratlosigkeit findet sie zurück, indem sie sich daran erinnert, dass Artur sich gut mit Tatsachen abzufinden vermag, an denen er nichts ändern kann. Soll er ein Leben lang damit hadern, dass sein Vater die Familie verlassen hat? Grete fragt sich, was Artur wohl für ein Vater sein wird.

Heute nehmen sie nicht das Auto, dazu ist der Frühlingstag zu schön, und so machen sie sich gestiefelt und gespornt auf den Weg. Grete trägt ein luftiges Kleid, darüber einen hellen Übergangsmantel. Artur geht im dunkelblauen Dreiteiler. Ein bürgerliches deutsches Paar in deutschen Zeiten.

Das Haus, in dem Rieke Schlesinger wohnt, liegt in der Mittelstraße, die von der Berliner Straße abgeht. Allerdings heißt die Berliner Straße seit kurzem Adolf-Hitler-Straße. An jedem Gebäude, an jeder Ecke hängen überlange rote Fahnen mit dem Hakenkreuz. Seltsam sehen sie aus, die historischen Fassaden der Altstadt, dekoriert mit dem Nazi-Kitsch, sagt Artur, und Grete zischt ihn an: «Sag so was doch nicht mitten auf der Straße!»

Natürlich hat Artur recht, aber darum geht es nicht. Schlafende Hunde soll man nicht wecken, sagt Grete in solchen Fällen immer. Am Rathaus prangt das Hakenkreuz direkt über der Turmuhr. Der SS-Sturmbann 1/8 hat jetzt sein Quartier in der Adolf-Hitler-Straße 36, die Deutsche Arbeitsfront mit der NS-Gemeinschaft «Kraft durch Freude» in der Horst-Wessel-Straße 4. Die Nazis haben auch das

Gewerkschaftshaus in der Mittelstraße 4 für sich beansprucht. Immerhin heißt die Mittelstraße noch Mittelstraße.

Grete und Artur laufen Arm in Arm durch die neue Nazi-Zeit. Es ging so schnell, alles haben sie an sich gerissen seit dem Reichstagsbrand am 27. Februar. Jetzt ist Mitte Mai. Nicht einmal drei Monate sind vergangen. Nicht einmal vier Monate ist Hitler Reichskanzler. Wer kein Nazi ist, fühlt sich wie betäubt.

Grete und Artur sind selbst erstaunt darüber, dass sie sich fast schon an die neuen Verhältnisse gewöhnt haben. An diesem Sonntag gehen die beiden durch die Straßen ihrer Stadt, als seien die nur Kulissen für einen schlechten Film. Sie lästern nicht, sie mokieren sich nicht, sie reden auch nicht mehr darüber, was sie sehen und wer nun in Görlitz ganz oben schwimmt. Sie sehen sich die Schaufenster an, aus denen viele Bücher verschwunden sind, seit fünf Tagen, seit der Bücherverbrennung. Die Kaufhäuser, die jüdischen Familien gehören, sehen aus wie immer, obwohl auch sie unter den Judenboykott fielen, den die Nazis sich neulich einfallen ließen.

Rieke Schlesinger wohnt in einem Mietshaus. Gleich um die Ecke ist die öffentliche Waschanstalt, in der die Ärmeren duschen oder baden können. Sie hat eine kleine Wohnung, zwei Zimmer, Küche, Bad, Toilette auf dem Flur. Der Kaffee dampft, Rieke hat Kuchen gebacken, sie freut sich über den sonntäglichen Besuch. Grete hilft ihr beim Auftragen, Artur unterhält die beiden Frauen. Die Doppelrolle, Sohn und Ehemann, gefällt ihm. Rieke bewundert Gretes buntes Kleid. Alles sehr gemütlich, alles sehr traut.

Rieke ist klein, sie hat einen leicht dunklen Teint und hohe Backenknochen, das Haar trägt sie eng an den Kopf gelegt. Sie ist eine ältere Dame und will es auch sein. Grete hat Hochzeitsfotografien mitgebracht, über die sie sich zu dritt beugen. Eine Aufnahme zeigt, wie das Paar aus dem Auto steigt, der Chauffeur hält den Schlag auf. «Sieht nach einer großen Hochzeit wichtiger Personen aus», spottet Artur. Dann sind die beiden Schwiegermütter zu sehen, die sich sogar ähneln, ältere schlesische Damen, die etwas auf sich halten. Das Paar vor dem Altar, aufrecht und aufgeregt. Die fröhliche Hochzeitsgesellschaft, der miesepetrige Pfarrer. Grete und Artur stehen am Eingang und nehmen Glückwünsche entgegen. Die Torte. «Eine schöne Hochzeit», sagt Rieke. «Ihr seht glücklich aus.»

Artur schenkt Kaffee nach und lächelt in sich hinein. Er schaut sich immer wieder gerne die Fotografien an, auch wenn er es nicht lassen kann, seine Witze darüber zu machen. Wäre die Wohnung doch nur ein wenig heller, denkt er wie so oft. Die hohen, schmalen Fenster lassen nicht viel Sonnenlicht herein. Anrichte und Möbel sind dunkelbraun.

Wenn Artur bei seiner Mutter ist, wird er schnell wieder zum Sohn. Es stört ihn nicht, im Gegenteil, es hilft ihm hinweg über die Stunden in dieser Wohnung, die ihn deprimiert. Er wüsste nicht, was er seine Mutter fragen sollte. Schon immer hat sie ihm bedeutet, dass sie ungern über sich spricht. Deshalb überlässt er ihr das Fragen. Er findet, dass er sich wie ein verständiger Sohn verhält, wenn er nicht gegen das unausgesprochene Gesetz verstößt und auf ihre Fragen leichthin antwortet. Meistens möchte seine Mutter wissen, was sich ereignet hat, in seinem Geschäft, in der Wohnung, mit den Freunden, die sie kennt.

Grete mag es nicht, wenn er den Sohn spielt, der keine Fragen stellt. Sie ist anders. Sie darf gegen das Gesetz verstoßen, weil sie nicht die Tochter ist. Sie setzt sich gern über sinnlose Gesetze hinweg.

«Was hast du denn während der Woche gemacht, Schwiegermama?», fragt sie fröhlich und lädt sich das zweite Stück Torte auf, obwohl sie keinen Hunger mehr hat.

«Mittwochs treffe ich ja immer meine Freundinnen in der Konditorei Zimmermann. Die kennst du bestimmt, in der Berliner Straße 12.»

«Und worüber redet ihr?»

«Worüber ältere Frauen eben so reden.»

«Aber worüber reden denn ältere Damen in der Konditorei?»

«Eine meiner Freundinnen ist vor kurzem Witwe geworden. Wir trösten sie, wir geben ihr Ratschläge, was sie machen soll. Sie befürchtet, dass sie die Wohnung nicht halten kann, denn sie bekommt nur eine schmale Rente. Nun verkauft sie die Kleidung ihres Mannes, damit Geld hereinkommt, und hat ein schlechtes Gewissen, weil er doch kaum unter der Erde ist.»

«Hat sie keine Kinder, die ihr helfen können?»

«Wir sollten unseren Kindern helfen, nicht umgekehrt», sagt Rieke fast schroff, besinnt sich aber gleich wieder: «Zwei Söhne. Der eine ist ein Taugenichts, der vor kurzem in die SA eingetreten ist. Dort passt er hin. Er kann nichts, er hat nichts gelernt, aber er schlägt sich gern und tönt jetzt herum, dass er ganz andere Saiten aufziehen wird und dass jetzt alles anders wird. Eine große Hilfe ist er nicht. Er ist mit sich selbst beschäftigt und mit der neuen Zeit. Der andere, der ältere, ist nett, aber er geht stempeln und hat noch keine Aussicht auf eine neue Stelle. Er ist Polier, doch es wird ja nichts gebaut.»

Schweigend essen sie den Kuchen, betreten von den Problemen der Freundin. «Hat sich denn irgendetwas im Haus verändert?», fragt Artur schließlich.

«Na ja, die Pachulkes sind neuerdings obenauf. Pachulke ist in die Partei eingetreten und sammelt das Geld ein. Außerdem achtet er darauf, dass geflaggt wird, wenn geflaggt werden soll. Und er tut so, als sei er der Herr des Hauses.»

«Und das Ehepaar Lustig?», fragt Grete. Die Lustigs sind ein betagtes Ehepaar, Juden, die regelmäßig zur Synagoge gehen. Sie sind lieb, freundlich, hilfsbereit. Als die Kinder der Pachulkes noch klein waren, bekamen sie von den Lustigs oft etwas zugesteckt.

«Ich glaube, die Lustigs fühlen sich unwohl. Ich habe sie schon länger nicht mehr gesehen. Kann natürlich auch sein, dass einer der beiden krank ist, sie kränkelt ja ohnehin. Gut, dass du mich an sie erinnerst, ich werde mal bei ihnen klingeln», sagt Rieke.

«Sie haben keine Kinder», sagt Artur zu Grete gewandt. «Sie sind allein.»

Auf dem Heimweg hängen Grete und Artur ihren Gedanken nach. «Mir fällt gerade ein», sagt Grete nach einer Weile, «dass uns die Klemperers einen Brief geschickt haben. Er ging an meine Eltern, weil sie unsere neue Adresse nicht kannten.»

«Wer sind die Klemperers noch mal?», fragt Artur.

«Bekannte in Dresden. Ich habe sie, glaube ich, nur drei- oder viermal gesehen. Victor ist Professor mit Leib und Seele und schreibt Bücher über französische Literatur, über Corneille und so. Seine Frau Eva ist eigentlich Pianistin, aber sie hat, soviel ich weiß, aufgehört zu spielen. Sie kann auch gut malen.

«Das muss ja ein interessantes Ehepaar sein. Und was schreiben sie?»

«Sie gratulieren uns zur Hochzeit, entschuldigen sich, dass sie es nicht schon früher getan haben. Außerdem bauen sie wohl nun endlich das Haus, von dem sie schon vor Jahren geredet haben. Das freut mich für sie. Sie sind ja nicht mehr die Jüngsten. Victor ist nur wenig jünger als mein Vater, so um die fünfzig.»

10.

Die Enkelin greift wieder ein

Ich war ziemlich erstaunt, als ich erfuhr, wen meine Großeltern alles gekannt haben. Den Kabarettisten Werner Finck zum Beispiel, der eine Art früher Martin Sonneborn war. Auch er hat Juxparteien gegründet wie die «Radikale Mitte», die gegen Kompromisslosigkeit und für die Aufrüstung der Toleranz eintrat, was 1950 nicht schwer gewesen sein mag, aber auch nicht selbstverständlich war. Ich mochte, wie er laut und volltönend Halbsätze vor sich hin sprach und im Leeren enden ließ. So animierte er die Zuhörer, seine Sätze zu Ende zu denken, sie sollten sich das befreiende Lachen verdienen. Außerdem spielte er in einem Fassbinder-Film mit, «Acht Stunden sind kein Tag». Er war wie mein Großvater, ein Herr aus anderer Zeit.

Natürlich habe ich auch noch einmal die beiden dicken Bände von Victor Klemperer aus dem Regal geholt, die Tagebücher aus dem Dritten Reich, die erst weit nach 1945 veröffentlicht wurden und ihn wieder zu dem bedeutenden Gelehrten machten, der er war und sein wollte. Eine wunderbare Rehabilitation.

Ruhm haben die Tagebücher wegen der hellsichtigen Beobachtungen über Hitler geerntet. Victor Klemperer geht wie ein Detektiv vor, der genau festhält, wie der Nationalsozialismus das Denken und die Sprache durchdringt. An ihm gefällt mir besonders, dass er, ein Mann, der sich in früheren Jahrhunderten, und dazu in Frankreich, beheimatet fühlt, in die Gegenwart eintaucht und unbestechlich aufschreibt, wie Hitler zuerst das Kanzleramt und dann die Herzen und Hirne der Deutschen erobert. Weniger souverän ist Victor Klemperer jedoch im Alltag, wenn er nicht schreibt. Der Nationalsozialismus flößt ihm Angst ein und raubt ihm die Lebenskraft.

Ich weiß, dass sich der Vergleich zwischen meinem Großvater und dem weltläufigen Bekannten aus Dresden eigentlich verbietet. Victor Klemperer war der klassisch gebildete abendländische Intellektuelle mit tiefen Wurzeln im 18. und 19. Jahrhundert. Arthur dagegen war eine Figur aus dem neuen fragilen Mittelstand mit technischer Bildung, die Victor abging, was ihn ja auch beim Hausbau in Dölzschen in die Verzweiflung trieb. Größer könnte der Unterschied zwischen zwei Menschen in dieser Zeit kaum sein. Was ich meine, ist die Haltung gegenüber dem Leben. In Victors Tagebüchern ist die Neigung zum Verzweifeln über das Alltägliche schon vor Hitler angelegt. Doch 1933 gelangt sie an ihren Höhepunkt: Klemperer wird von der Universität verwiesen, die ihm so viel bedeutet, die sein Leben ist. Er muss befürchten, dass er nie wieder wird lehren dürfen.

Eine Zeitlang ist der Hausbau die Kompensation für die Ausgrenzung. Zugleich ist er aber auch der Albtraum. Das Geld ist knapp. Der Bauherr muss um den Rest an Besoldung kämpfen, den ihm die Universität schuldet. Immer ist zu wenig Geld da. Seine Frau Eva ist ihm keine Hilfe. Alles lastet auf ihm, der Ärger mit den Handwerkern, die Auseinandersetzung mit der Bank, sogar der Haushalt. Der Hausbau wird zur Manie. Die Angst, dass es nicht fertig wird, wächst und wächst. Könnte er nicht in die Sprach- und Ideologiekritik flüchten, würde er untergehen. Indem er die Sprache der Nazis enttarnt und den galoppierenden Wahnsinn fast minutiös festhält, rettet sich Victor Klemperer vor der allgegenwärtigen Trübsal. Im Hass auf Hitler verlieren sich die Gedanken an Selbstmord. Am 10. März 1933 notiert er in seinem Tagebuch: «Zu dem politischen Druck die Qual der ewigen Schmerzen im linken Arm, des ewigen Sterbegedankens.»

Schon am 14. Januar 1933, es ist der erste Tagebucheintrag im ersten Band, schrieb Victor Klemperer: «Die Qualen des neuen Jahres die gleichen wie vorher: das Haus, Frost, Zeitverlust, Geldverlust, keine Kreditmöglichkeit, Evas Verbohrtheit in den Hausbau und ihre Verzweiflung immer noch wachsend. Wir werden wirklich an dieser Sache zugrunde gehen. Ich sehe es kommen und fühle mich hilflos.»

Es ist die Einstellung auf den Wahnsinn, der auf sie zutreibt, die mich am Vergleich von Arthur und Victor Klemperer so interessiert. Victor wird spätestens nach der Verbannung von der Universität ein Lebenspessimist, ein Intellektueller im Überlebenskampf, bei dem er bis zum Äußersten gehen muss. Arthur ist ein Lebensoptimist, dem immer etwas einfällt, womit er sich über Wasser halten kann. Als Mensch ohne Illusionen und Dünkel fällt er nicht so tief wie andere und rappelt sich jedes Mal wieder auf. Er ist findig und stößt häufig auf Menschen, die aus Eigennutz mit ihm Geschäfte machen wollen.

Victor und Arthur verstehen sich nicht als Juden, beide sind ja zum Protestantismus übergetreten. Außerdem sind beide Veteranen des Weltkriegs, die annehmen, dass niemand ihren Patriotismus (oder wie die Nazis sagen: ihr Deutschtum) in Zweifel ziehen wird. Sie leiten daraus ein Anrecht auf rücksichtsvolle Behandlung ab. Victor kommt nicht über die Demütigung der Ausgrenzung hinweg. Arthur schüttelt sich und macht weiter.

Auf die Unterstützung seiner Frau Eva kann Victor nicht

bauen, er beschreibt sie in seinen Tagebüchern eher als Bürde. Sie ist schwach und kränklich, und wie schwach und wie kränklich sie ist und was auf ihm lastet, da sie ihm nicht unter die Arme greifen kann, hält er in vielen Passagen fest. Es schwingt Mitleid mit, auch Verständnis, doch immer sind sie auch eine Klage über die Zumutungen, die das Leben für ihn bereithält.

Grete hingegen ist ein Segen für Arthur. Sie hat genauso viel Lebenskraft wie er. Beide lassen sich nicht unterkriegen. Natürlich ist mal der eine, mal der andere stärker. Dann stärkt eben der eine den anderen. Da sie zusammenhalten, stehen sie auch durch, was über sie hereinbricht. Sie sind lebensklug. Geht das eine nicht, geht etwas anderes. Es findet sich immer eine Lösung. Wenn Arthur Tagebuch geführt hätte, käme Grete sehr gut dabei weg.

Arthur und Victor lieben ihre Frauen, und die Liebe lässt sie durchhalten, auch dann, wenn es keinen Ausweg mehr zu geben scheint. Arthur und Victor bauen ein Haus. Für Arthur ist es die Krönung in diesem Leben gegen Hitler. Als Victor und Eva endlich in dem Haus, das eine feste Burg für sie sein soll, wohnen können, verlieren sie es bald schon wieder und müssen in ein sogenanntes Judenhaus ziehen.

* * *

> Victor Klemperer am 22. März 1933: «Noch zittert man nicht um sein Leben – aber um Brot und Freiheit.»
>
> Am 30. März 1933: «‹Wir› – die bedrohte Minderheit. Ich empfinde eigentlich mehr Scham als Angst, Scham um Deutschland. Ich habe mich wahrhaftig immer als Deutscher gefühlt.»
>
> Am 7. April 1933: «Es lastet ein stärkerer Druck auf mir als im Kriege, und zum ersten Mal in meinem Leben habe ich einen politischen Hass gegen das Kollektivum

einer Gruppe (im Kriege nicht), einen tödlichen. Im Krieg stand ich unter Militärgesetz, aber doch unter Gesetz; jetzt bin ich der Willkür ausgeliefert. Heute (das wechselt) bin ich weniger gewiss, dass die Katastrophe bald eintreten wird.»

Am 25. April 1933: «Das Schicksal der Hitlerbewegung liegt fraglos in der Judensache. Ich begreife nicht, warum sie diesen Programmpunkt so zentral gestellt haben. An ihm gehen sie zugrunde. Wir aber wahrscheinlich auch.»

11.

Die Adler-Familie

Seit mehr als zehn Jahren ist Artur ein Mitglied der Adler-Familie. Er denkt immer in Familie, er findet das gut so. Eine Familie ist überschaubar, man sucht sie sich nicht aus, ist aber Teil davon.

Regelmäßig reist er nach Frankfurt, wo er neue Wagen abholt, die er verkaufen will oder schon verkauft hat. Er schaut sich gerne im Werk um, in dem die De-Dion-Motoren eingesetzt werden. Wenn es geht, besucht er auch das Konstruktionsbüro. Vom Adler Standard 6 hat er besonders viele Exemplare verkauft. Es ist der erste deutsche Personenwagen mit hydraulischer Bremsanlage, der sogar die amerikanische Konkurrenz in den Schatten stellt. Dreißigtausend Stück hat Adler davon an den Mann gebracht, ein Verkaufsschlager, wie man jetzt sagt. Der Standard 8 und der kleine Vierzylinder Favorit haben das gleiche technische Qualitätsniveau.

Artur versteht viel von der Technik des Automobils, er ist ein guter Verkäufer. Die Kunden sind ihm dankbar dafür, dass er ihnen erklärt, warum die ganze Karosserie aus Stahlblech gefertigt wird und worin der Vorzug gegenüber dem amerikanischen Chrysler-Modell besteht. 1933 liegen die Adler in Deutschland an dritter Stelle. Nur Opel und die Auto Union verkaufen mehr Fahrzeuge. 1930 gab es noch zehntausend Arbeiter und Angestellte und Werke in zehn

Städten. Aber die Wirtschaftskrise wirkt sich vor allem auf den Luxuskonsum aus. 1933 sind etliche Werke geschlossen worden, Adler beschäftigt nur noch dreitausend Mitarbeiter.

Artur hat sich gehalten. Er ist Händler, Fahrlehrer und Vertreter für Benzin, Autoöl und Feuerlöscher. Wenn er die Automobile nicht absetzen kann, verkauft er eben das Zubehör. Die Feuerlöscher laufen fast das ganze Jahr über gut. Artur geht mit der Zeit. Aber ihm schwant schon länger, dass irgendwann Schluss sein könnte. Die Krise, sie zieht auch ihn herunter.

Schluss ist im Mai 1933. In Frankfurt gibt es einen neuen Generaldirektor, der Hagmeyer heißt und der vorgegebenen Linie treu ist. In Görlitz hat ihn NSDAP-Abschnittsleiter Hiller auf dem Kieker. Dem neuen Generaldirektor ist der Vertreter Artur Schlesinger in Görlitz ein Vertreter zu viel. Dem NSDAP-Abschnittsleiter ist der Jude Artur Schlesinger ein Jude in Görlitz zu viel.

Eines Morgens liegt der Brief aus Frankfurt im Postkasten, Artur holt ihn heraus und legt ihn auf den Schreibtisch. Er legt den Frühlingsmantel ab, setzt sich auf den Stuhl und schaut den Brief an. Er ist an ihn gerichtet, seine Adresse steht auf dem Kuvert. Absender sind die Adlerwerke Frankfurt, sein Arbeitgeber seit mehr als zehn Jahren. Der Brief ist dünn. Höchstens zwei Schreibmaschinenseiten können darin sein. Je länger Artur ihn anschaut, desto mehr wird der Brief zu seinem Feind. Solche Feinde umrundet man. Man behält sie im Auge. Man traut ihnen nicht. Nach langem Hinstarren überlegt Artur, sich einen Kaffee zu holen oder eine Zigarre oder eine Zeitung. Kaffee, Zigarre und Zeitung gehören für ihn immer zur Entspannung, zur Pauseneinlage, zur kleinen Flucht vom Schreibtisch.

Aber was soll das, Zeit schinden? Artur greift zum Brief, öffnet ihn und liest, dass dem sehr verehrten Herrn Artur

Schlesinger leider, leider aufgrund der verhängnisvollen ökonomischen Lage und des Ausbleibens neuer Kunden in Görlitz und Umgebung die traurige Mitteilung gemacht werden müsse, dass die Adlerwerke Frankfurt, vormals Heinrich Kleyer GmbH, Gutleutstraße 9, nunmehr gezwungen seien, ihm die Kündigung auszusprechen. Er möge diese Entscheidung, die der Not zuzuschreiben sei, ein unausweichliches Produkt der Wirtschaftskrise, bitte nicht persönlich nehmen. Mit dem Dank für jahrelange treue Dienste hochachtungsvoll Hagmeyer. Alles Gute und Heil Hitler.

Jetzt bin ich in der gleichen Lage wie Paul, ist Arturs erster Gedanke. Paul Mühsam haben die Nazis am 1. April die Anwaltslizenz entzogen. Die jüdischen Anwälte im Reich dürfen nicht mehr praktizieren. Vielleicht dürfen sie noch Juden vertreten, das ist nicht ganz klar. Artur aber ist auf die Adlerwerke angewiesen. Bin ich nun entlassen worden, weil es Adler schlechtgeht oder weil ich Jude bin?, ist sein nächster Gedanke. Er entschließt sich zu glauben, dass er nicht als Jude entlassen worden ist, sondern als Verkäufer, dem die Kunden ausbleiben. Oder bleiben die vielleicht weg, weil er, Artur Schlesinger, schon am Namen als Jude zu erkennen ist?

Was sind das für Gedanken, die mir im Kopf umherschwirren?, wundert sich Artur. Sein Kopf arbeitet nicht mehr so zuverlässig, wie er es gewohnt ist. Die Gedanken bauen sich ein Nest im Kopf und fliegen dann umher, und er schaut ihnen zu wie fremden Vögeln an einem Herbsttag, die sich für den Zug in die Wärme versammeln.

Der Brief aus Frankfurt ändert viel, überlegt Artur. Aber er ändert nicht alles, sagt er sich und ist darüber erleichtert. Er fängt sogar an zu schmunzeln, die gute Laune hält wieder Einkehr. Warum sollte er diesen Generaldirektor Hagmeyer nicht beim Wort nehmen? Jawohl, er wird die Kündigung nicht persönlich nehmen. Ein unpersönlicher Akt aus ökonomischer Notwendigkeit hat dazu geführt, dass die Adlerwerke ihm gekündigt haben und er jetzt sein Leben ändern muss. Ehe er sich überlegt, was er tun soll, muss er eine Haltung einnehmen. Und ja, er ist ein Optimist, und hat er nicht Grund dazu?

In seinem Leben ist am Ende fast immer alles glattgegangen. Niederlagen kennt er kaum, jedenfalls nicht von dieser Tragweite, aber sie gehören dazu. Er hat auch nicht jedes Rennen gewonnen. Aus Niederlagen hat er gelernt. Ihm wird schon etwas einfallen. Er kann eine technische Neuerung für das Automobil entwickeln. Und dann werden sich die Adlerwerke dumm und dämlich ärgern, dass sie einem Tüftler wie ihm, der imstande ist, den technischen Standard des Automobils zu heben, die Kündigung geschickt haben. Der Gedanke erfüllt Artur mit Wärme und Stolz. Er ist auch wer ohne die Adlerwerke und ihren neuen Herrn Generaldirektor, der nur dank Hitler so hoch hinaufgekommen ist.

Artur sagt sich, dass er sich nicht unterkriegen lässt. Und schon gar nicht möchte er Grete beunruhigen. Er wird ihr von diesem Brief erzählen, gleich heute Abend. Bis dahin muss er sein Gemüt festigen. Das ist schon ziemlich wackelig, wie sollte es anders sein? Und er würde ihr auch gerne von seinen Gedanken über die Gemeinsamkeiten mit Hitler erzählen, aber nein, zu viel Schweres auf einmal zieht nur herunter, wo sie sich doch beim Abendhalten gegenseitig stärken wollen.

Grete merkt Artur an, dass ihn etwas beunruhigt. Er hängt seinen Mantel sorgsamer auf als sonst, er zieht ihn über einen Bügel und streicht ihn glatt. Dann die Art, wie er seine Schuhe auszieht: langsam, Schnürsenkel für Schnürsenkel öffnend, die Schuhe stellt er nebeneinander wie Zinnsoldaten. Wie er sie begrüßt: Als wäre sie eine Kostbarkeit, so himmlisch küsst er sie auf den Mund, die Stirn und die Wange. Wie er ihr beim Tischdecken hilft: Das Besteck liegt neben den Tellern wie im Restaurant. Sie beobachtet ihn, während sie von ihrem Tag erzählt, der aus einer Aneinanderreihung von Nebensächlichkeiten bestand, Haushalt und Einkaufen und ein bisschen Herumbummeln.

Dann essen sie. Dann räumen sie das Geschirr ab und spülen es. Dann sitzen sie sich wieder gegenüber. Und dann erzählt Artur von dem Brief, den er schon länger auf sich zukommen sah. Wie er ihn angestarrt und nach einiger Zeit geöffnet hat und was darin steht. Wie er sich entschlossen hat, ihn nicht persönlich zu nehmen, und wie er sich seither fragt, was die Kündigung für ihn bedeutet und wie es weitergehen soll. «Der Hagmeyer ist ein Nazi, und ich kann es mir aussuchen, ob er mir gekündigt hat, weil die Zeiten schwer sind oder weil ich ein Jude bin. Ich glaube ja, dass es die Zeiten sind, aber es ist seltsam. Der Gedanke, dass sie jetzt die Gelegenheit nutzen, um Juden zu kündigen, lässt mich nicht los.»

«Du wirst ja nicht der Einzige sein, dem Adler gekündigt hat, und erst wenn du herausfinden würdest, dass sie nur Juden gekündigt haben, hättest du Klarheit. Aber das kannst du nicht herausfinden, und ich glaube auch nicht, dass wirklich nur Juden betroffen sind. Du hast doch selbst oft genug gesagt, dass es nicht mehr lange so weitergehen kann, weil du keine Autos mehr verkaufst und niemand bei dir fahren lernen möchte. Warum quälst du dich dann mit solchen nutzlosen Überlegungen, ob nur Juden daran glauben müssen, weil Adler sie loswerden will?»

«Ach, ich weiß auch nicht. Mir schwirren neuerdings Gedanken durch den Kopf, die zu nichts führen. Ich habe schon manchmal gedacht, dass Paul und Irma mich angesteckt haben. Und wahrscheinlich haben sie sogar recht mit ihrer Angst. Paul haben die Nazis die Lizenz entzogen. Vielleicht habe ich jetzt Angst, dass ich zu wenig Angst habe.»

«Wichtig ist erst einmal zu überlegen, was du machen kannst. Was willst du denn machen?»

«Na ja, ich habe so ein paar Ideen, was ich erfinden könnte. An meinen Automobilen ist mir das ein und andere aufgefallen, was ich verbessern könnte.»

«Ja, dann versuch es doch.»

«Das will ich auch. Es gibt da aber ein kleines Problem.»

«Ja, ja, ich verstehe schon. Die Werkstatt. Von mir aus kannst du dich im Kinderzimmer einrichten, solange wir es nicht brauchen.»

«Brauchen wir es denn bald?»

«Nein, jetzt noch nicht. Wir wollten ja erst eine Weile zusammenwohnen und dann schauen, ob wir uns vorstellen können, ein Kind zu bekommen.»

«Du weißt schon, Mädi, dass Kinder die Eigenschaft haben, für schätzungsweise zwanzig Jahre bei den Eltern zu bleiben und dass sie das Leben einschränken und Ansprüche stellen und überhaupt alles verändern.»

«Ach, Bübi, davon habe ich schon gehört.»

Hinterher denkt er, wie seltsam dieses Abendhalten verlaufen ist. Er hat von seiner Angst erzählt, von diesen angekränkelten Gedanken, ob Adler ihm als Juden oder erfolglosem Vertreter das Kündigungsschreiben geschickt hat. Aber Grete, seine Grete, hat fabelhaft reagiert. Als wäre es das Natürlichste der Welt, hat sie ihm zugestanden, dass er das Kinderzimmer als Werkstatt nutzen darf. Und dann hat sich das Abendhalten weit weg von Hitler und Hagmeyer entwickelt, und sie haben über ihre mögliche Zukunft als Eltern geredet, als gäbe es nichts Wichtigeres auf der Welt als die Frage, was ein Kind für eine kleine Familie bedeutet.

Artur ist gerührt. Auf sie beide kommt es an. Auf Grete und ihn. Was sie mit ihrem Leben anfangen wollen. Dass ihre Liebe stark genug ist, eine Brandmauer einzuziehen. Gegen Hitler, Goebbels, Göring, Heß, Himmler. Dass ihre Liebe sie beschützt und ihn von diesen Gedanken abbringt, die ihn wie Fliegen belästigen.

Hinterher denkt Grete, wie gut es ist, dass sie vorbereitet war auf das, was ihn heimgesucht hat. Dass die Kündigung bevorstand, hatte er oft genug angedeutet. Und dass sie ihm nahegeht, versteht sich von selbst. Wirklich seltsam erscheint Grete nur, wie stark ihn das Schicksal der Mühsams beschäftigt, das Berufsverbot und der schon zuvor gefasste Entschluss auszuwandern. Pauls Angst vor den Nazis, davor, dass sie Juden nicht nur ausgrenzen, sondern ihr Leben bedrohen. Aber kann man glauben, dass es so furchtbar werden wird? Sie will es nicht glauben. Alles in ihr wehrt sich gegen diesen Gedanken.

Grete ist froh und auch ein wenig stolz, dass sie beim Abendhalten stark war. Es fiel ihr leicht, weil sie sich im Grunde an das gehalten hat, was ihr Artur zu bedenken gab: Wir können uns nur in unserer kleinen Welt bewegen. Dort aber sind wir für uns verantwortlich. Auf uns kommt es an. Darauf, was wir aus unserem Leben machen. Ob wir ein Zimmer als Werkstatt einrichten oder nicht. Ob wir Kinder haben oder nicht. Ob wir uns mit Respekt behandeln oder nicht. Ob wir uns lieben oder nicht.

Was dort draußen passiert, ist etwas anderes. Darauf haben wir keinen Einfluss. Nicht auf die Regierung, nicht auf Hitler, nicht auf Göring oder Goebbels oder auf wen auch immer. Nicht auf den Wahnsinn, der kommen mag oder nicht. Nicht auf den Hass auf die Juden, auf die Kommunisten, auf die Sozialdemokraten. Nicht auf die Weltwirtschaftskrise.

Grete freut sich, dass der Abend sie einander zugeführt hat. Nur die Mühsams passen nicht in dieses schöne Bild, das sie sich ausmalen. Die Mühsams ziehen Konsequenzen. Sie gehen vom Bösen aus, dem sie sich nicht aussetzen wollen. Sie glauben, dass es erst den Linken und dann den Juden an den Kragen geht. Die Mühsams sind eine Herausforderung. Heute Abend haben sie die Mühsams ausgeblendet. Sie teilen ihre Einschätzung der Lage nicht. Die Schlesingers sind nicht imstande auszuwandern. Wir bleiben, sagt sich Grete. Und ich hoffe, wir tun das Richtige.

Artur und Grete sind sich Welt genug. Darin unterscheiden sie sich nicht von anderen jungen Paaren. Sie gewöhnen sich aneinander, sie entwickeln ihre kleinen Rituale, Abendhalten, Kuss auf Stirn und Mund beim Abschied an der Wohnungstür, Kuss auf Stirn und Mund beim Heimkommen. Artur hilft gelegentlich beim Tischdecken, die Getränke sind allein seine Aufgabe. So ist das, solange er morgens in sein Büro in der Berliner Straße fährt und abends heimkehrt. Das wird sich ändern, wenn er nicht mehr dorthin fährt, sondern vom Frühstückstisch aufsteht und in seine Werkstatt geht, zwei Zimmer weiter. Aber was ändert sich dann? Und wie wirkt es sich auf ihre Beziehung aus, wenn er nicht mehr so viel Geld nach Hause bringt, wie ihr Haushalt verschlingt?

Die alte Arbeitsteilung war mehr als nur eine interne Abstimmung. Artur ist der Ältere, Erfahrene, der mit seinem Verständnis für Technik und die Moderne ein gutes Auskommen hatte. Grete ist die Jüngere, ein wenig Verwöhnte, die keine finanziellen Sorgen kennt. Sie ist davon ausgegangen, dass sich daran nichts ändern wird. Sie haben weniger als ihre Eltern, aber das ist in Ordnung, sie wollte es so und nicht anders. Doch Artur sollte schon in erster Linie Ernährer bleiben und erst in zweiter Linie Helfer daheim. So hat sie es sich ausgemalt. Grete macht den Haushalt und plant Salonabende, sie ist der Innenchef und Artur der Außenchef. Was wird aber aus dem Außenchef ohne Außen? Und was aus dem Innenchef mit dem Außenchef, zwei Zimmer weiter? Der Außenchef wird jetzt ein Nebeninnenchef.

Grete macht sich ihre Gedanken, aber noch ist es nicht so weit. Noch verlässt Artur morgens das Haus. Noch geht er in sein Büro. Noch hat er dort Arbeit. Erst in zwei Monaten ändert sich ihr Leben, in das dann Ungewissheit einziehen wird wie ein ungewollter Untermieter. Jetzt spürt sie schmerzlich, dass sie niemanden hat, mit dem sie über das reden kann, was ihr auf dem Herzen liegt.

Von ihren Freundinnen hat sie sich entfernt, seitdem sie verheiratet ist. Die Kinobesuche mit Anneliese sind zwar eine schöne Abwechslung, ihr Herz mag sie ihr aber nicht mehr ausschütten. Mit ihrer Mutter kann sie schon gar nicht über so etwas reden, das käme ihr wie Verrat vor und Artur sicherlich auch. Da ist ein neuer Stolz in Grete, der sich gegen die Eltern richtet.

Im Haus hat sich Grete mit zwei Frauen angefreundet. Angefreundet ist übertrieben, doch es könnte so etwas wie Freundschaft daraus entstehen. Immerhin sind diese Frauen in einer ähnlichen Lage wie sie. Sie arbeiten nicht, sie sind in der Wohnung, kümmern sich um den Haushalt und halten ihren Männern den Rücken frei. Sie beneiden Grete um ihren Artur, der beim Auftragen und Abräumen behilflich ist. Bei ihnen herrscht strenge Arbeitsteilung, sie finden das normal und sind erstaunt, dass es bei der Frau Nachbarin anders zugeht.

Beate von Bredow ist eine fröhliche, laute Blondine, immer fesch frisiert, immer auf Wirkung bedacht. Grete schätzt sie auf zehn Jahre älter. Ihr Mann ist Geschäftsführer einer Bank und kein Freund der Nazis, wie sie sagt, aber was soll er machen? Wäre er nicht in die Partei eingetreten, hätte er früher oder später seine schöne Stelle verloren. Alle in der Bank sind Mitglieder der Partei geworden, bis auf die Juden, posaunt Frau von Bredow heiter heraus, denn die Juden, die dürfen ja gar nicht in die NSDAP, und früher oder später dürfen sie auch nicht mehr in die Bank, hat ihr Mann gesagt, der jetzt immer das Parteiabzeichen an das Revers seines Jacketts heftet, unübersehbar, man kann ja nie wissen, auch wenn sich an seiner inneren Einstellung nichts geändert hat, wie seine Frau entschuldigend hinzufügt. Natürlich findet die Nachbarin nicht schön, was die neue Zeit ihrem Mann und ihr abverlangt, aber was soll man machen? Jeder muss Opfer bringen. Ist doch so.

Zum Glück gehört Beate von Bredow zu den genügsamen Menschen, die am liebsten selber erzählen und selten auf die Idee verfallen, Fragen zu stellen. Sobald eine Pause eintritt und sich damit die Möglichkeit ergibt, dass sich ihre Nachbarin aus schlechtem Gewissen oder vielleicht sogar aus plötzlich erwachtem Interesse nach ihrem kleinen Leben erkundigt, schießt Grete sicherheitshalber eine neue Frage hinterher. Grete hat mehrmals mit ihr Kaffee getrunken, mal in ihrer Wohnung, mal drüben bei den Bredows, die herrschaftlicher, aber auch geschmackloser eingerichtet sind, wie Grete findet. Sie geht BvB, ihr Spitzname für die Nachbarin, seither nicht aus dem Weg, sucht jedoch auch nicht ihre Nähe.

Die Unterhaltungen mit Beate von Bredow findet Grete trotz des anstrengenden Geschnatters heilsam. Sie hat einiges daraus gelernt. Wahrscheinlich halten es viele Deutsche wie die Bredows, sagt sie sich, als sie frühmorgens, Artur ist gerade gegangen, bei einer zweiten Tasse Kaffee im Morgenhabit am Frühstückstisch sitzt. Sie liebt diese stillen Minuten, in denen sie in Ruhe nachdenken kann.

Die Menschen um sie herum richten sich ein, das ist nicht mehr zu übersehen. Manch einer sucht noch nach einer passenden Einstellung, passend zu sich, passend zu den neuen Herren. Es ist ja gut möglich, dass die Hitlerei sich ausbreitet, Fuß fasst und bleibt. Für Jahre. Wenn sich wirklich so viele Menschen damit abfinden, wie es Grete gerade vorkommt, dann rechnen sie damit, dass sie gar keine andere Wahl haben, als sich anzupassen, weil Deutschland nicht nur unter Hitler gefallen ist, sondern unter ihn gefallen bleibt.

Darüber hat sie andeutungsweise mit Freya Vannahme geredet, die in der Etage über ihnen wohnt. Oben im Haus sind die Wohnungen herrschaftlicher, und die der Vannahmes ist elegant und großzügig eingerichtet, mit Flügel und Herrenzimmer, schweren Gardinen und Kronleuchtern. Sehr bürgerlich, viel Licht. Wahrscheinlich war Frau Vannahme erstaunt, wie wohl sich diese junge Frau aus dem ersten Stock hier schon bei ihrem ersten Besuch gefühlt hat. Grete sah es ihr an, sagte aber nicht, dass diese Einrichtung sie an die Rauschwalder Straße erinnerte.

Freya Vannahme passt sehr gut in ihre Wohnung, dachte sich Grete bei diesem ersten Mal. Sie ist genauso hell und schwer. Als ihr diese Worte in den Sinn kamen, hell und schwer, stutzte sie und fragte sich, was sie damit wohl meint. Sie liegt eigentlich immer ganz gut mit ihren intuitiven Urteilen, in denen meist mehr steckt, als sie wissen kann. Sie findet Gefallen an solchen Eingebungen. Man soll den ersten Eindruck nicht überschätzen, aber auch nicht vergessen, dachte sie und fand sich ziemlich naseweis.

Frau Vannahme erzählt wenig von ihrem Mann, einem viel reisenden Kaufmann im Import-Export-Handel, noch weniger über sich. Lieber redet sie über die Bücher, die sie liest, und die Gedanken, die sie sich macht. Sie ist offen und diskret, sinniert Grete an ihrem Frühstückstisch, das mag ich. Offen und diskret, fällt ihr in ihrem Morgenhabit auf, sind zwar normalerweise Gegensätze, aber nicht immer. Frau Vannahme ist eben beides, und deshalb fühlt sie sich ihr nahe. Sie haben sich erst zweimal gesehen, einmal oben, einmal unten. Im Unterschied zur anderen Nachbarin ist sie eine Frau ohne Vorurteile, denkt Grete. Ich glaube, mit ihr könnte ich mich gut verstehen.

Den Zaun um das Haus mochte Grete anfangs nicht, doch jetzt weiß sie ihn zu schätzen. Der Zaun zieht eine Grenze. Er wehrt ab. Er lässt nicht alles durch, was aus Görlitz kommt. Die wilde Horde der SA jagt auf ihren Lastwagen ohnehin nicht durch die Zittauer Straße. Grete hört sie aus der Ferne, das ist schon schlimm genug. Nur das Radio bringt die grelle, gepresste Stimme Hitlers ins Haus, aber das lässt sich ausschalten, wenn es zu viel wird.

Hitler will jetzt, dass alle Deutschen mit der hochgerissenen Rechten grüßen. Genauer gesagt, alle deutschen Arier, nicht die Juden. Grüßen diejenigen, die das dürfen, sich auch privat so kurios?, fragt sich Grete und muss lachen. Guten Abend, Schatz, hoch den Arm, gestattest du, dass ich mit dir schlafe? Guten Morgen, Schatz, hoch den Arm, ist das Frühstück aufgetragen? Auf Wiedersehen, Schatz, hoch den Arm, bis heute Abend!

So sitzt sie da, am Frühstückstisch, im Morgenhabit, und lacht in sich hinein und macht sich Mut, damit sie sich nicht unterkriegen lässt. Es wird schwieriger, als sie gedacht hat, das stimmt. Aber so wäre es auch gekommen, wenn sie noch daheim wohnen würde und das brave Mädchen geblieben wäre. Was dort draußen passiert, hätte ihr genauso wenig gefallen, wie es ihr jetzt gefällt.

Sie hat ihren Kompass. An der Ausrichtung wird sich

nichts ändern. Sie wird es nicht zulassen, dass die Nazis ihr sagen, was sie denken soll. Über sich. Über Artur. Über die Juden. Über Filme. Über Musik. Über das Leben. Der Zaun schützt sie, doch soll ihre Wohnung keine Fluchtburg sein. Sie muss wissen, was los ist. Was ihr Leben verändert. Was gefährlich ist. Die Adlerwerke haben damit angefangen.

Sie steht vom Frühstückstisch auf, räumt das Geschirr ab und ist fröhlich. Der Tag kann beginnen.

* * *

Victor Klemperer am 28. Juli 1933: «Ich habe gar keine Ruhe mehr zum Tagebuchschreiben. À quoi bon? Ich werde zu irgendwelchen Memoiren doch nicht kommen: ob man in vier, fünf Jahren ein Heft mehr oder weniger verbrennt – à quoi bon? Und doch reizt mich die Idee der Memoiren immer stärker.»

Am 10. August 1933: «Die Baugeschichte geht nicht vorwärts und bringt Enttäuschung über Enttäuschung und gräbt uns so allmählich das Grab. (Das ist keine Phrase.)»

Am 19. August 1933: «Ich kann und kann nicht glauben, dass die Stimmung der Massen wirklich noch Hitler stützt. Zu viele Anzeichen dagegen. Aber alles, buchstäblich alles erstickt in Angst. Kein Brief mehr, kein Telefongespräch, kein Wort auf der Straße ist sicher. Jeder fürchtet im andern Verräter und Spitzel.»

12.

Auf Wiedersehen. Auf Nimmerwiedersehen

Wann hast du Hitler eigentlich zuletzt gesehen, ich meine in der ‹Wochenschau›?», fragt Grete ihren Mann, während sie im Kleiderschrank nach etwas Passendem für den Abend bei den Mühsams sucht.

«Oh, schon ziemlich lange nicht mehr», antwortet Artur und mustert seine Krawatten. «Warum fragst du?»

«Ich habe ihn neulich gesehen, als ich mit Anneliese im Kino war. Du solltest beim nächsten Mal mitgehen.»

«Aber wieso? Ich kenne ihn doch. Jeden Tag sind Fotografien von ihm in der Zeitung. Jeden Tag erfahre ich viel mehr über ihn, als ich jemals wissen wollte.»

«Es ist aber ein Unterschied, ob du ein Foto vor dir hast oder ob du siehst, wie er sich bewegt, wie er gestikuliert, wenn er seine Reden hält. Er verändert sich ja auch», sagt Grete und wird leicht streng im Ton.

«Sieben Monate lang ist er Reichskanzler und mausert sich zum Führer. Es kommt doch darauf an, was er sagt und was für politische Entscheidungen er fällt, und nicht darauf, wie er sich bewegt», antwortet Artur gleichbleibend gelassen.

«Ich finde schon. Daran erkennt man doch, wie er ist und wie er sich fühlt. Für mich ist das wichtig. Ich habe neulich über ihn nachgedacht. Alles macht er Mussolini nach. Er reckt das Kinn so wie der. Er macht die gleichen nervösen Armbewegungen. Er macht ihn nach. Er ist nicht echt. Dann dieser deutsche Gruß: Auf mich wirkt er fast lächerlich. Auch den hat er von Mussolini abgekupfert. Also, wenn Hitler unser Nachbar wäre, würde ich sagen: Warum strengt der sich nur so an? Warum will der unbedingt so sein wie jemand anderes?»

Artur lacht vergnügt, reckt das Kinn, schlägt mit den Armen in die Luft und rollt das r. «Du meinst, wirr sollten uns von Hitlerr nicht ins Bockshorrn jagen lassen?»

«Na ja, so ungefähr. Ich weiß auch nicht genau, was ich damit sagen will. Mir geht das nur durch den Kopf. Mich schaudert vor ihm. Diese kalte Angst, die er verbreitet, dieser Schwefelgeruch. Aber eben auch diese Schauspielerei. Ich wette, er übt vor dem Spiegel. Hoch den Arm und die Hand flach gestreckt. Die Fäuste, die er ballt, wenn er die Arme verschränkt. Wenn er so tut, als sei er groß und stark, muss ich doch auch wieder über ihn lachen. Ach, was weiß ich? Was soll ich anziehen?» Grete schwankt zwischen einem hellen Kleid, dem schönen Spätsommer angemessen, und einem anthrazitfarbenen, das zu dem traurigen Anlass passt.

Die Mühsams haben ihre Freunde zum Abschied eingeladen, denn sie machen es wahr, sie wandern aus. Am nächsten Mittwoch geht ihr Schiff nach Palästina. Die Möbel sind schon abgeholt worden. Ihnen bleibt nur das Handgepäck. Deshalb haben sie sich Geschenke verbeten.

«Ich habe oft an den Abend gedacht, als sie bei uns waren», sagt Artur. «Dieser Entschluss, diese Konsequenz, diese Angst. Ich dachte, warum nur bin ich nicht so? Ich habe mich schlecht gefühlt. Ich suche immer wieder einen Ausweg, weil ich es gewohnt bin, dass es in meinem Leben auch dann immer weitergeht, wenn es gar nicht danach aussieht. Ich habe lange gebraucht, bis ich wieder mit mir im Reinen war.»

Grete hat sich auf den Stuhl gesetzt und hört ihrem Mann aufmerksam zu. «Jeder ist so, wie er ist. Wir stehen das hier durch, egal was kommt. Wenn wir zusammenhalten, überstehen wir auch diesen Hitler.»

«Was du gesagt hast, gefällt mir.»

«Was?»

«Dass er auch eine Witzfigur ist. Das merke ich mir. Für die dunklen Stunden.»

«Das ist gut so.»

«Ich habe neulich viel über mich und diesen Hitler nachgedacht. Weißt du eigentlich, dass wir fast gleich alt sind?»

«Stimmt, ist mir noch nie aufgefallen.»

«Wir gehören zur gleichen Generation. Wir haben den Vater früh verloren und waren beide im Krieg. Ich finde so viel Ähnlichkeit beklemmend.»

«Na ja, aber was besagt das schon? Das trifft doch auch auf viele andere zu. Deshalb habt ihr noch nichts wirklich gemeinsam.»

«Ich will damit nur sagen, dass ich mir schon meine Gedanken um diesen Mann mache, auch wenn ich nicht die Bilder in der ‹Wochenschau› sehe.»

«Ich habe mir schon gedacht, dass du dich auf deine Weise mit ihm auseinandersetzt. Das tun ja mehr oder weniger alle, allerdings nicht so gründlich, wie du offenbar über ihn nachgedacht hast.»

Artur nimmt sie in den Arm und küsst sie, wie sie da in ihrem anthrazitfarbenen Kleid vor ihm steht. «Übrigens siehst du sehr schön aus.» Er reicht ihr den Arm und führt sie zur Garderobe wie eine Königin.

Paul steht in der Tür und begrüßt jeden Gast. Er sieht heiter und erschöpft aus, älter als siebenundfünfzig. Er hatte am 17. Juli Geburtstag, aber, anders als sonst, nicht gefeiert. Er macht Grete ein Kompliment und schüttelt Artur lange und kräftig die Hand. Männer schauen sich beim Begrüßen immer merkwürdig lange in die Augen, wenn sie Freunde sind. So bedeutungsvoll, als wollten sie sich damit etwas sagen, was sie genauso gut aussprechen könnten, aber nicht tun, denkt Grete und geht ins Haus.

«Wir wollen es wie die Studenten halten», stand in der Einladung, und so hat jeder etwas mitgebracht: Salate, Roastbeef, Würstchen, Gulaschsuppe, Brot, Kartoffelsalat, Wasser, Wein, Bier. Angerichtet wurde auf einem langen Klapptisch. Sitzgelegenheiten sind rar, weil die Möbel ja schon abgeholt sind, aber das macht nichts.

Viele Freunde der Mühsams sind gekommen, die Grete und Artur nicht oder kaum kennen. Anwälte sind dabei, die wie Paul ihre Zulassung verloren haben, und Schriftsteller, deren Bücher verbrannt worden sind. Einige von ihnen haben das Glück, in diesen Zeiten keine Juden zu sein. Ihre Bücher dürfen weiterhin verkauft werden.

Grete sucht Irma, die umzingelt ist von Frauen mittleren Alters. Die Mühen der letzten Wochen sind ihr anzusehen, denkt Grete. Irma zieht Grete an sich und drückt sie lange. «Wie viele Freunde ihr habt», sagt Grete, «aber ihr seid so gute Menschen, da überrascht mich das nicht. Ich werde euch vermissen.» Irma stellt sie den anderen Frauen vor. Grete ist wie so oft die Jüngste, aber hier, in dieser Runde, kommt sie sich nicht mehr so jung vor, wie sie ist.

Artur unterhält sich mit einem Arzt, der auf Lungenheilkunde spezialisiert ist und raucht wie ein Schlot. Von ihm hat Artur schon gehört, er soll sehr gut, aber auch sehr eigenwillig sein. Der dritte Mann in der Runde erzählt, dass er eine lockere Bemerkung über Göring gemacht hat und deshalb Schwierigkeiten mit einem Kollegen bekam, der bestenfalls ein durchschnittlicher Jurist ist, aber auf der Nazi-Welle schwimmt und jetzt auf die anderen Anwälte aufpasst wie ein Schießhund.

«Was haben Sie denn gesagt?», fragt der qualmende Arzt.

«Dass der dicke Göring den nervösen Vegetarier beruhigen soll, davon hätten wir alle etwas.»

«Guter Satz», sagt Artur anerkennend. «Ist Ihnen schon einmal aufgefallen, wie angestrengt Hitler immer wirkt? Dass er seine Reden aus sich herauspresst?»

«Ja, jetzt, wo Sie es sagen», nickt der Arzt und schaut Artur an, als hätte er ihm solche Einsichten nicht zugetraut.

Paul bittet um Ruhe, er will das Wort ergreifen. Die Wohnungstür ist zu. Die Fenster sind geschlossen.

«Meine Damen und Herren, liebe Freunde, die ihr uns ans Herz gewachsen seid. Ich will keine lange Rede halten, und mancher von Ihnen mag jetzt denken, dass Kürze ja sonst nicht meine Art ist. Das stimmt, ich rede gerne, aber ich nehme nicht gerne Abschied. Ich habe es stets vermieden, wenn es denn ging.

Görlitz ist immer meine Lebensmitte gewesen. Hierher bin ich nach dem Studium zurückgekehrt, und wenn es nach Irma und mir gegangen wäre, würden wir bleiben, mit euch hier leben und irgendwann auf dem Friedhof begraben werden. Aber leider geht es nicht nach uns. Und deshalb können wir nicht bleiben, sosehr wir es uns auch gewünscht haben. Dass mir eines Tages meine Lizenz als Anwalt und Notar entzogen werden würde, hätte ich nicht gedacht. Dass man eines Tages meine Bücher verbrennt, auch das hätte ich nicht gedacht, doch es war nach allem, was geschehen ist, keine Überraschung mehr, obwohl es mir Schmerzen bereitete.

Wir sind uns jetzt sicher, dass es besser ist, dieses Land zu verlassen, das uns nicht will und nun nicht mehr unseres ist.

Wir sind traurig darüber, wie ihr euch denken könnt. Wir sind aber auch froh, dass wir selber bestimmen können, wie es weitergeht. Und Irma und ich freuen uns darauf, in einem anderen Land, in dem wir willkommen sind, neu anzufangen. Nichts wünschen wir uns mehr, als euch alle unter anderen Umständen wiederzusehen. Und darauf wollen wir unsere Gläser erheben: Auf bessere Zeiten! Auf ein Wiedersehen!»

Beifall brandet auf. Das hat er gut gemacht, der Paul, denkt Artur. Genau die richtige Länge diesmal, kein Geschnörkel. Unter dem Siegel der Verschwiegenheit hat ihm Paul erzählt, dass sein Vetter Erich tatsächlich im Gestapo-Keller verschwunden ist, gleich nach dem Reichstagsbrand. Für Paul ist das ein Beweis, wie brutal und böse die Nazis sind. Ihnen ist alles zuzutrauen, hat er Artur zugeraunt, pass auf dich auf.

Pauls bester Freund klirrt jetzt mit zwei Gläsern und bittet um Gehör. «Liebe Irma, lieber Paul. Wir kennen uns schon viele Jahre. Damals waren wir noch Studenten, die gemeinsam für das Examen lernten. Als wir mit dem Studium fertig waren, wurden wir zu jungen Soldaten, die für das Vaterland in den Krieg zogen, unabhängig davon, welche Religion in unserem Geburtsschein stand. Der Kaiser, von dem sich manches sagen ließe, verkündete 1914 in seiner zackigen Art, er kenne jetzt nur noch Deutsche. Heute hört sich dieser Satz für mich ganz anders an. Man kann deutsch sein und deutsch fühlen, unabhängig von der sozialen Herkunft oder der Religion. Man kann Patriot sein, ohne die Menschen anderer Länder oder anderen Glaubens zu hassen.

Wir hatten das Glück, heil aus dem Krieg herauszukommen, und bald waren wir junge Eltern, deren Kinder miteinander spielten. Und wir waren junge Anwälte, die miteinander konkurrierten und sich die Klienten wegnahmen – nein, natürlich nicht, ich mache nur Spaß, in Görlitz können wir gut nebeneinander existieren. Konnten wir. Es ist eine Schande, was passiert ist. Es ist eine Schande, was noch passieren wird, jedenfalls, wenn es so weitergeht. Und so muss ich zu meinem großen Bedauern sagen, ich verstehe gut, dass ihr euch das nicht länger antun wollt.

Dies soll jedoch kein Aufnimmerwiedersehen sein. Wir möchten euch wiedersehen, wiederhaben, am liebsten bald. Bis dahin wünschen wir, die wir hier versammelt sind, eure alten und jungen Freunde, euch beiden viel Glück, viel Erfolg beim Eingewöhnen und Erlernen der neuen Sprache. Lasst es euch gutgehen, vergesst uns nicht. Masel tov! Bis bald, Irma, bis bald, Paul.»

Als der Beifall verrauscht ist, heben sie schnell ihre Gläser, um die Rührung wegzutrinken. Zögernd nehmen sie die Gespräche wieder auf. Reden ist gut, weil es die Trauer vertreibt, die wie ein grauer Schleier über dem ausgeräumten Haus liegt.

«Ich glaube, die Mühsams sind die ersten Juden, die Görlitz verlassen», sagt der Arzt.

«Und ich wette, viele Juden in Görlitz stehen vor derselben Entscheidung», sagt seine Frau, die jetzt neben Artur steht und ihn bedeutungsvoll anschaut. Ob sie mir ansieht, dass ich Jude bin?, fragt sich Artur und nickt ebenso bedeutungsvoll zurück. Ach was, denkt er dann, sie ist auch vom Augenblick ergriffen und sagt nur etwas, wie alle jetzt etwas sagen, damit keine Stille entsteht.

Artur und Grete lassen ihr Auto stehen, sie haben ein paar Gläser getrunken und somit einen Grund, morgen wiederzukommen. Dann haben sie Irma und Paul noch einmal für sich allein. Grete hakt sich unter, sie schmiegt sich an ihren Mann, der ihr heute sehr vertraut ist. Die Spätsommernacht ist lau, die Luft saftig und würzig, wie es nur in der Oberlausitz vorkommt, davon ist Grete überzeugt.

«Wie fandest du den Abend?», fragt sie.

«Schön und traurig. Wie hat dir Pauls Rede gefallen?»

«Gut. Angemessen. Er hat nicht auf die Tränendrüse gedrückt. Auch war er nicht sonderlich gerührt, weil er es gewohnt ist, Reden zu halten.»

«Die Trauer haben die beiden mit sich ausgemacht. Ich glaube, das Weinen liegt hinter ihnen.»

«Glaube ich auch. Wahrscheinlich haben sie sehr miteinander gerungen, bis sie den Entschluss fassten wegzugehen», sagt Grete und bleibt kurz stehen. «Haben sie ihn gemeinsam gefasst, oder musste einer den anderen überzeugen, was meinst du, Bübi?»

«Gemeinsam. Einer hat angefangen, aber der andere hatte auch schon darüber nachgedacht. Als der eine es ausgesprochen hat, war der andere auch so weit.»

«Es wäre sehr schön, wenn es so gelaufen ist. Man muss sich aber sehr nahe sein, damit es so geht.»

«Sind wir uns denn so nahe?»

«Was glaubst du?»

«Mädi, es ist nicht gerecht, die Frage zurückzugeben.»

«Und?»

«Als ich dir vor ein paar Tagen von der Kündigung erzählt habe, war ich glücklich darüber, dass du so gelassen reagiert hast. Als wir uns heute beim Anziehen über den angestrengten Nachäffer unterhalten haben, war ich wieder so glücklich. Ich bin dir nahe. Wie ist es für dich?»

«Manchmal bin ich erstaunt, wie gut wir aufeinander eingespielt sind.»

«Wir sind ja auch schon ewig verheiratet, Grete.»

«Genau, schon fast ein Jahr, aber es kommt mir noch länger vor.»

Schweigend genießen sie den Abend und die Innigkeit. So ist es schön, darüber wird sich jetzt nicht gewundert, denkt Grete. Es hätte ja auch so sein können, dass sie traurig von den Mühsams heimkehren. Als sie die Zittauer Straße hochgehen, hängt sie sich tiefer bei Artur ein. Am Tor bleibt sie stehen und schaut zu ihrer Wohnung, in der kein Licht brennt. Dann sagt sie zu Artur: «Lass uns nach oben gehen. Und ich finde, es ist Zeit für ein Kind. Ich will eine richtige Familie.»

* * *

Victor Klemperer in seinem Tagebuch am 6. September 1933: «Immerfort die sinnlose Tyrannei, Unsicherheit und Ehrlosigkeit unserer Lage im dritten Reich. Meine Hoffnung auf baldigen Umschwung sinkt. Die Presse verhimmelt Hitler wie Gott und seine Propheten in einem.»
Am 9. Oktober 1933: «Geburtstagswünsche: Noch einmal Eva gesund sehen, im eigenen Haus, an ihrem Harmonium. Nicht jeden Morgen und Abend zittern müssen vor einem Weinkrampf. – Das Ende der Tyrannei und ihren blutigen Untergang erleben. – Mein 18. Jahrhundert fertig und gedruckt sehen. – Keine Seitenschmerzen und keine Todesgedanken.»
Weiter im Tagebuch am 9. Oktober 1933: «Man könnte das Sprichwort variieren und sagen: ‹Das Schlechtere ist der Feind des Schlechten›. Ich fange an, die Regierung Mussolinis fast für eine menschliche und europäische zu halten.»

13.

Früherkenner, Späterkenner: Gedanken der Enkelin

So habe ich es mir immer vorgestellt: Es gibt die Nazi-Gewinnler, die Mitläufer und die Widerständler. Von den Nazi-Gewinnlern gibt es viele. Sie bekommen Macht, weil sie der Partei oder der SA oder der SS angehören, unabhängig davon, ob sie etwas können oder nicht. Sie sind die kleinen oder großen Nutznießer der neuen Zeit, die am 30. Januar 1933 anbricht.

Dann die Mitläufer: Das sind Menschen wie zum Beispiel der Studienrat, der die Nazis weder gewählt hat noch von ihnen begeistert ist. Da er als Vater dreier kleiner Kinder aber auf seine Stelle an der Schule angewiesen ist, tritt er eben in die NSDAP ein und flaggt, wenn es vorgeschrieben ist. Oder die Bredows im Haus meiner Großeltern: Parteieintritt zur Karrieresicherung.

Vor Menschen, die Widerstand geleistet und ihr Leben riskiert haben, habe ich den größten Respekt. Es bewegt mich herauszufinden, wann sie aus welchem Grund diesen Entschluss gefasst haben. Wo im Gemüt reift so eine Entscheidung? Im Charakter, schon wahr, aber was macht den Charakter aus? Bildung allein sicherlich nicht. Die Herkunft allein auch nicht. Auf den Anstand kommt es an.

Ich habe oft und lange darüber nachgedacht. Heute bin ich der Überzeugung, dass sie einfach darauf beharrt haben, dass es auf sie ankommt, auf sie ganz persönlich, auf jeden Einzelnen.

Dass die Einteilung in Gewinnler, Mitläufer und Widerständler nicht ausreicht, zeigt sich an meinen Großeltern. Wahrscheinlich muss man für die Juden im «Dritten Reich» eigene Kategorien erfinden.

Die Mühsams gehören zu den Weitsichtigen. Am 6. September 1933 kehren sie Deutschland den Rücken. Sie sind die ersten Juden, die Görlitz verlassen. Menschen wie die Mühsams zählen zu den Früherkennern. Andere, die bleiben und darauf beharren, dass es sich bei ihnen um Patrioten handelt, die vor fünfzehn Jahren für Deutschland in den Krieg gezogen sind, was sogar die Nazis anerkennen müssten, sind die Späterkenner. Für die Nazis kann ein Jude kein Patriot sein. Von den Späterkennern können einige noch fliehen, viele andere nicht.

Meine Großeltern passen nirgendwo hinein. Sie sehen frühzeitig, was auf sie zukommt. Sie machen sich keine Illusionen, sie legen sich eine Haltung gegenüber den Nazis zu, die klar und eindeutig ist. Sie sind so optimistisch zu glauben, dass sie durchkommen, weil ihre Liebe so groß ist wie ihre Zuversicht. Sie finden, dass die Mühsams das Richtige tun, aber eben das Richtige für sich. Das Richtige für die Schlesingers liegt woanders. Das Richtige für sie ist es, zu bleiben und irgendwie durchzukommen, sich festzuhalten und darauf zu bauen, dass es das Schicksal gut mit ihnen meint. Sind meine Großeltern naiv? Manchmal schwingt dabei etwas Religiöses mit. Der liebe Gott wird es schon richten. Aber religiös im eigentlichen Sinne sind meine Großeltern nicht. Ich glaube, sie bauen einfach auf sich. Was bleibt ihnen anderes übrig?

Hätten sie sich anders verhalten, wenn sie gewusst hätten, was die Nazis ein paar Jahre später mit den Juden machten?

Dass sie die Juden allesamt umbringen wollten? Hypothetische Fragen, die im Nachhinein gestellt werden, klingen zwar interessant, sind aber sinnlos.

Die richtige Frage wäre, ob meine Großeltern 1933 eine Alternative hatten. Sie hätten weggehen können, auswandern, aber wohin? Vielleicht fehlte es ihnen an Phantasie, vielleicht konnten sie sich einfach nicht vorstellen, anderswo zu leben. Sie haben diese Alternative nicht oft erörtert. Wahrscheinlich fühlte sich Arthur deshalb auch so schlecht, wenn er über die Kompromisslosigkeit der Mühsams nachdachte. Sie machten ihm etwas vor, was für ihn nicht in Betracht kam, er hat sich einfach anders entschieden.

Die Mühsams haben den Mut zur Emigration, aber nicht die Kraft zu einem neuen Leben in einem neuen Land. Irma stirbt fast auf den Tag genau dreizehn Jahre nach der Flucht aus Deutschland. Paul lernt Hebräisch, spricht es jedoch nicht annähernd so gut wie sein geliebtes Deutsch. Deshalb bekommt er keine Zulassung als Anwalt in Israel. Er schreibt weiterhin in seiner Muttersprache an seinen Lebenserinnerungen und beginnt außerdem zu dichten. «Sonette an den Tod» heißen die lyrisch gehaltenen Erinnerungen an Irma.

Arthur und Grete bleiben, wo sie sind. Sie sind Früherkenner, die aber keine Konsequenzen ziehen wie ihre Freunde. Sie sind den Nazis ausgeliefert, ob sie es wollen oder nicht. Aber sie lassen es nicht an Mut und Phantasie fehlen, die finstere Zeit zu überstehen. Weder ducken sie sich, noch verfallen sie in Klagen über die Ungerechtigkeit, dass ausgerechnet zu ihren Lebzeiten ein Hitler mit seinen Mordgelüsten auftritt. Sie nehmen ihn hin. Sie machen das Beste aus dem Verhängnis, das sie sich nicht ausgesucht haben.

***

Victor Klemperer in seinem Tagebuch am 23. Oktober 1933: «Friedmann in Leipzig, Olschki in Heidelberg entlassen. Ich erfuhr heute, dass Walter Jelski nach Palästina geht. Alle drei Töchter Sußmann sind im Ausland.
Als neulich der Austritt aus dem Völkerbund erfolgte, glaubte ich einen Augenblick, dies könnte den Sturz der Regierung beschleunigen. Ich glaube es nicht mehr.»

14.

Schwere Worte, wie Trolle

Vor wenigen Minuten hat Artur die Wohnung verlassen. Grete nippt an ihrem Kaffee. Draußen fallen die Blätter, es ist kalt und unwirtlich. Wie schön wäre es, wenn wir einen Kamin hätten, denkt Grete. Und wie schön wäre es erst, wenn wir einen Kamin im Wohnzimmer hätten und einen im Schlafzimmer. Weder sie noch Artur müssten frieren! Und immer hinge dieser würzige Geruch brennenden Holzes über der Wohnung. Manchmal merkt Grete, wie der Luxus im Elternhaus sie geprägt hat. Solche Anwandlungen behält sie für sich, auch wenn sie sich nicht dafür schämt. Artur hat für so etwas keinen Sinn, und das ist auch gut so, denkt Grete und lächelt in sich hinein.

Ein Kind, ein neues Leben. Sie wird es beschützen. Sie wird es hegen, pflegen, lieben.

Bald ist ihr erster Hochzeitstag, sie werden ihn feiern, ganz allein. Alles geht seinen folgerichtigen Gang. Erst die Heirat. Dann die Wohnung. Dann das Kind. Dann noch eines, am besten dem ersten gleich ein zweites folgen lassen. Grete wird siebenundzwanzig Jahre alt sein, wenn das erste Kind kommt, und das zweite will sie kriegen, bevor sie dreißig wird. Was sie sich vornimmt, trifft auch ein, so ist es Grete gewohnt.

Zwei ist eine gute Zahl. Zwei genügen. Falls sie später finden sollte, dass ein drittes Kind schön wäre, könnte sie noch einmal darüber nachdenken. Kinderfragen sind Frauenfragen, findet sie. Mit Artur bespricht sie sich, das schon, das versteht sich von selbst. Aber Artur drängt sie weder in die eine noch in die andere Richtung, und so bleibt es ihr überlassen, ob sie schwanger werden möchte oder nicht. Sie mag das. Sie mag es, Entscheidungen zu fällen. Es ist auch gut, dass Artur so viel Vertrauen in sie hat. Oder ist es Bequemlichkeit? Wahrscheinlich beides, denkt sie sich, und der Gedanke gefällt ihr weniger.

Gestern war der Besuchssonntag bei der Schwiegermutter. Es war angenehm, es war schön, es war auch langweilig, wie Familienbesuche eben so sind, wenn sie zum Ritual werden. Grete geht gern zu der herzensguten Rieke und sieht mit Bedauern, dass sie alt wird, ein bisschen fahrig, vergesslich. Sie hat traurige Augen, auch Artur ist das aufgefallen. Aber Rieke freut sich, wenn der Sohn mit der Schwiegertochter auftaucht. Noch mehr wird sie sich freuen, wenn der Enkel auf der Welt ist. Es wird ein kleiner Junge sein, glaubt Grete. Und falls es wider Erwarten ein Mädchen wird: auch gut. Dann merkt sie, dass es nicht schön ist, «auch gut» zu denken. Aber das sind eben spontane Gedanken, die kommen einfach.

Vor ein paar Tagen hat sie wieder einmal in der Rauschwalder Straße vorbeigeschaut. Auch dort war es wie immer. Ihre Mutter konnte ihre bohrenden Fragen nicht lassen: wie es Grete gehe, was sie mache, wie es mit Artur sei, ob sie nicht mal mit ihrem Vater reden wolle, dafür müsse sie aber samstags oder sonntags kommen, das wäre doch schön, und schön wäre es doch auch, wenn Grete mit Hans plaudern würde, der jetzt richtig in der Firma mitarbeite und sich gut mache und auch eine Freundin habe, die Grete kennenlernen könnte, wenn sie mal an einem Samstag oder Sonntag vorbeischaute, und ob sie schon schwanger sei oder ob es nicht so klappt, wie es klappen sollte, na ja, Artur ist ja auch schon etwas betagt – nein, oh Gott, betagt hätte sie nicht sagen wollen, denn wie Grete wisse, möge sie Artur ja, wenn er nur kein Jude wäre, weil es doch die Juden unter Hitler nicht leicht haben, und ob er denn wieder Arbeit habe, wobei er doch mal mit Papa reden könnte, der hätte sicherlich eine Stelle für seinen Schwiegersohn, wenn er nur recht freundlich und respektvoll darum gebeten würde.

So plapperte ihre Mutter in ihrer Verlegenheit vor sich hin. Wenn Grete jetzt über den Besuch nachdenkt, dann fällt ihr auf, dass sie sich über viele Sätze hätte ärgern können. Aber sie weiß auch, dass sie zu dem langen Monolog, der ihrer Mutter entgleist ist, beigetragen hat. Sie hält sich zurück, und damit keine Pause entsteht, flüchtet ihre Mutter in den einsamen Redefluss. Sie freut sich immer, wenn Grete kommt. Mit ihrem Geplauder versucht sie, das Trennende zwischen ihnen wegzureden, weil es sie quält. Sie will Harmonie. Die Menschen, die zu ihrer Familie gehören, sollen gut miteinander sein, nicht einander fremd oder gar spinnefeind. Gretes Mutter ist die Friedensrichterin, und dafür achtet ihr Mann sie auch, obwohl er noch lange nicht dazu bereit ist, nachzugeben und diesem Juden-Schwiegersohn zu verzeihen, dass er ihm seine Grete weggenommen hat und jetzt arbeitslos ist und dass es ihn überhaupt gibt.

Was sich wohl ändern mag, wenn das Kind da ist?, fragt sich Grete im Morgenhabit, die Tasse mit dem lauwarmen Kaffee in der Hand. Wahrscheinlich viel, murmelt sie leise vor sich hin und steht auf. Vielleicht hofft sie ja deswegen auf einen Buben, weil ihr Vater ganz wild darauf sein wird, den kleinen Jungen um sich zu haben, in der Wohnung, im Kontor, in der Fabrik. Er wird ihm alles zeigen, alles erklären, wie er seinem Sohn alles gezeigt und erklärt hat.

Auch Grete hat der Vater alles gezeigt, sie kann sich nicht

beschweren, aber er hat es ihr anders gezeigt, neutraler, weniger innig. Wahrscheinlich spiegeln sich Väter in ihren Söhnen und versuchen, sie so zu formen, wie sie sich selber sehen. So ist es nun mal, daran lässt sich nichts ändern. Nur ein einziges Mal hat der Vater zu ihr gesagt, sie sei stärker als ihr Bruder. Da war er gerade enttäuscht von Hans. Grete wird das nicht vergessen.

Kinder ändern viel, denkt Grete. Wenn erst ein Enkel da ist, muss ihr Vater auch den Vater seines Enkels akzeptieren. Dann wird alles gut, denkt Grete zufrieden und räumt den Frühstückstisch ab. Dabei lächelt sie in sich hinein: Sie ist wie ihre Mutter, sie will Frieden haben und vermitteln. Sie will sich aber auch durchsetzen, das ist der Unterschied.

Am frühen Nachmittag ist sie mit Freya Vannahme zu Kaffee und Kuchen verabredet. Sie ist ihr auf dem Heimweg in der Rauschwalder Straße begegnet. Die elegante Dame in ihrem wunderschönen schwarzen Pelzmantel wirkte klein und zerbrechlich und schien in Gedanken versunken zu sein. Grete wollte sie nicht stören, aber dann erkannte Frau Vannahme die junge Nachbarin, tauchte aus ihrer Selbstvergessenheit auf und war erfreut darüber, ein bekanntes Gesicht zu sehen, jemanden, der nichts von ihr wollte, sie nicht bedrängte, der nicht neugierig war.

Sie standen ein paar Minuten auf der Straße zusammen, plauderten unverbindlich, aber einander zugetan. Grete besitzt die Gabe, warmherzig auf die Menschen einzugehen, ohne dass sie ihnen zu nahe treten würde. Sie ist jung und dennoch lebensklug. Sie weiß, dass sie diese Gabe hat; sie weiß nur nicht, woher sie kommt. Sie ist einfach da, und deshalb wird sie von Menschen wie Frau Vannahme gemocht.

Grete mag Frau Vannahme aus ähnlichen Gründen. Sie

wäre auch gerne so elegant und diskret, so belesen. Nur möchte sie nicht so traurig sein, wie Frau Vannahme bei der Zufallsbegegnung ausgesehen hat. Will sie wissen, warum die Nachbarin so in sich versunken war? Eigentlich nicht, oder vielleicht doch? Der Kaffeeklatsch ist nicht nur ein Kaffeeklatsch. Ihr Verhältnis hat sich mit der Zufallsbegegnung in der Stadt verändert. Das geht vielleicht sogar zu schnell, denkt Grete leicht beunruhigt, aber es lässt sich nicht zurückdrehen. Alles geht so schnell in dieser Zeit. Ich muss aufpassen, dass ich meine Leichtigkeit nicht verliere, nimmt sich Grete vor und fragt sich spöttisch, ob sie sich das nicht schon öfter vorgenommen hat.

Um Punkt 3 Uhr klingelt es. Frau Vannahme hat Kuchen dabei, der Kaffee dampft schon, das Service steht bereit. Grete ist eine umsichtige Gastgeberin, Frau Vannahme ein gewandter Gast. Sie plaudern, sie bemühen sich darum, die Befangenheit von neulich wegzuplaudern. Die neue Nähe zwischen ihnen ist ungewöhnlich bei ihrem Altersunterschied. Frau Vannahme wirkt alterslos. Es ist schwer zu schätzen, wie alt sie eigentlich ist, findet Grete. Wahrscheinlich ist sie deutlich älter als Artur. Frau Vannahme sieht aus, wie früher die Freundinnen ihrer Mutter ausgesehen haben, die Grete als junges Mädchen für ihre Kleider und ihr Auftreten und ihre Gepflegtheit anhimmelte. Jetzt fühlt sie sich beklommen. Wie kann das nur sein, fragt sich Grete, dass mir dieses Treffen schwerfällt? Immer wieder entstehen kleine Pausen, die durch das Heben der Tasse und In-den-Mund-Schieben der Schokoladentorte überbrückt werden. Ganz merkwürdig, denkt Grete, irgendwie warte ich auf eine Erklärung. Wofür eigentlich? Wie komme ich dazu?

«Wir haben uns ja vor ein paar Tagen zufällig auf der Straße gesehen, erinnern Sie sich?», fängt Frau Vannahme vorsichtig an.

«Ja, natürlich, ich war gerade bei meinen Eltern und dachte darüber nach, worüber meine Mutter und ich gesprochen hatten, als wir uns über den Weg liefen.»

«Und ich war in Gedanken darüber versunken, was ich gerade erlebt hatte.» Frau Vannahme bittet um mehr Kaffee, sie braucht Bedenkzeit, versteht Grete und fragt sich beim Einschenken, was sie gleich zu hören bekommen wird.

«Sie sind eine wesentlich jüngere Frau als ich. Deshalb zögere ich, Ihnen zu erzählen, was ich bis heute niemandem erzählt habe. Ich möchte Sie nicht belasten. Ich mag Sie, Sie sind für Ihre jungen Jahre erstaunlich reif, jedenfalls wirken Sie so auf mich. Darf ich Sie Grete nennen? Dann geht es leichter. Und Sie sagen bitte Freya zu mir.»

Grete nickt, sie freut sich über das Vertrauen. Doch ist sie jetzt noch beklommener.

«Wissen Sie, Grete, ich bin nicht besonders vertrauensselig und komme gut mit mir allein zurecht. Mein Mann ist ja viel unterwegs. Wir kommen miteinander aus. Auf Reisen ist er abgelenkt. Ich bin es weniger.» Sie stockt, nimmt einen Bissen, trinkt einen Schluck.

Was für ein umständlicher Anfang, wie schwer es ihr fällt, denkt Grete.

«Als wir uns zufällig getroffen haben, kam ich von meinem Sohn. Er ist in Haft. Die Gestapo hat ihn vor ein paar Monaten abgeholt. Sie haben ihn geschlagen und stundenlang verhört. Er ist Student, Jura, in Berlin, ein intelligenter Junge, sehr mutig. Zu mutig. Er kam über Ostern nach Hause. Er liest gerne. Thomas Mann, Heinrich Heine, Fontane, Goethe, er hat vielfältige Interessen. Er ist ein unabhängiger Geist, und die Nazis mögen solche Leute nicht. Für sie gibt es die politische Geheimpolizei, die sie einsperrt und quält und bricht, wenn sie auf das Quälen nicht rechtzeitig reagieren. Sie können sich gar nicht vorstellen, wie schrecklich das ist, wenn Sie Ihr Kind im Gefängnis besuchen müssen und wenn Sie gar nicht wissen, was mit ihm passieren wird und ob Ihr Junge da jemals wieder herauskommt und wie schrecklich er jetzt schon aussieht und wie es in ihm aussehen mag, wenn er diesen Keller wieder verlassen kann. Wenn überhaupt.»

Freya Vannahme weint nicht, ihre Stimme ist seltsam tonlos. Nur die weit aufgerissenen Augen erzählen vom Entsetzen und von der Verzweiflung, die sie beherrschen.

«Was wirft die Polizei Ihrem Sohn denn vor?»

«Er kam nach Hause und traf einige alte Schulfreunde. Sie haben ein bisschen getrunken und Witze gemacht, über Goebbels und Hitler und Göring. Alles harmlos, aber nicht für ein paar Nazis, die zufällig mitgehört haben, was die jungen Menschen von sich gaben. Alle anderen sind nach wenigen Stunden freigelassen worden, nur mein Sohn und sein bester Freund nicht. Die Polizei hetzt sie jetzt gegeneinander auf. Für diese Leute ist es nur eine Frage der Zeit, bis der eine den anderen denunziert. Sie versprechen jedem von ihnen, dass er freikommt, wenn er nur sagt, dass der andere ein Kommunist oder so etwas ist und ganz schlimme Dinge über Hitler gesagt hat. Aber eher lässt sich mein Sohn Beine und Arme brechen, als dass er seinen besten Freund ans Messer liefert. Und eher bliebe sein bester Freund in Haft, als nachzuplappern, was ihm diese Menschen vorplappern.»

«Ihr Mann ist doch Geschäftsmann. Hat er keine Verbindungen zu den höheren Rängen? Kennt er niemanden, der Ihrem Sohn helfen könnte?»

«Nein, hat er nicht. Er kennt viele einflussreiche Geschäftsleute, die er diskret um Hilfe gebeten hat, aber die sind jetzt vorsichtig, sehr vorsichtig. Fast jeder von ihnen hat Kinder oder Verwandte oder wirkliche Freunde, die er vielleicht irgendwann einmal beschützen muss, und deshalb setzen sie sich jetzt nicht für andere ein. Es kann ja sein, dass sie später einmal ihre Verbindungen für sich selber brauchen.»

«Ja, so ist es jetzt wohl. Jeder ist sich selbst der Nächste. Das haben sie ganz famos hinbekommen, die neuen Herren.»

Draußen fällt die Dämmerung allmählich über die Stadt. Grete will nicht aufstehen und Licht machen. Die Worte schweben durch das Wohnzimmer. Der Junge. Die Gestapo. Quälen. Foltern. Ehre. Schwere Worte. Schreckliche Wahrheiten.

«Sie müssen jemanden finden, der Einfluss hat», sagt Grete. «Ich werde meinen Vater fragen. Der ist kein Nazi, doch er kennt sich aus und weiß, wer in der Stadt etwas zu sagen hat. Es muss rasch passieren, denn sonst brechen sie Ihren Sohn und den anderen Jungen. Das darf doch nicht sein!»

Das sind gute Sätze gegen schlimme Wahrheiten. Grete steht nun doch auf und macht Licht. Freya Vannahme schaut dankbar zu ihr hoch. Sie sitzt jetzt nicht mehr in sich versunken, sie ist nicht mehr wächsern. Das Licht scheucht die schweren Worte in die Ecke. Dort versammeln sie sich wie Trolle.

Grete überlegt kurz, ob sie Freya erzählen soll, dass Artur Jude ist und seine Arbeit verloren hat. Vertrauen gegen Vertrauen, das findet sie angemessen. Es stellt das Gleichgewicht wieder her. Dann aber verwirft sie den Gedanken. Darüber kann sie ein andermal mit Frau Vannahme reden. Es ist keine Frage des Vertrauens, beschließt Grete, sondern eine der Rücksichtnahme. Freya hat genug eigene Sorgen. Es wird ihr guttun, dass sie darüber geredet hat. Mehr muss heute nicht sein.

Freya lächelt die junge Nachbarin an, leicht verlegen und erleichtert. Was Grete gesagt hat, lässt sie Hoffnung schöpfen. Es muss einen Weg geben, den Jungen aus der Haft herauszuholen. Es gibt immer Wege zu helfen, egal wer regiert oder herrscht.

Freya erhebt sich, straffer und gefasster. «Ich danke Ihnen sehr für Ihre Anteilnahme, Grete. Und ich hoffe inständig, dass Sie recht haben. Ich werde mit meinem Mann reden, es muss einen Ausweg geben. Und wenn Sie Ihren Herrn Vater um einen Hinweis ersuchen könnten, wäre ich Ihnen wirklich zutiefst verbunden.» Zum Abschied umarmt sie ihre neue Freundin.

Hätte ich Freya auch ohne den Wahnsinn dort draußen so kennengelernt?, fragt sich Grete und räumt die Tassen in die Küche. Kennengelernt schon, sie wohnen ja im selben Haus. Aber Freya Vannahme hätte sich nie so geöffnet. Zu viel trennt sie, die Jahre, der Reichtum, der Stand. Mehr noch aber verbindet sie jetzt: Hitler. Der Wahnsinn. Diese furchtbare Unsicherheit, was noch passieren kann. Der Versuch, Auswege zu finden. Sie rückt Grete ähnlich nahe, wie ihr Irma Mühsam nahe war, die ja auch viel älter ist als sie, und auch mit ihr hatte der Altersunterschied bald keine Rolle mehr gespielt.

Das Gespräch hat sie beseelt und zugleich bedrückt. Das wird noch öfter vorkommen, denkt sich Grete. Solche Gefühle, schön und schwer, wie sie sind, könnten mich zerreißen. Aber vielleicht stärken sie mich auch.

* * *

Victor Klemperer am 30. Oktober 1933 in seinem Tagebuch: «Ich arbeite, ich mache Geldausgaben, als ob ich meiner Zukunft sicher wäre. Dabei mahnt mich jede Stunde mein Herz, dabei glaube ich gesundheitlich vor dem Zusammenbruch zu stehen und glaube, dass entweder die Tyrannei noch lange dauert oder vom Chaos abgelöst wird. Ich will dies Als-ob-Handeln fortsetzen, alles andere wäre noch sinnloser.»

15.

Jeder sei des Anderen Geschenk

Arbeitslos bin ich. Ich habe meine Stelle verloren. Was heißt hier: verloren? Mir wurde gekündigt, ohne dass ich etwas falsch gemacht hätte. Mir sind die beiden Schaufenster weggenommen worden, in denen die Wagen standen, die ich verkaufen wollte. Man hat mir die Lebensgrundlage entzogen.

Die Firma Adler, für die ich viele Jahre gearbeitet habe und die mich immer über den grünen Klee gelobt hat, will mich nicht mehr haben. Braucht mich nicht mehr. Wirft mich weg. Weil ich Jude bin. Ich fühle mich doch gar nicht als Jude, ich habe noch nie gesagt: Ich bin Jude. Und jetzt bin ich nicht nur arbeitslos, sondern auch noch ein Jude.

Dabei bin ich protestantisch getauft, aber das interessiert die gar nicht. Für die Nazis gilt: Wer von Geburt Jude ist, bleibt Jude. Und Juden haben es doppelt schwer, wieder eine Stelle zu finden und fröhlich zu sein. Vielleicht finde ich nie wieder eine Stelle. Was dann?

Artur fragt diese Fragen in sich hinein und lauscht auf das Echo. Hat er Angst? Ist er gelähmt? Geht er geduckt? Schämt er sich? Er beobachtet die anderen Passanten, die die Berliner Straße hinauf- und hinabhasten. Die Köpfe eingezogen, eilen sie aneinander vorbei. Ist ihnen kalt, oder frieren sie wegen der Krise, die alle klein macht, oder wegen der Nazis, die alles an sich reißen?

Artur stellt fest, dass er keine Angst hat. Natürlich ist er beklommen, weil so vieles zusammenkommt. Zuerst die Krise. Dann die Nazis, die zu wissen meinen, wer an dieser Krise schuld ist, und die auch gegen diese Schuldigen vorgehen, rrrrrücksichtslos, wie Hitler sagt.

Artur spürt, dass sich Trotz in ihm rührt, ein Unwille, das Schicksal gottergeben hinzunehmen. Mit Gott verbindet ihn ohnehin nicht viel, weder mit dem mosaischen noch mit dem protestantischen. Was das Schicksal sein könnte, weiß er auch nicht. Er hat im Großen Brockhaus nachgeschaut, was das Wort Schicksal bedeutet. Es kommt aus dem Altniederländischen und geht auf Schicksel zurück, was so viel heißt wie gesandt, geschickt. Von oben geschickt. Von göttlichen Mächten gesandt. Damit kann ein Ingenieur wie Artur Schlesinger wenig anfangen. Das Oben, das gibt es für ihn nicht. Es gibt das Unten. Die Erde. Die Menschen. Das muss genügen. Das kann man verstehen.

Dieser Hitler ist kein Schicksal, so viel ist Artur klar. Auch seine Herrschaft geht vorbei, muss vorbeigehen; die Frage ist nur, wann. Artur getraut sich, so zu denken, es laut auszusprechen wagt er nicht. Mit wem sollte er offen reden? Jetzt, da Paul fort ist und Werner in Berlin sein freches Kabarett macht. Frech, aber vorsichtig. Er lässt die Zuhörer zu Ende denken, was er in seinen verzwickten Monologen umkreist und umkreist und umkreist. So ähnlich spricht Artur seine Monologe in sich hinein und lauscht ihnen nach.

Artur grübelt neuerdings viel. Meistens unterzieht er sich auf diese Weise einer Selbstprüfung. Er nennt es seine Fragestunde. Wie sieht es in mir aus? Wie geht es mir? Was beschäftigt, was belastet mich? Er hat nämlich herausgefunden, dass er über seine Gemütsverfassung oft gar nicht Bescheid weiß. Manchmal fühlt er sich wohl, glaubt es jedenfalls, und merkt dann an seinem gereizten Aufbrausen, dass irgendetwas nicht stimmt. An ihm. In ihm. Also entwickelte er seine Fragetechnik der Selbstprüfung. Dafür hat er jetzt mehr Zeit, als ihm lieb ist. Und mehr Gründe.

Etliche seiner Freunde und Bekannten sind in der Großen Krise, lange vor ihm, in die Arbeitslosigkeit gefallen. Einer war Angestellter bei der Deutschen Bank. Entlassen 1931. Schlägt sich nun durch mit Buchhaltung, schwarz natürlich, sonst verlöre er die sowieso schon gekürzte Arbeitslosenhilfe. Ein anderer arbeitete in einem Kaloriferwerk bei Junkers. Warmwasserboiler gehen immer, könnte man meinen, ein Bad hat jeder. Warmwasserboiler sind aber weniger gefragt, seitdem die Kunden, die gerne einen hätten, jeden Pfennig umdrehen müssen. Der Vertreter macht nun den Klempner in der Nachbarschaft. Klempner werden wirklich immer gebraucht.

Sein guter Freund Michael Halstenberg, mit dem er ab und zu im Varieté gesungen hat, arbeitete im Versicherungswesen. Gute Stellung im Innendienst. 1932 entlassen. Zwei kleine Kinder mit seiner zweiten Frau. Michael hat nicht lange gefackelt und ist in die NSDAP eingetreten. Er ist nach Berlin gezogen und arbeitet jetzt im preußischen Innenministerium für den dicken Hermann, der anstellige Leute wie den Parteigenossen Halstenberg gut gebrauchen kann.

Vor ein paar Wochen kam Michael wieder einmal nach Görlitz, seine Mutter wurde fünfundsechzig. Er strahlte, er hat einen sicheren Arbeitsplatz und kann sogar Karriere machen. Er hat auf das richtige Pferd gesetzt, gerade noch rechtzeitig. Für ihn sind die Nazis von Gott gesandt. Er sprudelt nur so heraus, trunken vor Glück. Anstatt Versicherungsakten zu wälzen, baut er die SS mit auf. Der dicke Hermann ist ein Tausendsassa, die Nummer zwei. Hitler kann gar nicht ohne Göring, sagte Michael.

Es tut ihm leid, dass Artur nun ohne Adler und Automobile dasteht. Michael kann leider nichts für Artur tun, wie könnte er ihm helfen, einem Juden, wie es in den Papieren steht, und auf die Papiere kommt es im neuen Deutschland an. An den Papieren entscheidet sich manches, das hat Michael bei seiner Arbeit im preußischen Innenministerium gelernt.

Das schlechte Gewissen, das Michael Halstenberg anfänglich quälte, scheint verflogen zu sein. Hat er überhaupt ein schlechtes Gewissen gehabt, oder hat er einfach alles vergessen, hinter sich gelassen wie Görlitz, die Fahne hoch? Artur betrachtet Michael nicht mehr als seinen Freund.

Aber eigentlich macht Michael, was auch andere Freunde gemacht haben, nur anders. In die Partei ist außer ihm niemand eingetreten. Arturs arbeitslose Freunde sind zum Privatisieren gezwungen, und so privatisieren sie eben. Sie jammern nicht, jedenfalls hören sie irgendwann damit auf, über die Ungerechtigkeit der Welt zu klagen, und fangen damit an, das zu tun, was sie tun können. Sie schütteln sich, sie verweisen nicht auf das kalte Schicksal oder den herzlosen Gott. Bringt nichts. Hilft niemandem. Das Leben geht weiter. Ihr Leben geht weiter.

Artur ist wie sie. Er schaut sich um. Er wird etwas finden. Irgendetwas mit dem Automobil. Darum hat sich sein Leben immer gedreht. Das Automobil wird ihn retten. Wieder retten. Irgendwie wird es schon werden.

Vielleicht sind die Männer in meinem Alter einfach so, sagt sich Artur. Fallen hin, stehen auf, machen weiter. Erwarten nicht zu viel. Haben keine großen Ansprüche. Sitzen aber auch nicht jedem Schwindel auf. Nicht der Kriegsbegeisterung, damals 1914. Nicht der Revolution und dem ganzen Maskenball vier, fünf Jahre später. Nicht Hitler, nicht den Nazis.

Die großen Sprüche und Gedanken, die famosen Welterklärungstheorien und die Deutschland-muss-wieder-groß-werden-Wortorgien bei Fackelschein sind Artur und seinen Freunden und Bekannten fremd, sehr fremd. Sie wünschen nicht, zu Tode gerettet zu werden vor Sozialdemokraten und Kommunisten, vor Bolschewisten und jüdischen Weltbeherrschercliquen. Die Feinde der Nazis sind nicht ihre Feinde.

Solchen Gedanken hängt Artur Schlesinger jetzt nach. Sie steigen in ihm auf, weil Görlitz wieder einmal an allen Ecken und Enden beflaggt ist. In ein paar Tagen, am 12. November, darf Deutschland wählen. Diesmal ist es ganz einfach, sein Kreuz zu machen, denn im Reichstag sitzen nicht mehr so viele Parteien wie vor einem Jahr. Was vor kurzem noch die «Systemparteien» waren, ist nicht mehr vorhanden. KPD: zerschlagen. SPD: seit Juni verboten. Zentrum: aufgelöst. Die liberalen Parteien, DDP oder DVP, die Artur früher gewählt hat: perdu. Innerhalb von einem Jahr!

Die Gefängnisse sind voll von den Abgeordneten, die 1932 oder sogar noch Anfang 1933 gewählt worden sind. Der Reichstag ist nun braun. Außer den Nazis und ein paar «Gästen» wie Alfred Hugenberg, dessen Blätter Artur liest, gibt es dort niemanden mehr. Alle sind jetzt für die Nationalsozialistische Deutsche Arbeiterpartei, hoch den Arm, Heil dem Führer. Trotzdem soll gewählt werden, und wehe dem, der nicht wählen geht. Außerdem soll Artur auch noch den Austritt Deutschlands aus dem Völkerbund gutheißen.

Er ist heute unterwegs, für Grete ein Geschenk zu kaufen. Morgen ist ihr erster Hochzeitstag. Seit einem Jahr sind sie verheiratet, staunt Artur. Dreihundertfünfundsechzig Tage und Nächte. Ohne Streit und Tralala. Was für ein Glück. Grete ist eine erwachsene Frau mit sehr viel gesundem Menschenverstand. Das hat Artur geahnt, aber nicht gewusst.

Dazu sieht sie blendend aus, sagt sich Artur. Steht mir eigentlich so viel Glück zu?

Niemandem steht irgendetwas im Leben zu, findet er. Wenn sich Glück ereignet, soll es der Mensch festhalten und dankbar dafür sein. Was wäre eigentlich, wenn er Grete nicht getroffen hätte? Wenn der Herr Papa in einem anderen Laden einen anderen Adler gekauft hätte? Artur wäre nicht unglücklich in seinem Leben geworden. Er hätte ja gar nicht gewusst, was ihm entgangen wäre, wenn das Fräulein Lehmann bei einem anderen Fahrlehrer gelernt hätte zu schalten und zu kuppeln und rückwärts einzuparken.

Alles wäre anders, aber auch Artur selbst? Es ist ihm gegeben, zufrieden zu sein. Sich zu arrangieren mit den Umständen. Seinem Charakter entspricht es, sich zu fügen, ohne dass er anspruchslos wäre. Und wenn die Chance da ist, fügt er sich eben in das Glück. Und deshalb beklagt und bejammert er nicht den Umstand, arbeitslos zu sein. Er wird etwas finden. Etwas wird sich finden.

Er hat jetzt auch nicht mehr das Öl, das Benzin und die Feuerlöscher. Er ist kein Handelsvertreter mehr für die Accessoires des Automobils. Diesen Zusatzverdienst hat ihm der NSDAP-Abschnittsleiter Hiller genommen. Artur kennt die Begründung, die Hiller ihm nicht gegeben hat. Als ihn die Adlerwerke vor die Tür gesetzt haben, konnte er noch sinnieren, ob ihm als Juden oder aus anderen Gründen gekündigt worden war. Hiller ist einfacher einzuschätzen. Er meint Artur, den Juden.

Artur hat gespart. An Geld ist noch einiges da. Vom Ersparten kauft er Grete heute Ohrringe. Sie sollen nicht zu tief hängen, nur ein bisschen. Sie dürfen aus ihren rotblonden Locken hervorlugen. Sie liebt Gold mehr als Silber oder Platin. Er lässt die Ohrringe schön einpacken. Morgen Abend wird er das Geschenk überreichen.

Das Geschenk für Artur ist Grete. Er hofft, dass Grete auch ihn als Geschenk betrachtet. Vielleicht liegt darin das Geheimnis einer glücklichen Ehe. Jeder sei des anderen Geschenk. Das wollen sie heute Abend feiern. Schnell geht er zu seinem Wagen und fährt heim.

Rasch zieht Grete noch einmal die Lippen nach. Ihr gefällt das Purpurrot, die Farbe ist ein hübscher Kontrast zum hellblauen Kostüm. Artur wird allmählich ungeduldig, er hat für 20 Uhr einen Tisch im Hotel Hansa reserviert. Den Tisch halten sie uns nicht ewig frei, sagt er, einen leisen Vorwurf in der Stimme. Grete zieht ihren Mantel über und strahlt ihn an. Dann lass uns gehen, sagt sie und hakt sich bei ihm unter. Sie findet, dass der erste Hochzeitstag ein Ereignis ist, das ohne Anwandlung von Miesepetrigkeit gefeiert sein will.

Artur hat sich einen Tisch am Fenster ausbedungen. Der Ober bringt zwei Gläser mit Sekt, Artur hat an alles gedacht. Jetzt holt er aus seinem Jackett das Geschenk hervor und schiebt es über den Tisch. «Herzlichen Glückwunsch zum ersten Hochzeitstag, auf den noch viele folgen mögen», sagt er staatsmännisch. «Ich bin sehr gerne mit dir verheiratet, und ich danke dir für ein glückliches Jahr.» Die Gläser klirren, das Ehepaar Schlesinger schaut sich in die Augen.

«Wir haben es gut miteinander getroffen, auch wenn die Zeiten nicht leicht sind», sagt Grete und findet, sie hätte einen weniger pathetischen Ton anschlagen können. «Ich habe es mir so ähnlich vorgestellt. Dass wir Abend halten, Freunde treffen und bald ein Kind haben. Das Jahr ist wie im Flug vergangen. Weißt du noch, wie der Pfarrer vor der Kirche stand und uns übellaunig gemustert hat? Zum Glück hat er sich berappelt und uns dann ganz brav getraut.»

«Ich sehe dich noch vor mir, wunderschön in deinem wunderschönen Kleid. Noch einmal Wohlsein auf schöne Jahre für uns zwei!»

Grete kennt das «Hansa», sie war mit ihren Eltern oft hier. Sie mag die Stuckornamente an den hohen Decken, die Kristalllüster, das dunkle Gestühl, die schmalen, hohen Fenster mit den Bordüren an den schweren Vorhängen, die diskreten Ober in ihrer Livree. Das Restaurant ist gut besucht, viele Paare, dazu eine kleine Gesellschaft in der Mitte des Saals. Grete fällt auf, dass die Tische weiter auseinandergerückt sind als früher. Entweder kommen heutzutage weniger Gäste, oder man legt neuerdings größeren Wert auf Diskretion.

Alles wirkt gedämpft, passend zum Novembernebel. In der Öffentlichkeit wird leiser geredet, ist Grete aufgefallen. Hat man sich etwas zu sagen, möchte man nicht vom Nachbarn belauscht werden. Der Nachbar, den man vielleicht gar nicht kennt, könnte jemand sein, der das Gehörte weiterträgt. Worüber sie an ihren Tischen jetzt wohl reden? Es gibt ja nichts Privates mehr, die Nazis dringen überall hinein, in die Familien, die Freunde, die Bekannten. Man muss aufpassen, aber will man das? Wie weit geht das, die Vorsicht, das Tuscheln, das Leisesein?

«Bist du dir gewiss, dass du ein Kind haben willst?», fragt Artur, die Nase in der Weinkarte.

«Ja», antwortet Grete. «Du dir auch?»

«Ja, wenn du es willst, will ich es auch. Ich frage ohne Hintergedanken.»

«Ich weiß, ich finde es auch richtig, dass du mich fragst. Ich denke mir das so: Wir lieben uns, wir verstehen uns, ich bin siebenundzwanzig, ein gutes Alter. Du bist dreiundvierzig, da wird es höchste Zeit.»

«Zwei gute Gründe. Die zwei besten Gründe. Und der dritte, das Alter, ist auch ein Grund.»

«Und wir können nicht darauf warten, dass die Zeiten die allerbesten sind. Dann kann man warten, bis man schwarz wird.»

Artur stutzt kurz über den letzten Satz. Geht Grete davon aus, dass sie lange mit Hitler leben müssen? Bestimmt hat sie es nur gesagt, um den Kinderwunsch zu begründen. Er bestellt einen Riesling und lehnt sich zurück. «Natürlich ist es scheußlich, dass ich meinen Laden nicht mehr habe. Aber komischerweise mache ich mir keine großen Sorge darum, womit ich künftig Geld verdienen soll. Es wird schon werden. Muss ja.»

«Genau so denke ich auch.»

«Hoffst du eigentlich darauf, dass dein Vater zur Besinnung kommt, wenn ein Enkel oder eine Enkelin da ist?»

«Es wird ein Enkel, da bin ich mir ganz sicher. Und ich denke schon, dass er sich das Herz erweichen lässt.»

«Wie wichtig ist dir das denn?»

«Für das Kind ist es besser, einen Großvater zu haben, es gibt ja nur den einen. Ich glaube sogar, dass er sich um ihn kümmern und mit ihm renommieren wird. Auch für mich wäre es schön, wieder in Frieden mit meinem Vater zu leben. Für meine Mutter wäre es bestimmt eine Erleichterung. So hätten alle viel davon. Und wie wäre es für dich?»

«Ich habe mir den feindseligen Schwiegervater ja nicht ausgesucht. Natürlich wäre es mir auch lieber, wenn er aufhört, so zu sein.»

Artur kaut an seinem Gulasch, das er schon weicher gegessen hat, und schaut sich im Saal um. Die Menschen stecken die Köpfe zusammen, sie werden schon wissen, warum. Am Nebentisch, außer Hörweite, sitzt ein Mann mit einem tiefen Schmiss auf der linken Wange. Fehlt nur noch das Monokel, denkt Artur. Seine Begleitung sieht gepflegt aus, auch wenn die Blüte der Jugend schon welkt.

Sind die zwei glücklich?, fragt er sich. Offenbar reden sie wenig miteinander, und wenn, dann redet sie auf ihn ein. Am Tisch dahinter hat eine Vierergesellschaft gerade das

Hauptgericht verspeist und bestellt fröhlich noch eine Flasche Wein. Die vier lassen es sich nicht verdrießen. Warum sollten sie auch? Vielleicht gehören sie zu den Gewinnern, vielleicht gehören solche Leute immer zu den Gewinnern, egal was draußen vor sich geht. Oder sie scheren sich wenig darum, was um sie herum geschieht.

«Wie soll denn der Sohn heißen, den du bekommst?», fragt Artur mit leisem Spott.

«Das weiß ich noch nicht. Hast du einen Namen parat?»

«Ich bin für einen einfachen Namen. Artur gefällt mir nicht. Ich finde, Artur klingt streng, unpersönlich. Ein Name, der von zwei dunklen Vokalen beherrscht wird, kann nicht gefällig klingen. Nimm dagegen deinen Namen: Grete hat zwei helle e. Für mich klingst du nach Frühling, nach Vogelgezwitscher, nach einem Sonnentag.»

«Ich finde Arthur schön, weil nicht viele Männer so heißen. Übrigens mag ich das th, es passt, es gehört dahin, genau in die Mitte des Namens. Warum hast du das h gestrichen? Du hast es mir bestimmt schon einmal erzählt, aber ich habe es vergessen.»

«Aus einer Laune heraus. Um mich von den anderen Arthurs zu unterscheiden. Wahrscheinlich auch, um mich von mir selber zu unterscheiden. Arthur war vor dem Krieg. Artur ist nach dem Krieg. Ich finde, es passt zu mir.»

«Ich denke auch an einen klaren, einfachen Namen für unseren Sohn, Bübi.»

«Genau, einen klaren Namen in unklarer Zeit.»

Grete legt ihr Besteck auf den Teller, der Rinderbraten mit Bohnen war köstlich, die Rotweinsauce hat sie genüsslich ausgelöffelt. Ein hochgewachsener Mann in SA-Uniform, begleitet von einer hochmütigen Schönheit, wird vom Ober an einen entfernten Tisch geführt. Immerhin trumpft er nicht auf, sagt sich Grete. Vermutlich denkt er, er hat es nicht nötig. Es sieht ja ohnehin jedermann, dass ein Sieger ins Restaurant einzieht. Auf den Straßen ging es tagsüber laut und trubelig zu, sie waren voll mit grölenden Braunhemden, die aufmarschierten oder auf Lastwagen zu Sammelstellen gekarrt wurden. Das Horst-Wessel-Lied dröhnte aus allen Lautsprechern.

Was für ein komischer Zufall, dass ihr Hochzeitstag auf den Gedenktag der Nazis fällt. Neulich hat Grete gelesen, dass Napoleon sich an einem 9. November krönen lassen wollte. Nur weil der Papst sich viel Zeit mit der Anreise ließ, verzögerte sich die Erhebung zum Kaiser bis zum 2. Dezember 1804. Sonst wäre der 9. November noch geschichtsbeladener. Ihr reicht es auch so.

«Hast du gelesen, dass auf Rügen ein Mann in einer Rakete hochgeschossen worden ist? Die Nazis machen ein großes Tamtam darum», fragt Artur unvermittelt.

«Er heißt Otto Fischer, ich glaube, er ist aus zehn Kilometer Höhe im Fallschirm auf die Erde gesegelt.» Grete ist überrascht von der Frage. Sie war innerlich woanders, sie hat gerade an Freya gedacht, ihre neue Freundin. Die Gefängnisse sind so überfüllt. Sie hat auch gehört, dass die Nazis die Häftlinge jetzt anderswo unterbringen wollen.

Wie es wohl Freyas Sohn geht? Grete hat mit ihrem Vater gesprochen. Er will darüber nachdenken, wen er um Hilfe bitten könnte, immerhin. Sie hat Freya seit dem Kaffeetrinken nicht mehr getroffen. So recht weiß Grete nicht, wie sie sich verhalten soll. Wenn sie zu viel Zeit verstreichen lässt, wirkt sie uninteressiert statt mitfühlend. Wenn sie zu früh an die neue Vertraulichkeit anknüpft, wirkt sie neugierig statt fürsorglich. Aber sie kann ja demnächst einfach mal oben klingeln und unverfänglich über den Vorstoß bei ihrem Vater berichten. Ja, so wird sie es machen.

«Habe ich dir eigentlich schon von Freya Vannahme erzählt?», fragt sie Artur, der sich über den Nachtisch beugt, Schokoladenkuchen mit reichlich Schlagsahne.

«Nein, was ist mit ihr?», fragt er kauend zurück.

«Stell dir vor, ihr Sohn ist verhaftet worden, schon vor Monaten, und er ist noch immer im Gefängnis.»

«Was hat er denn angestellt? Und wie alt ist er eigentlich? Ich wusste gar nicht, dass die Vannahmes einen Sohn haben.»

«Er ist Student. Er war nach Hause gekommen und hatte mit Freunden gefeiert. Er und ein anderer haben lose Reden geschwungen und sind denunziert worden.»

«Oje. Und keine Aussicht, dass sie ihn laufenlassen?»

«Dafür haben sie ihn schon zu lange eingesperrt. Sie tut mir so leid, Freya. Sie ist eine kultivierte und vornehme Frau. Und jetzt das: diese Angst um ihr Kind, diese Ungewissheit, so viel Unsicherheit.»

«Ihr Mann ist doch Geschäftsmann. Der sollte einflussreiche Leute kennen.»

«Ich glaube, sie haben Angst, die Falschen zu fragen und damit den Fall noch schlimmer zu machen, als er schon ist. Ich habe mit meinem Vater gesprochen. Er will darüber nachdenken, aber dabei kommt wahrscheinlich nichts heraus. Er verkehrt in den alten konservativen Kreisen, nicht in den neuen.»

Artur tupft sich mit der Serviette die Schokoladenspuren aus den Mundwinkeln. In den Gläsern ist nicht mehr viel Wein. «Woher weißt du denn das alles?», fragt er erstaunt.

«Ich glaube, sie musste jemandem ihr Herz ausschütten, und da kam zufällig ich daher. Ich war selber überrascht. Ich war gerührt über so viel Vertrauen, und zugleich war es mir fast zu viel. Es ging so schnell.»

«Du solltest dich darüber freuen. Du bist ein Mensch, zu dem andere Vertrauen haben, weil sie spüren, dass du es nicht missbrauchst.»

Die Flasche Wein ist leer. Sie könnten jetzt in das «Café Fledermaus» gehen, der Musik zuhören und tanzen. Sie können es aber auch dabei bewenden lassen und gemütlich nach Hause schlendern. «Wonach ist dir?», fragt er Grete. «In die ‹Fledermaus› oder nach Haus?»

«Lieber noch eine Viertelstunde hier sitzen bleiben und dann langsam heim.»

Artur wäre nicht abgeneigt weiterzuziehen. Er liebt Musik, er liebt «Mein kleiner bunter Kaktus», er liebt die Comedian Harmonists und auch Schlager von Friedrich Hollaender wie «Guck doch nicht immer nach dem Tangogeiger hin». Er schmettert die Lieder mit, wenn eine Tanzkapelle sie spielt, er tanzt schwungvoll dazu. Aber gut, heute eben nicht. Ein andermal. «So machen wir es, wir gehen dann nach Hause», sagt er munter und prostet seiner Angetrauten noch einmal zu.

16.

Es fügt sich, es geht weiter

Zu Hause ist Artur in sein neues Reich eingezogen. Seine Werkstatt hat er sich im Raum neben dem Schlafzimmer eingerichtet. An der Wand hängen Lötkolben und Transmissionsriemen. Das Herzstück ist eine Drehbank mit Elektromotor, darauf die Futterkörper, in die er Bohrer einspannen kann, dazu Werkzeuge zum Schleifen, Schneiden und Polieren. Artur besitzt ein reichhaltiges Sortiment aus kleinen Zangen, Schrauben und Feilen.

So sieht es aus, das Reich des gelernten Feinmechanikers, der sich daranmacht, ein paar Dinge zu entdecken, die ihm an den Automobilen schon lange fehlen. Eigentlich sollte jeder Fahrer wissen, aus welcher Richtung der Wind weht, damit er in den Kurven nicht in Schwierigkeiten gerät. Auch im Krieg wäre es besser gewesen, wenn die Soldaten exakt gewusst hätten, ob der Wind auf sie zuhält und der Feind Gas einsetzen kann. Es kann eigentlich nicht allzu schwer sein, so ein Windmessgerät zu bauen. Damit will er anfangen.

Ihm schwebt auch vor, einen Autositz zu entwickeln, der ausschwenken kann, wenn der Fahrer aussteigen möchte. Vor allem für die Damen wäre das angenehm. Sie könnten dann elegant vom Sitz auf das Trottoir gleiten. An dieser Erfindung ist Grete besonders gelegen.

Arturs Innovationen sollen in einem Schrank aufbewahrt werden, den er verschließen kann. Artur ist ein ehrpusseliger

Erfinder. Man kann ja nie wissen, wer sich für ihn, den Juden, interessieren wird in nächster Zeit.

Die Werkstatt wird er peinlich sauber halten, das hat er Grete versprochen. Sie hat ihm nach langem Hin und Her zugebilligt, dass er ein Zimmer in der Wohnung für seine Tüfteleien beanspruchen darf, aber nur auf absehbare Zeit, nur solange er keiner geregelten Arbeit nachgeht. Artur weiß, dass sie nicht glücklich über diese Lösung ist, doch was hätte er sonst machen sollen?

Er hat ihr erzählt, dass viele Erfindungen am Küchentisch oder in Ziegenställen entstanden sind. Gaslicht und Gasmotor, die Anfänge des Telegraphen und des Telefons, wahrscheinlich auch des Luftschiffs und des elektrischen Lichts fanden unter widrigen Umständen statt. Tüfteln bei Kerzenschein, so romantisch stellt er sich Carl Benz und Gottlieb Daimler vor, seine Helden, die das Auto erfunden haben.

Artur hat Grete bearbeitet. Alle Register gezogen. Er hat ihr erzählt, welchen Enthusiasmus und welche Angst der erste pferdelose Kraftwagen vor fünfzig Jahren ausgelöst hat. Die ersten Automobilisten, die mehr als zwanzig Stundenkilometer fuhren, hatten das Gefühl, die Bäume griffen nach ihnen. Sie fürchteten sich vor ihrer Courage. Aber schneller zu sein, als es die eigenen Kräfte hergeben oder die der dafür abgerichteten Tiere, ist ein Menschheitstraum, den zuerst die Ägypter träumten, als sie einen Segelwagen konstruierten. Und dann die Konkurrenz in der Stadt zwischen Kutschern und Automobilisten. Oftmals gingen die Pferde im Geschirr hoch, weil sie Angst vor den Rauch speienden Ungeheuern bekamen, die so seltsame Geräusche von sich gaben.

Das war kein Spaß, daraus konnte blutiger Ernst werden. Einmal war es Artur passiert, dass ein Kutscher die Pferdepeitsche auf seinen Wagen niedersausen ließ. Ihn selber verfehlte der zornige Mann nur knapp.

Artur hat seinen Führerschein am 2. August 1909 erhalten. Der «Sächsische Verein zur Überwachung von Dampfkesseln» in Breslau übernahm den Auftrag, die Petenten theoretisch und praktisch zu prüfen, ob sie «mit den maschinellen Einrichtungen eines mit Benzin-Motor betriebenen Kraftfahrrades vertraut» seien. Der Werkstudent Arthur Schlesinger (noch mit th) aus der Altbüsserstraße in Breslau wies solche Fertigkeiten nach. Er verstand viel vom neuen Automobil und hat nie aufgehört, sich dafür zu begeistern. Wie schön ist es doch, den Fahrtwind und die Geschwindigkeit auf der Haut zu spüren. Für ihn macht erst das Automobil den Menschen zum Zeitgenossen. Und sein Leben würde sich sinnvoll runden, ginge er bald in die Geschichte ein als der Erfinder des drehbaren Autositzes oder eines Windmessgeräts.

Seine Grundzuversicht hat sich auch anderweitig als berechtigt erwiesen. Als er neulich in der Elektrogroßhandlung Schneider eine Lampe und Leuchtbirnen von Osram kaufte, sprach ihn der Inhaber an. Man kannte sich, Arturs Ladengeschäft lag genau gegenüber. Man grüßte sich, man nahm sich wahr, man war von Technik fasziniert und tauschte sich gelegentlich aus. Nun sagte Schneider zu Artur: «Sie haben ja Ihren Laden nicht mehr. Da könnten Sie doch meine Lampenschirme verkaufen. Was halten Sie davon?»

Schneider besitzt ein Geschäft im Vorderhaus und die Fabrik im Hinterhof. Dort werden die Drahtkäfige punktgeschweißt und mit Schirmen unterschiedlichster Bauart und Farbe überzogen. Sie können an der Zimmerdecke oder an der Wand angebracht oder auf den Schreibtisch gestellt werden. Auf der Berliner Straße gibt es zwei Lampengeschäfte: das von S. Freundlich weiter unten, Nummer 12, und das von Schneider, das zwar nicht besser sortiert ist, aber den findigeren Inhaber hat.

Artur hält Schneider zwar nicht für den angenehmsten Menschen auf der Berliner Straße, aber das Angebot klingt verlockend. In diesen Zeiten mehrere Eisen im Feuer zu haben ist bestimmt nicht falsch. «Ich glaube, ich werde annehmen, Herr Schneider», sagte Artur. «Ich danke Ihnen für die Offerte und gebe Ihnen Anfang nächster Woche Bescheid. Ich bitte Sie um Verständnis für eine kurze Bedenkfrist.»

«Aber sicher doch, mein Guter. Es eilt ja nicht. Das Geschäft floriert, Sie sehen es ja selber. Über die Bedingungen werden wir bestimmt rasch handelseinig.»

Jetzt ist Artur also ein Handelsvertreter für beschirmte Lampen. Die Bedingungen hat Schneider festgesetzt. Darüber lässt er nicht mit sich handeln. Artur Schlesinger bekommt weder Gehalt noch Spesen. Er ist mit zehn Prozent am Umsatz beteiligt. Das ist ein schlauer Zug von Schneider, weil der Vertreter sich aus Eigeninteresse anstrengen muss. Je mehr Lampen Artur verkauft, desto größer ist sein Verdienst.

Schneider hat auch nicht vergessen, Artur daran zu erinnern, dass er ja nicht zufällig seinen Automobilladen schließen musste. Er weiß, dass Artur Jude ist.

Auch wenn er nicht angenehm ist, dieser Schneider, immerhin hat Artur jetzt wieder genug zu arbeiten. Er wird hinreichend gut verdienen, denn er ist ein geschickter Verkäufer. Darin ist er geübt. Ideen für ein paar Erfindungen hat er auch. Beides geht gut nebeneinanderher.

Und, mehr noch, er weiß jetzt, dass er sich wirklich auf sein Gespür verlassen kann. Manches fügt sich wie von selbst. Er ist nicht ins Bodenlose gefallen.

Sein Leben geht weiter. Und das gar nicht schlecht.

* * *

Victor Klemperer im Tagebuch am 16. Dezember 1933: «Nur die Wasserleitung in der Küche funktioniert, alles andere zugefroren. Leben wie im Unterstand. Ein geschleierter Himmel. Leise Hoffnung auf Frostmilderung. Die Nächte gingen unter 20 Grad. Wir heizen das Schlafzimmer, was sonst nie vorkommt. Wir frieren immerfort.»

17.
Die Enkelin spricht: Mein Vater, der «Halbjude»

Meine Großeltern habe ich natürlich erst kennengelernt, als sie bereits älter waren. Die Eintracht und der liebevolle Umgang, den sie miteinander pflegten, gefielen mir besonders an ihnen. Obwohl sie schon lange verheiratet waren, gab es keine Abnutzungserscheinungen wie in anderen Ehen. Sie waren sich nah, einfach so. Sie müssen einander in diesen zwölf Jahren entgegengewachsen sein. Da bekam ihre Ehe das Unverbrüchliche, das ich schon als Kind spürte.

Der erste Sohn, den Arthur und Grete am Freitag, den 7. September 1934, um 16.55 Uhr bekommen, wiegt 3950 Gramm und hat tatsächlich einfache Namen: Er heißt Max Joachim-Peter. Max nach Arthurs älterem Bruder, der «im Krieg geblieben ist», wie man damals in patriotisch beschönigender Verlogenheit sagte – als sei er freiwillig dort geblieben, wie jemand in einer anderen Stadt hängen bleibt, weil es ihm dort besser gefällt. Max heißt das Kind aber auch nach Vater Lehmann, dem Patriarchen. Grete und Arthur wollten die Namenswahl als Friedensangebot an den Großvater verstanden wissen. Joachim wiederum heißt Gretes Bruder Hans mit Zweitnamen.

Peter ist der Originalname für das Kind, das Arthur und Grete stolz der Familie präsentieren. Peter: Das kann man schwerlich verhunzen. Das ist ein Rufname von wirklich bestechender Einfachheit.

Peter ist mein Vater.

Nach den Rassenvorstellungen der Nazis ist Arthur «Volljude» und Grete «Arierin». Damit ist Peter, der kleine blonde Junge mit den blauen Augen, ein «Halbjude». Im Jahr 1934 haben die Nazis aus ihren Wahnideen noch keine systematischen Gesetze gegen die Juden fabriziert. Es ist die Zeit der wilden Übergriffe, von der SA beliebig entfesselt und gesteuert.

Görlitz war zwar Provinz, aber wie in den Großstädten drang schon im März 1933 der Mob in die Gerichtssäle und sprengte die Verhandlungen, an denen jüdische Richter oder Anwälte teilnahmen. Bald waren die Beamten und Angestellten «fremder Rasse» an der Reihe. Dann die Ärzte, Laienrichter und Notare wie Paul Mühsam, dann der ganze Verwaltungsapparat in den Ländern, die Steuerberater und die Lehrer, die Zahnärzte und Zahntechniker, die Künstler und Geschäftsleute und so weiter und so fort. Preußen und Bayern erklärten sich bald für «judenrein».

Wie konnten meine Großeltern in diesem Irrsinn die Ruhe bewahren? Indem sie sich dazu ganz bewusst entschlossen. Indem sie unterschieden, was sie tun konnten und was nicht. Indem sie ihr Leben so weiterlebten, wie sie es sich vorgenommen hatten. Indem sie das Vertrauen zueinander bekräftigten.

Ich habe in meinem Leben viele Bücher über das «Dritte Reich» gelesen. Anfangs gab es die Ausredenbücher und dann später die Anklagebücher gegen Hitler, sein System, seine Schergen, die Nazi-Ideologie, Auschwitz, den Holocaust, das Bürgertum, den Kapitalismus. Wichtige, aber oftmals auch abstrakte, leblose Texte. Dann kam die Auseinandersetzung mit den Tätern, mit den Opfern, später auch mit dem Widerstand. Das waren Biographien, Autobiographien oder wissenschaftliche Gesellschaftsgeschichten.

Erst in den letzten zehn, fünfzehn Jahren kamen Bücher, Filme und Dokumentationen über den Zweiten Weltkrieg heraus, die einen Sinn auch für die Menschen in dieser Zeit vermitteln, weil sie Distanz zum Politischen halten und genauer auf die Menschen schauen, auf ihr Hoffen und ihre Angst und ihre Haltung. Das ist das Wichtigste. Die Menschen haben damals, bewusst oder unbewusst, eine Haltung zu Hitler eingenommen und daraus Konsequenzen gezogen.

Jeder nahm eine Haltung ein, auch zueinander. Das machte in dieser Zeit selbst familiäre Verhältnisse vertrackt. Max Lehmann, Gretes Vater, lehnte Arthur ab, weil er Jude war, ohne dass er deswegen ein Nazi gewesen wäre. Wahrscheinlich hätte er ihn 1918 genauso abgelehnt.

Ironischerweise waren Schwiegervater und Schwiegersohn, jeder auf seine Weise, deutsche Patrioten. Arthur Schlesinger leistete freiwillig Kriegsdienst und stand später nie im Verdacht, mit der Linken zu liebäugeln, mit den Räterepublikanern, den Kommunisten oder Sozialdemokraten. Er hat immer eine der liberalen Parteien gewählt, die für die Weimarer Republik eintraten.

Max Lehmann war ein konservativer Unternehmer-Patriot. Zu seinem Grundverständnis gehörte allerdings der damals weitverbreitete bürgerliche Antisemitismus. Als die Nazis mit der Jagd auf die Juden begannen, sah er keinen Grund, deswegen seine Haltung gegenüber dem ungeliebten Schwiegersohn zu ändern. Die Haltung, die sie zu dieser Jagd einnahmen, unterschied oftmals Konservative von den Nazis, aber das galt nicht für Max Lehmann. Auch sein Schwiegersohn konnte jederzeit zum Gejagten werden. Die

Wahrscheinlichkeit war 1934 groß. Wie würde sich der Patriarch dann verhalten?

Vater Lehmann blieb nicht verborgen, dass Arthur seinen Autoladen eingebüßt hatte. Auch das änderte nichts für ihn. Er fragte Grete und Arthur nicht selber, wie sie danach zurechtkamen. Stattdessen horchte er seine Frau aus, wenn Grete wieder einmal zu Besuch gewesen war. Was hat Grete gesagt? Wie geht es ihr? Was macht sie? Hat sie alles, was sie braucht? Da aber Mutter Lehmann von ihrer Tochter nur das Nötigste erfuhr, hatten die Eltern kein genaues Bild vom Leben in der Zittauer Straße.

Nur einmal hatte ihn Grete direkt angesprochen, wegen des Sohnes ihrer Nachbarin. Darüber hatte sich Max Lehmann gefreut, grimmig gefreut. Aber einer wie er, der Unternehmer war und nichts anderes sein wollte und nicht einmal in der Standesorganisation eine Funktion ausübte, war ein Außenseiter ohne Verbindung zu den Nazis, die fast schon alle Ämter in der Stadt innehatten. Ich bin mir allerdings nicht sicher, ob er sich wirklich für den Jungen einer Unbekannten eingesetzt hätte, selbst wenn er in einflussreichen Zirkeln verkehrt hätte.

Max Lehmann war nicht besser und nicht schlechter als andere, die sich ebenfalls genau überlegten, was ihnen schaden konnte. Solidarität mit den Falschen ist in jeder Diktatur ein Risiko. Und das gehen die wenigsten ein.

Vielleicht bin ich vorsichtig im Urteil, weil es um meine Familie geht. Natürlich ändert das nichts an der Grundhaltung: Hier sind meine Großeltern, die in kein Raster passen, weil sie auf ihrem eigenen Planeten blieben; dort sind die Nazis, die die Juden ausgrenzten, zuerst wild, dann systematisch mit juristischem Regelwerk. Als mein Vater geboren wurde, im September 1934, hatten die Nazis schon die Konzentrationslager in Dachau und Oranienburg eingerichtet. Dort wurden zunächst vor allem politische Häftlinge rechtlos interniert, Kommunisten und Sozialdemokraten. Die Ermordung der Juden nach ihrer Ausgrenzung und Entbürgerlichung kam erst später.

Aber jetzt ist erst einmal Max Joachim-Peter auf der Welt.

18.

Grete und Artur plus Peter

Neun Tage nach der Geburt haben die Eltern Schlesinger die Verwandtschaft zur Begutachtung des kleinen Peter eingeladen. Arturs Mutter ist gekommen, auch seine Schwester Rose mit ihrem Mann Fritz. Er ist Ingenieur, arbeitet in einem Turbinenwerk und muss ständig seine Mitmenschen belehren; die beiden leben in Berlin und sind extra angereist, um das neue Familienmitglied zu begrüßen. Gretes Mutter und ihr Bruder Hans sind da, der Vater lässt sich entschuldigen, zufällig weilt er auf einer Geschäftsreise. Dafür hat er versprochen, an der Taufe des Kleinen teilzunehmen. Hans soll gemeinsam mit Gretes bester Freundin Anneliese, die natürlich auch eingeladen ist, die Patenschaft übernehmen.

Eine zusammengewürfelte Familie, denkt Grete. Aber Familien, die wachsen, werden immer ungleicher, das hat sie schon oft beobachtet. Alle sind leicht befangen. Einige kennen sich ja kaum. Aber alle scheinen auch guten Willens zu sein, unterhalten sich querbeet, bieten Grete ihre Hilfe an, loben die stilsicher eingerichtete Wohnung, spazieren umher, als seien sie schon öfter hier gewesen.

Das gute Porzellan, Maria Weiß von Rosenthal, ist gedeckt, das Besteck präzise aufgelegt, der Tisch ausgezogen, damit alle Gäste daran Platz finden. Blumen in der Mitte. Dreierlei Kuchen stehen in der Küche bereit, Sahne dazu, darauf legt Artur Wert. Die Wohnung strahlt Behaglichkeit aus.

Grete hat sich Mühe gegeben. Sie ist seit Montag, dem vierten Tag nach der Geburt, wieder auf den Beinen. Sie hat sich schnell erholt und über Arturs Bedenken hinweggesetzt, dass ihr die Familienzusammenkunft so kurz nach der Entbindung zu viel werden könnte. Selbstverständlich hätte nichts dagegen gesprochen, die Gäste einen Sonntag später zu empfangen, aber Grete hat sich in den Kopf gesetzt, dass es heute sein soll, also ist es auch heute.

Das Baby schläft. Es ist niedlich, wie alle Frischgeborenen es sind. Man kann sich an ihnen endlos erfreuen, weil die Natur ihr Wunderwerk an ihnen vollzieht, an jedem Kind aufs Neue. Und wenn man sich an ihnen sattgesehen hat, geht man hinüber ins Wohnzimmer, ohne dass sich das Kind in diesem zarten Alter verlassen fühlen würde.

Der kleine Peter sieht Artur ähnlich. Er scheint ein angenehmes Kind zu werden. Früh hat er einen guten Rhythmus aus Schlafen und Wachsein entwickelt und will auch nicht andauernd trinken. Er ist durchschnittlich groß und durchschnittlich schwer. Er hat Haare auf dem Kopf. Grete schwört, dass er sie schon einmal angelächelt hat.

Es ist alles genau so, wie es die Natur eingerichtet hat. Die Eltern halten ihr Kind für das schönste der Welt und gehen ansonsten unaufgeregt mit ihm um. Die Hebamme ist mehrmals da gewesen und hat ihnen die nötigen Handgriffe beigebracht. Mit allen weiteren Fragen können sie sich an die Großmütter wenden, und die erteilen mehr Ratschläge, als Grete verkraftet. Auch Artur hat sich bemüht, Interesse für den Umgang mit dem Baby zu zeigen. Er will sich keine Blöße geben. Besser wird er für einen geschickten Vater gehalten als für einen unsicheren Großvater, was er dem Alter nach sein könnte.

Die beiden Großmütter sitzen in den Sesseln am Fenster, zwischen ihnen die handgefertigte Wiege mit dem kleinen Kerl, der sogar wach ist und vor sich hin schielt. Artur sieht mit Vergnügen, dass sie sich über Peter hinweg unterhalten, nachdem sie ihn unter «Ach, wie schön» und «Ist er nicht süß?» gebührend bewundert haben. So selten sich die beiden Omas sehen, so unterschiedlich sie nach Herkunft und Stand auch sind, so gut kommen sie doch miteinander aus. Artur glaubt, dass die Unverkrampftheit ein Verdienst seiner Schwiegermutter ist, aber vielleicht ist er auch ungerecht gegenüber seiner Mutter. In letzter Zeit ist ihm aufgefallen, dass er öfter zu unfreundlichen Betrachtungen über sie neigt; das gefällt ihm nicht.

Hans und Anneliese unterhalten sich über gemeinsame Freunde, die jetzt nach und nach heiraten. Für Hans ist das kein Problem, er ist noch jung und schert sich wenig darum, was andere von ihm denken. Für Anneliese ist das ganz anders. Sie findet es ungerecht, dass Männern ihres Alters Ehelosigkeit nicht unter die Nase gehalten wird, während Frauen mitleidig oder lüstern betrachtet werden, weil sie noch zu haben sind – ein unfreundlich doppelsinniger Ausdruck, dieses «Noch-zu-haben-Sein».

Hans schwenkt gekonnt ein Glas Cognac in der Rechten. Ein bisschen früh für harte Sachen, findet Artur. Hans trinkt gerne und gerne auch viel, das ist ihm schon häufiger aufgefallen. Hans hat Arturs Blick bemerkt und nimmt genießerisch einen Schluck, in Arturs Richtung prostend, der sich aber bereits abgewendet hat. Zum Glück kommt Grete mit der großen Kaffeekanne in das Wohnzimmer und bittet zu Tisch.

Als alle ihre Plätze eingenommen haben und die Sektgläser zur Feier des Tages gefüllt sind, beginnt Artur mit der kleinen Rede, die er auswendig gelernt hat:

«Schön, dass ihr da seid, die engste Familie und die Patin, die spätestens jetzt ebenfalls zur Familie gehört. Ihr seid alle hier wegen des kleinen Peters. Wenn ein neuer Erdenbürger geboren wird, ist das immer eine Freude und ein Fest für die Verwandten. Der kleine Peter, der gerade mal wieder seiner Lieblingsbeschäftigung frönt, nämlich schlafen, ist ein Geschenk, und es ist, als wäre er lange schon bei uns. Grete ist eine wunderbare Mutter, da kann Peter sich sehr glücklich schätzen. Lasst uns das Glas erheben auf Max Joachim-Peter und seine Mutter, meine Grete. Beide sollen hochleben! Möge es uns nie schlechter gehen als heute!»

Die Gläser klirren, die Schwiegermütter sind gerührt, Anneliese hat Tränen in den Augen, aber Grete ist viel zu sehr mit Gastgeberinnenaufgaben ausgefüllt, als dass sie den Augenblick genießen könnte. Artur, zufrieden mit seiner kurzen Ansprache, nimmt einen tiefen Schluck. «Und jetzt wollen wir uns der Torte widmen. Sie schmeckt köstlich!»

Ein enger Tisch macht gesellig, stellt Grete fest. Artur sitzt neben seiner Schwiegermutter und charmiert sie wie gewohnt. Hans und Anneliese passen optisch zueinander, aber nicht charakterlich. Anneliese sieht proper aus. Wenn sie unglücklich ist, legt sie Pfunde zu. Ihr Bruder ist nach landläufigen Kriterien ein schöner Mann, blond und mittelgroß, schlank und selbstbewusst. Grete hält ihn aber für unreif. Für sie ist er der verwöhnte Erbe, dem es die Eltern immer leichtgemacht haben. Doch vielleicht ist sie ungerecht. Hans ist nun einmal ihr kleiner Bruder, drei Jahre jünger als sie, vierundzwanzig ist er vor kurzem geworden. Er hat immer wieder irgendwelche Freundinnen, die er im Kabarett oder im Lokal aufliest. Über Techtelmechtel kommt er nicht hinaus. Die ernstzunehmenden Frauen geben sich mit ihm nur zum Spiel ab, und mit den anderen spielt er.

Grete nimmt ihre Tasse Kaffee und setzt sich zu ihrer Mutter. «Glaubst du wirklich, Papa kommt zur Taufe? Oder hat er sich damit heute nur herausgeredet?»

«Ehrlich gesagt weiß ich es nicht. Und wahrscheinlich weiß er es auch noch nicht. Er möchte schon, aber sein Sturkopf ist ihm im Weg. Immerhin hat er Hans zur Patenschaft beglückwünscht. Er hat sich auch gefreut, als er gehört hat, dass der Kleine seinen Namen trägt.»

«Ach, Mama, ich möchte Frieden haben. Der Enkel hat nur diesen einen Großvater, und dieser Großvater hat vorläufig auch nur diesen einen Enkel. Rede ihm gut zu, dass er zur Taufe kommt.»

«Das werde ich schon, mein Kind. Peter ist ein besonders herziges Baby. Im Taufkleidchen wird er zauberhaft aussehen.»

«Sag Papa von mir, es wird Zeit, dass er von seiner Sturheit ablässt. Und sag ihm auch, dass mir der Geduldsfaden reißen könnte, falls er es wieder vorziehen sollte, auf Geschäftsreise zu gehen, oder anders unabkömmlich ist.»

«Kind, Kind, Drohungen machen ihn doch nur noch sturer. Ich weiß schon, wie ich ihn vielleicht umstimmen kann.»

Arturs Schwester Rose hat sich zu ihrer Mutter gesetzt. «Hast du Neuigkeiten aus Mühlhausen?» In Mühlhausen lebt Hertha, die andere Schwester. Sie ist mit einem Rabbi verheiratet, Max Rosenau. «Hertha geht es gut, Mirjam wächst und gedeiht, sie ist schon zehn.»

«Bekommen sie denn nicht Schwierigkeiten mit den Nazis? Max ist als Rabbi ja eine wichtige Persönlichkeit in der Stadt.»

«Davon hat sie nichts erzählt.»

«Hast du sie denn gefragt?»

«Nein, habe ich nicht. Solche Fragen sind ungehörig, findest du nicht?»

«Ja, schon, aber in diesen Zeiten liegen sie nahe, wenn es sich um einen Rabbiner handelt.»

«Ach, Rose, ich bin ganz unglücklich darüber, dass wir Juden sind. Ich würde es gerne rückgängig machen. Es ist furchtbar, dass ich solche Sätze sagen muss. Nie hätte ich es für möglich gehalten, dass es so weit kommen könnte. Ich will gar nicht darüber nachdenken, was diesem Hitler noch alles einfallen könnte.»

«Vielleicht wäre es am besten, wenn die Rosenaus auswandern, nach Palästina. So viele überlegen es sich jetzt. In Berlin reden alle darüber.»

«Was für ein Glück, dass du und Artur keine Juden geheiratet habt. Vielleicht lassen sie wenigstens euch in Ruhe. Aber einen Rabbiner lassen sie nicht in Ruhe, ganz bestimmt nicht.»

Fritz, Roses Mann, hat mit halbem Ohr zugehört, während er mit Hans über die Fußballweltmeisterschaft plaudert, bei der Deutschland überraschend Dritter geworden ist, mit einem 3:2 gegen Österreich. «Ohne Sindelar ist Österreich nur halb so viel wert, und außerdem war es ihnen egal, ob sie nun Dritter oder Vierter werden. In den letzten Spielen hatten sie Deutschland immer weggeputzt, erst mit 5:0, dann mit 6:0. Jetzt hatten sie keine Lust mehr. Sie dachten ja, sie würden Weltmeister. Das wäre auch nicht unverdient gewesen.»

«Ja, aber dafür hat Deutschland im Halbfinale Pech gehabt, sonst hätten wir nicht gegen die Tschechen verloren.»

«Ich bitte dich, Hans, die Tschechen waren einfach besser. Der Nejedly ist der beste Spieler, den es gibt. Alle drei Tore hat er geschossen.»

«Aber Homann fehlte, und unser Torwart hatte einen schwachen Tag. Mehr Pech kann man gar nicht haben.»

«Ich bin dafür, dass sich Deutschland für die Weltmeisterschaft 1938 bewirbt, denn der Gastgeber, weißt du, wird immer Weltmeister: erst Uruguay in Uruguay, jetzt Italien in Italien.»

«Ich hole mir noch einen Cognac. Möchtest du auch einen?»

«Gern, nach so viel Kuchen kann ich einen gebrauchen.»

«Möchtest du wirklich noch einen Cognac? Du hast doch schon zwei oder drei getrunken», sagt Grete zu ihrem Bruder, der sie nach der Flasche gefragt hat.

«Es ist doch ein festliches Ereignis, wenn meine große Schwester ihren Sohn vorzeigt, und ich bin gewillt, es angemessen zu begehen. Fritz möchte auch einen. Wir haben deinem wunderbaren Kuchen redlich zugesprochen. Also, Schwesterherz, sei nicht so streng.»

Grete kann ihrem Bruder nicht richtig böse sein, jedenfalls nicht lange. «Wie läuft es denn bei dir? Kommst du mit Papa in der Firma gut aus?»

«Manchmal geht es gut, manchmal weniger gut. Du kennst ihn ja, er führt seinen Erben vor, aber abgeben möchte er nur das, was ihm nicht so wichtig ist. Die wirklich wichtigen Entscheidungen bereitet er im stillen Kämmerlein vor und teilt sie mir dann mit. Er ist es einfach so gewohnt und zu stolz zum Teilen. Er hat immer das meiste mit sich selber ausgemacht. Warum sollte er das ändern, nur weil ich in der Firma bin? Vermutlich ändert er sich erst, wenn seine Kräfte nachlassen.»

Grete ist überrascht, dass Hans so offen zu ihr ist und das Verhältnis zu seinem Vater realistisch einschätzt. Sie nimmt ihn mütterlich in den Arm, leistet ihm still Abbitte für manchen hässlichen Gedanken und gießt den Cognac in zwei Gläser, einen für Hans, einen für Fritz. Vielleicht ist er ja doch weniger unreif, als sie denkt.

Mutter Lehmann ist in die Küche gekommen. Sie hat sich

schon gedacht, dass ihre Kinder dort beisammenstehen, und ist erfreut, sie freundlich miteinander reden zu sehen. «Na, ihr beiden, worüber redet ihr?»

«Hans hat mir aus der Firma erzählt», antwortet Grete.

«Ich weiß, Hans, es ist nicht leicht mit deinem Vater. Aber vergiss nicht, eines Tages gehört die Firma dir, und sie blüht und wird größer und internationaler, das ist das Werk deines Vaters.»

«Mir wäre es lieber, er würde mich jetzt schon mehr einweihen und teilhaben lassen an seinen Ideen und Plänen. Ich hätte auch Ideen, die er sich anhören könnte, würde er mich nicht für einen Grünschnabel halten. Und ich könnte mehr von ihm lernen.»

«Ach, mein Sohn, du bist immer der Kleine gewesen. Dass du vierundzwanzig bist und das Geschäft von der Pike auf gelernt hast, wie dein Vater auch, weiß er im Kopf, aber nicht im Herzen. Das wird sich schon noch ändern. Hab nur Geduld!»

«Kommt, lasst uns wieder hinübergehen. Es sieht komisch aus, wenn die Lehmanns in der Küche tratschen und die Schlesingers im Wohnzimmer hocken», sagt Grete. Hans nimmt die beiden Cognacschwenker, Grete den frischen Kaffee und dazu Likör für die Damen. Der kleine Peter schreit in seiner Wiege, sofort umsorgt von Oma Schlesinger. Grete nimmt ihn heraus und verschwindet mit ihm im Schlafzimmer.

Als alle gegangen sind, nachdem sie beteuert hatten, wie schön es war und wie behaglich die Wohnung ist und wie entzückend der Kleine, wie gut der Kuchen und wie aufmerksam die Gastgeber, als das Wohnzimmer wieder ihres ist und die Küche aufgeräumt, da sitzen Grete und Artur erschöpft in ihren Sesseln am Fenster und schauen sich an.

«Wie fandest du unser Fest?», fragt Grete.

Artur hängt mehr im Sessel, als dass er sitzt, die Krawatte gelockert, die neuen, drückenden Schuhe von den Füßen gestreift. «Eigentlich war die Stimmung am Kaffeetisch und hinterher entspannt. Jeder hat mit jedem geredet. Anneliese war ein guter Mittler. Weil sie nur wenige kannte, hat sie mit allen geplaudert. Sie hat ein angenehm offenes Wesen. Und du, wie fandest du den Tag?»

«Ehrlich gesagt, anstrengender, als ich gedacht hatte. Ich glaube, ich war so bemüht, eine gute Gastgeberin zu sein, dass ich mich zu wenig um die Gäste kümmern konnte.»

«Heute hast du dir übergroße Sorgen gemacht. Bei der Taufe gehen wir es gelassener an.»

Eigentlich wollte Grete über die Schlesingers und die Lehmanns reden, über ihre Gegensätze und Gemeinsamkeiten. Aber dafür ist sie heute zu müde. «Wir sollten zu Bett gehen. Du musst früh aus den Federn. Wann willst du morgen aus dem Haus?»

«Um kurz vor acht. Zuerst muss ich noch Lampenschirme in der Fabrik abholen, dann fahre ich los.»

19.
Unter Handelsvertretern

Als Handelsvertreter ist Artur jetzt viel unterwegs. Er belädt sein Auto mit Musterlampenschirmen und fährt an Feldern und Wiesen vorbei. Die Bauern auf dem Feld schauen hoch, wenn sie Motorengeräusche hören, und winken manchmal. Artur atmet die Geschwindigkeit und erfreut sich am Fahrtwind, der durch das offene Fenster hereinströmt. Es ist kein Rennen, aber er fühlt sich eins mit dem Wagen. Ihn überkommt wieder dieses besondere Glücksgefühl.

Wie müssen sich erst die Pioniere gefühlt haben, als sie zum ersten Mal größere Strecken zurückgelegt haben? Artur liest nicht viel, aber von den Erzählungen über die technischen Anfänge kann er gar nicht genug bekommen. Nikolaus Otto, der Erfinder des Gas- und Benzinmotors, stammte wie er aus kleinen Verhältnissen. Er war ein Bauernsohn, der sich im ersten Viertel des 19. Jahrhunderts als Handelsvertreter verdingte, zu Fuß. Das wenige Geld, das er besaß, steckte er in die Entwicklung des Viertaktmotors und ließ nicht nach, bis der Motor stoßfrei arbeitete. Dann ersetzte er Gas durch Benzin, und schon konnte die Geschichte des Automobils beginnen.

Artur träumt davon, wie Otto zu sein. Er verkauft Lampenschirme, aber er ist auch Erfinder, jedenfalls wärmt ihn der Gedanke. Die Grundlagen für das Automobil sind gelegt, aber es gibt noch viel zu verbessern. Wenn er nachts unterwegs ist, irritiert ihn immer wieder, dass er nicht genau weiß, welches Licht er angeschaltet hat: Abblendlicht? Fernlicht? Es müsste doch mit dem Teufel zugehen, wenn ihm nicht einfiele, wie sich am Armaturenbrett ein Symbol für die verschiedenen Lichtsignale anbringen ließe. Oder seine uralte Idee, leider noch immer nicht verwirklicht, ein Windmessgerät zu entwickeln, das die präzise Steuerung des Automobils erlaubt. Seit der Geburt des kleinen Peters kam er nicht zum Tüfteln in seinem Werkstattzimmer. Das fehlt ihm, merkt er jetzt.

In den nächsten Tagen wird sich Artur im Kreis Lauban aufhalten, nur rund dreißig Kilometer von Görlitz entfernt. In der kleinen Stadt Lauban parkt er seinen Wagen vor der Dreifaltigkeitskirche und schaut sich um. Keine Kaufhäuser wie in Görlitz, viele kleinere Geschäfte für den Alltagsbedarf. In den erstbesten Laden geht er hinein, dort werden Textilien verkauft, vorzugsweise Taschentücher.

«Schönen guten Tag», sagt er fröhlich zum Mann hinter dem Tresen, den er für den Inhaber hält. «Guten Tag», murmelt der abwartend zurück. «Ich vertrete die Firma und Fabrik Max Schneider in Görlitz und möchte Sie für Lampenschirme des gehobenen Bedarfs interessieren, die exzellent zu Ihren Textilwaren passen.»

Der Mann, er stellt sich als Kaufmann Max Cohn vor, gibt nichts zu erkennen, weder Interesse noch Abwehr. «Schauen Sie», fährt Artur mit seiner Werbung fort, «ich habe Schreibtischlampen mit zierlichen, verstellbaren Gelenkarmen im Angebot. Ich habe auch eine rubinrote Wandlampe nach französischem Vorbild vorrätig oder eine klassische Stehlampe mit Schukostecker. Das sind Gebrauchsartikel für den Haushalt, die sich mit Ihrem Sortiment bestens vertragen.»

«Ja, das könnte ich mir eventuell vorstellen», wird Herr Cohn allmählich warm. «Obwohl ich glaube, dass sich in unserer Stadt gewöhnliche dreiarmige Deckenlampen am ehesten verkaufen lassen. Mit Luxusartikeln werden Sie hier wenig Ruhm ernten. Lauban ist gerade erst elektrifiziert worden. Daher brauchen wir Gebrauchslampen an der Decke oder als Stehlampe im Wohnzimmer.»

Artur hätte nicht gedacht, dass ihm gleich bei seinem ersten Versuch das Glück hold sein würde, und verstrickt den Kaufmann Cohn erst einmal in eine Fachsimpelei über den Vorteil der Elektrizität gegenüber dem Gasglühlicht, das in den Straßen noch immer vorherrscht. Max Cohn ist ein aufgeschlossener Mann, er geht mit der Zeit, und vor allem wittert er ein Geschäft, wo eines ist. Und mit Lampen lässt sich ein Geschäft machen, genauso wie mit den Warmwasserboilern, die heutzutage jedermann im Bad haben möchte. Auch dazu hat ihn ein Vertreter angestachelt und ihm zu einem fabelhaften Zusatzverdienst neben den Stofftaschentüchern verholfen. Auf zwei Beinen steht man besser, sagt Cohn gerne, und das sagt er jetzt auch zu Artur, ohne ihn in das Warmwasserboilergeschäft einzuweihen.

Herr Cohn bittet Artur in das Kontor und scheucht seinen Angestellten, einen scheuen jungen Mann, nach vorne ins Geschäft. Gemütlich sitzen sie sich gegenüber, der Handelsvertreter und der Kaufmann, und palavern über den Lauf der Dinge, ohne ein Wort über den Reichskanzler und sein Gefolge zu verlieren. Die Geschäfte gehen still, aber stetig dahin, sagt der Kaufmann, ohne den Boykott zu erwähnen, den die Nazis immer wieder über den Handel mit jüdischen Inhabern verhängen. Die Geschäfte lassen sich gut an, stimmt der Handelsvertreter zu und verschweigt, dass er erst in der zweiten Woche in seinem neuen Metier auf Tour ist. Beide können an ihren Namen erkennen, dass der eine wie der andere ein Jude ist, aber keiner von beiden spielt darauf an.

Als Dunkelheit die Stadt umfängt, zieht Artur Bilanz für diesen Tag: Mit vier Geschäftsinhabern ist er ins Gespräch gekommen. Zwei haben feste Bestellungen aufgegeben, einer überlegt es sich noch, der vierte hat abgelehnt. Morgen früh macht er in Marklissa und Schönberg weiter, am Mittwoch in Seidenberg, dann hat er den Landkreis Lauban abgeklappert. Am Donnerstag fährt er zurück nach Hause.

Artur quartiert sich in einem Gasthof mit Logis am Stadtrand von Lauban ein. Behaglich isst er zu Abend: Wurstbrote mit sauren Gurken, dazu einen Humpen hiesigen Bieres. Zwei Männer fragen ihn, ob an seinem Tisch noch frei sei. Sie sehen aus wie Handelsvertreter und sind es auch. Der eine verkauft Stickereien und Trachten aus Niederschlesien. Der andere kommt von weiter her, aus Sachsen, und ist mit Freiberger und Meißener Porzellan unterwegs.

«Die Leute kaufen wieder mehr als in den letzten Jahren, die dürftigen Zeiten sind anscheinend vorbei», sagt der Stofflieferant.

«Ja, da können wir dem Hitler dankbar sein», sagt der Porzellanvertreter. «Wer Arbeit hat, ist zuversichtlich, und wer zuversichtlich ist, kauft schöne Sachen. Womit verdienen Sie denn Ihre Brötchen?», wendet er sich an Artur.

«Ich habe die Vertretung für Lampenschirme übernommen, das ganze Sortiment von Gebrauchsartikeln bis zur Luxusware. Ich fange erst damit an, die Gegend abzuklappern. Wir haben gerade ein Kind bekommen. Deswegen hat sich mein Arbeitsbeginn verzögert.»

Artig gratulieren die Männer und behalten den Gedanken für sich, dass der Vater ganz schön alt sein muss bei näherem Augenschein. Artur kennt die Blicke und schaut darüber hinweg. Sollen die beiden denken, was sie wollen.

Artur hängt dem Satz nach, wem er seine Aufträge verdanken soll. Ganz schön grotesk, dass ihm der Reichskanzler, der keinen Namen mehr besitzt, sondern nur noch «Der Führer» genannt werden will, einen Gefallen erweist. Es stimmt ja wirklich, dass mehr Menschen wieder in Lohn und Brot stehen und Geld haben, weshalb die Geschäftsleute, die er und die beiden anderen besuchen, neue Ware aufnehmen, da sie davon ausgehen, dass sie die Lampen, die Stoffe und das Porzellan an den Mann bringen können. Also ist «Der Führer» letzten Endes Arturs Wohltäter. Wer darüber wohl mehr erstaunt sein sollte, fragt sich der begünstigte Artur: er oder Hitler?

Beim zweiten Bier werden die drei redselig, und so bleiben sie länger beieinander sitzen. Sie sind fern von zu Haus, übernachten in fremden Betten, haben denselben Beruf und ähnliche Erlebnisse in der niederschlesischen Provinz, in der die Menschen misstrauisch sind und kaum gewillt, ein Wagnis einzugehen. Bald nennen sie sich beim Vornamen. Seinen verräterischen Nachnamen behält Artur für sich. Man kann nie wissen.

Keiner der drei war schon immer Vertreter gewesen, obwohl dieser Beruf nichts Ehrenrühriges hat. Jeder von ihnen bringt Waren in die kleinen und mittelgroßen Städte, die dort sonst nicht zu haben wären. Sie bieten nicht wie Arbeitslose ihre Arbeitskraft als Tagelöhner an und sind auch keine ambulant umherziehenden Kleinhändler, wie zum Beispiel Ostjuden, über die sich der Porzellanvertreter, der auf den Namen Armin Kleinhorst hört, weitschweifig empört. Sie sind nicht irgendwelche Wegelagerer, sie sind Handelsvertreter und bieten ehrbare Güter an. Wer will, kann darauf stolz sein.

«Wo habt ihr denn früher gearbeitet?», fragt Artur.

«Ich war in einer Turbinenfabrik angestellt, in der Lohnbuchhaltung. Ich muss sagen, was ich jetzt mache, ist spannender, vor allem abwechslungsreicher. Ich erlebe jetzt mehr als früher. Ich lerne Menschen kennen, die anders auf die Welt schauen als ich», sagt der Stofflieferant, der Friedrich Schmidt heißt.

«Mich stört», fällt der Porzellanvertreter Kleinhorst ein, «dass ich auf diese Kaufleute manchmal einreden muss wie auf eine kranke Kuh. Sie zieren sich, sie sagen nicht ja und nicht nein. Am liebsten wollen sie, dass ich noch einmal vorbeikomme oder gleich mit dem Preis heruntergehe. Sie verwechseln uns mit Ausrufern auf dem Wochenmarkt, mit denen sie feilschen können. Es ist mühsam, unser Geschäft.»

Friedrich Schmidt macht einen gutmütigen Eindruck. Gemessen sagt er, wie er die Sache sieht. «Wir beliefern die Geschäfte in den Städten, und die ambulanten Händler ziehen über die Dörfer. Jeder muss heute um seinen Lebensunterhalt kämpfen. Jeder muss schauen, wo er bleibt. Jeder geht dorthin, wo er Absatz wittert.»

Artur ist froh, dass die beiden das Wort führen und er zuhören kann. Doch seine Leidenschaft fürs Autofahren vermag er nur schwer für sich zu behalten. Gelegentlich renommiert er ganz gerne damit. «Früher habe ich Autos verkauft. Ich bin selber Bergrennen gefahren und habe sogar einige gewonnen. Ich war mein Leben lang fasziniert vom Autofahren. Ich kenne viele Fahrzeugtypen in- und auswendig. Ich kann sie auseinandernehmen, und wenn es sein muss, erkenne ich sie auch am Klang ihrer Motoren.»

«Du willst mir sagen, dass du einen Maybach von einem Opel oder einem Adler am Geräusch des Motors unterscheiden kannst?», fragt der gutmütige Schmidt ungläubig.

«Ja sicher, jeder Motor hat seine eigene Stimme.»

«Mein Chef», wirft der giftige Kleinhorst ein, «fuhr einen Bugatti Royale, ein ungewöhnliches Automobil, es stammt aus Frankreich und ist das schönste, das ich je gesehen habe. Ich glaube nicht, dass du so einen Bugatti kennst.»

«Ja, der Bugatti ist wirklich bemerkenswert», sagt Artur. «Er ist fast sechseinhalb Meter lang und wiegt drei Tonnen. Und natürlich hast du recht, ich habe ihn bisher nur in einer Zeitschrift gesehen.»

Artur ist zufrieden. Er hat sich zur Geltung gebracht. Von Automobilen versteht er viel, mehr als die meisten. Warum sollte er mit seinem Wissen hinter dem Berg halten? Gemütlich nimmt er einen großen Schluck von seinem Bier.

«Sag mal, wenn du Bergrennen gewonnen hast, wie du sagst», sagt Schmidt harmlos, «dann hast du bestimmt in der Zeitung gestanden. Wie heißt du denn mit Nachnamen? Vielleicht kenne ich dich sogar.»

Artur muss einsehen, dass er sich mit seiner Mitteilsamkeit eine Falle gestellt hat. Genau diese Frage wollte er nicht aufkommen lassen. «Schlesinger», sagt er kurz. «So, und jetzt gehe ich zu Bett. Morgen früh ist die Nacht vorbei. Ich wünsche euch gute Geschäfte. Vielleicht sehen wir uns ja einmal wieder.»

Zum zweiten Mal verspürt er diesen Eiseshauch. Er gehört nicht dazu, denn er ist eben doch ein Jude, und Jude zu sein ist kein Spaß heutzutage. So viel weiß er seit seiner Kündigung, als der eisige Hauch ihn das erste Mal erfasste. Damals hat er sich dabei ertappt, wie er in den Spiegel schaute und sich fragte: Sieht so ein Jude aus? Erkennen sie mich auf der Straße als Juden? Erkennt man einen Juden an der Nase, an der Stirn, an der Stimme, an der Haltung? An Paul war ihm nichts aufgefallen, was auf sein Judentum gedeutet hätte, weder an seinem Äußeren noch an seinem Inneren. Doch heute zeigen die Nazis scheußliche Karikaturen von Juden und behaupten, das Judentum sei nichts, was man wählen oder ablegen könne, sondern eine Rasse, die unveränderlich sei, die man ein Leben lang mit sich herumtrage. Dass die Christen früher etwas gegen die Juden hatten, im religiösen Eifer des Mittelalters, mochte ja noch angehen. Aber heute? So was Verrücktes.

Er ist ein Jude, weil sie wollen, dass er ein Jude ist. Da mag er sich noch so sehr als Protestant verstehen und den Religionsübertritt mit Papieren nachweisen: Das ist egal, es nützt ihm nichts, es ändert nichts. Er ist jemand, der er nicht ist. Er soll jemand sein, der er nicht sein will. Weil es die Nazis so wollen.

Die beiden neuen Kollegen haben geschwiegen, nachdem er seinen Namen genannt hatte. Sie haben vielsagend nichts gesagt. Was sie wohl gedacht haben? Und ob beide das Gleiche gedacht haben, wüsste er auch gern. Wahrscheinlich nicht, sie sind ja unterschiedlich, nett der eine, bissig der andere.

Artur hat jedoch nicht einmal so lange gewartet, dass sie auf seinen Namen überhaupt etwas hätten sagen können. Er ist sofort aufgestanden und hat sich verabschiedet. Aber was hätten sie auch sagen sollen: Nicht so schlimm? Oder: Ach ja, wirklich? Hätten wir nicht gedacht. Und, wie lebt es sich in dieser Zeit mit so einem Namen? Hast du Angst? Vielleicht hätten sie auch gesagt: Besser ist es, wenn du deinen Namen für dich behältst, sonst kannst du Scherereien bekommen. Hätten sie sagen sollen, dass er ihnen leidtut? Dass sie den Hitler auch nicht ausstehen können und sie ihm viel Glück dabei wünschen, über die Runden zu kommen? Vielleicht hätte er ihnen gar nicht abgenommen, dass sie es ernst meinen und nicht nur aus Gefälligkeit Nettes sagen, weil sie wissen, dass er es nicht leicht hat heutzutage mit diesem Namen in diesem Gewerbe.

Das Schlimme ist, sagt sich Artur, dass die Zeiten vergiftet sind. Man kann niemandem trauen. Argwohn ist vernünftig.

Misstrauen ist angemessen. Verrat ist gewünscht. Bosheit wird belohnt. Der Nette ist der Dumme.

Wie wäre es, wenn die beiden Handelsvertreter beschließen würden, dass sie die Kaufleute im Kreis Lauban wissen lassen, wer er ist? Um welche Rasse es sich bei diesem Menschen Schlesinger handelt? Er stellt sich ja jedes Mal als Vertreter der Firma Schneider in Görlitz vor und vermeidet es, seinen Namen zu nennen, wenn es nur irgend geht. Gut möglich, dass sie ihn boykottieren würden.

Gut möglich aber auch, dass es den beiden anderen fernliegt, ihn anzuschwärzen. Dass sie nicht so weit gehen würden, ihm übel nachzureden. Vielleicht denkt nur er, Artur, dass sie schlecht über ihn denken und lange über ihn geredet haben, als er aufgestanden und gegangen ist. Möglich ist es ja auch, dass nur er, Artur, vergiftet von Misstrauen ist und seine Mitmenschen deshalb jeder Niedertracht verdächtigt.

Mir wird ganz schwindelig, sagt sich Artur, als er im Bett liegt. Das Sinnieren wirft mich nur zurück. Ich muss aufpassen. Ich muss mich schützen. Ich muss unbedingt solche Unterhaltungen vermeiden, am besten auch solche Begegnungen. Nach zwei Gläsern Bier werde ich redselig und unvorsichtig. Wenn ich in Zukunft unterwegs andere Handelsvertreter treffe, werde ich mich zurückhalten, wie ich es auch heute Abend getan hatte, bevor ich damit begann, mit meiner Rennfahrervergangenheit zu prahlen.

An den nächsten beiden Tagen erzielt er mittelgroße Erfolge in Seidenberg und Schönberg. In Marklissa halten ihn die wenigen Kaufleute hin. Sie schlagen ihm vor, er möge doch in zwei bis drei Monaten wieder vorbeikommen. Dann sähen die Geschäfte wahrscheinlich rosiger aus. In seine Kladde trägt er die Namen ein, versieht sie mit Bemerkungen und freut sich auf die Heimkehr zu Grete und seinem

Sohn, die er zu vermissen begonnen hat. Schon am Donnerstagmorgen steigt er in sein Automobil und fährt los.

Bevor er seine kleine Familie mit der verfrühten Rückkehr überrascht, hält er in der Lampenfabrik und gibt seine Bestellungen ab. Herr Schneider hat erst morgen mit ihm gerechnet und murmelt etwas Unverständliches. Er lässt nicht erkennen, ob Artur passable oder mäßige Geschäfte eingefädelt hat. Er straft mich mit Missachtung, weil ich früher als gedacht wieder hier bin, denkt sich Artur und wehrt dunklere Gedanken ab. Schneider ist schlau, er hält mich hin. Er gibt nicht zu erkennen, was er denkt. Er hat mich in der Hand, glaubt er. Ich glaube das nicht. Ich bin gespannt, wer von uns beiden recht behält.

Artur gefällt, was ihm durch den Kopf geht. Die Unsicherheit hat er abgeschüttelt. Die Aussicht, gleich wieder zu Hause zu sein, beschwingt ihn.

***

Victor Klemperer im Tagebuch am 16. Dezember 1934:

«Einen Augenblick schien es, als werde Hitler nicht über die Saarabstimmung (13. 1.), vielleicht nicht über Weihnachten wegkommen. Jetzt ist die Saaraffäre zugunsten Deutschlands entspannt, und Hitler sitzt wieder fest im Sattel. Es ist schwer, nicht zu verzweifeln. Aber die starke allgemeine Gärung ist nach wie vor da.»

20.

Neue Beschlüsse, neue Ängste

Am ersten Weihnachtsfeiertag fährt Artur seine kleine Familie in die Rauschwalder Straße. Er hat sich mit Grete besprochen und beschlossen, dass er nicht mit hochkommen wird. Die alten Lehmanns haben ihn zwar eingeladen, jedenfalls konnte man sie so verstehen. Die harmoniegeneigte Großmutter hat gesagt: Kommt doch am 25. zu Kaffee und Kuchen und Geschenken vorbei, wir machen es uns unter dem Tannenbaum gemütlich. Max Lehmann hat wie immer geschwiegen und seine Frau reden lassen. Auf ihn kommt es aber an. Von ihm müssten die erlösenden Worte kommen, doch er bringt sie nicht über die Lippen. Vielleicht noch nicht, sagt Grete. Artur vermutet, dass er sie nie sprechen wird. Der Alte ist viel zu stolz, viel zu erhaben, als dass er zugeben könnte, dass er einen Fehler gemacht hat. Nie würde er sagen: Ihr seid jetzt verheiratet, ihr habt ein Kind, meinen Enkel, das ändert einiges. Lasst uns versuchen, miteinander auszukommen. An mir soll es nicht liegen. Und wenn ich grob gewesen sein sollte, dann täte es mir leid. Ich will mich von jetzt an um einen anderen Ton bemühen.

Das ist nicht zu viel verlangt. Das darf Artur erwarten. Ohne Versöhnlichkeit, die von Max Lehmann ausgeht, wird es keine Versöhnung geben.

Grund dazu hätte der Alte ja. Er ist zweiundsechzig. Wer

weiß, wie viele Jahre ihm noch bleiben? Will er seinen Groll mit ins Grab nehmen? Soll es wirklich so weitergehen, dass Artur Grete und den Kleinen bringt und wieder abholt, als wäre er der Chauffeur, ein anderer Herr Prinz? Eigentlich können sich weder Artur noch Grete vorstellen, dass Max Lehmann eines Tages einlenkt, sei es aus Überzeugung oder auch nur aus Taktik, weil ihm der Enkel sonst vorenthalten werden könnte. Sie hätten es lieber, wenn er sie überraschen würde, aber sie rechnen nicht damit. In anderen Familien sind sich Schwiegervater und Schwiegersohn auch nicht grün, doch sie finden einen Mittelweg zwischen Missachtung und Nettigkeit. So erzählen Freunde von Grete und Artur, mit denen sie über den frostigen Dauerkonflikt gesprochen haben.

Max Lehmann ist noch immer auf dem Stand, auf dem er war, als er für Grete das Auto kaufte. Jahre ist das her. Artur war für ihn Herr Schlesinger und ist es geblieben. Falls er je vorgehabt haben sollte, etwas daran zu ändern, hätte er Artur das Du anbieten müssen. So machen es die Menschen, wenn die Kinder heiraten wollen. Sie arrangieren sich, egal was sie von dem neuen Familienmitglied denken. So ein Mensch ist Max Lehmann nicht.

Für ihn gibt es seine Tochter Grete und seinen Enkel Peter. Sonst niemanden. Max Lehmann tut so, als sei der Kleine unbefleckt empfangen worden. Er ignoriert Artur. Er erwähnt ihn nicht. Als verschwände der leidige Schwiegersohn durch Missachtung allmählich. Als würde Artur sich trollen, weil er seine fundamentale Fehlerhaftigkeit einsieht. Als würde er es seinem Vater nachmachen, der eines Tages verschwunden war und nie wieder zurückkehrte.

Für den späten Dezembertag ist das Wetter ungewöhnlich mild. Gestern, an Heiligabend, war es draußen noch weiß, seit heute aber schmilzt der Schnee. Unverdrossen sind die Kinder mit ihren Schlitten und Schneeschuhen unterwegs zu den Hügeln in der Nachbarschaft. Die Straßen sind frei geräumt. Die Sonne stiehlt sich hinter den Wolken hervor. Es ist Weihnachtsspaziergangswetter.

Artur hilft Grete mit dem Kinderwagen, gibt ihr einen Kuss und verspricht, dass er sie um Punkt 18 Uhr abholen wird. Glücklich ist sie nicht über die erzwungene Trennung am ersten Weihnachtsfeiertag. Sie wird förmlich mit ihren Eltern umgehen und ihrem Vater zu spüren geben, dass es nicht in Ordnung ist, den Enkel zu verwöhnen und dessen Vater zu ignorieren.

Artur wird sich ablenken, er wird nicht über die Demütigung grübeln, das hat er sich fest vorgenommen. Rasch fährt er nach Hause, zieht sich um und geht in seine Werkstatt. Er schließt den Schrank auf, der die Kostbarkeiten birgt, aus denen sich seine Erfindungen zusammensetzen sollen. Er taucht in seine eigene kleine Welt ein.

Noch immer bosselt er an dem Windrichtungsmesser, der sich als schwieriger erweist, als er gedacht hat. An der Grundidee will er erst einmal festhalten. Das ist ein Gestell, auf dem eine zylindrische Glocke sitzen soll, die beweglich sein muss. Was ihm fehlt, ist die zündende Idee, wie er einen Kontaktring am Mittelstab locker befestigen kann. Am Ende soll das Gerät nicht nur Nord und Süd, Ost und West anzeigen, sondern auch Zwischenstufen. Artur hat eine Schwäche für Zwischenstufen. Die Extreme sind für ihn Ausnahmen, während der Wind im Normalfall jenseits davon einfällt und eine genaue Messung fast immer ein Zwischending ergeben wird.

Wenn er sich über seine Erfindungen beugt und darüber sinniert, wo der Kontaktring hingehört, dann ist Artur glücklich. Beim Tüfteln ist er ganz bei sich. Die Werkstatt ist sein Himmelreich. Niemand mäkelt an ihm herum, wenn er nicht vorankommt. Niemand außer ihm selber. Er kann frei entscheiden, wann er an seinen Erfindungen herumwerkelt und wie lange. Er bewegt sich in einem Freiheitskosmos, in dem niemand danach fragt, welcher Religion oder Rasse er angehört. Hier kommt es allein auf Erfindungsgeist und Beharrlichkeit an.

Artur weiß nicht, ob Daimler katholisch war oder Edison ein Mormone. Nie käme er auf die Idee, solche Fragen zu stellen. Ihn interessiert, wie sie den Durchbruch geschafft haben. Was sie davon abgehalten hat, in Resignation zu verfallen, nach diesen zahllosen Tagen, an denen ihnen nichts eingefallen war. Und wie es ist, wenn der Blitz einschlägt, wenn die Erleuchtung kommt, wenn sie wissen: Das ist es jetzt, so muss es sein, jetzt hab ich's!

Auch ihm steht dieser Glücksmoment zu, daran zweifelt Artur nicht. Das Nachdenken über den Kontaktring wird er mit in die Woche nehmen, in der er wieder auf Achse sein muss. Es ist nicht weiter schlimm, dass er seinem Brotberuf nicht mit Leidenschaft nachgeht. Er kommt gut damit klar, Lampen zu verkaufen. Lampen sind modern. Sie erhellen die Dunkelheit. Auch darin liegt Fortschritt, ebenso wie in der Entwicklung des Automobils. Vielleicht fällt ihm sogar eine kleine Verbesserung ein für die bemalten Glaslampen, die in den Wohnungen an der Decke oder seitlich an der Wand hängen. Darüber will er sich nebenbei auch Gedanken machen.

Aber jetzt holt er zuerst einmal seine Frau und seinen Sohn von dem merkwürdigen Besuch in der Rauschwalder Straße ab. Versöhnt mit sich und seinem Nachmittag steht er pünktlich um 18 Uhr vor der Tür. Grete hat schon oben am Fenster nach ihm Ausschau gehalten, verabschiedet sich unterkühlt von ihrem Vater und liebevoll von der Mutter, und schon ist sie mit dem Kinderwagen aus dem Haus.

Beim Abendhalten erzählt Grete ihm, wie es war. Wie erwartet beschäftigte sich der Großvater hingebungsvoll mit dem Enkel, von dem er fand, er gleiche ihm geradezu verblüffend, als kleiner Junge habe er genau so ausgesehen. Bei Gelegenheit werde er Fotos aus diesen Tagen hervorholen. Ansonsten hielt er sich zurück und überließ das Gespräch den Damen, die sich über Kindermode austauschten und sich in ein anderes Zimmer zurückzogen, damit Grete stillen konnte.

Artur ist zu stolz, danach zu fragen, ob der Schwiegervater seinen Schwiegersohn erwähnt hat. Grete, die ihn lesen kann, sagt freimütig, dass ihr Vater wie immer gewesen sei. Er zeige keinerlei Einsicht, keinerlei Veränderung, er lasse ein Gespräch über ihre Hoffnung, der Enkel könnte die Dinge verändern, gar nicht erst zu.

«Es hat keinen Sinn, nach Wegen zu suchen, dass Frieden einkehrt. Mein Vater ist zu einem starrsinnigen alten Mann geworden, der nur noch seine Meinung gelten lässt und die anderer rundweg ablehnt. Wahrscheinlich war er schon immer so, aber früher war er vorsichtiger und ließ meine Mutter auch einmal recht haben. Mittlerweile kann sie ihn nicht mehr umstimmen und resigniert allmählich», fasst Grete ihren Besuch in der Rauschwalder Straße zusammen.

«Und weißt du was? Wir beide kümmern uns von jetzt an nicht mehr darum. Es ist, wie es ist. Er ist, wie er ist. Es ist traurig, dass sich daran nichts mehr ändern wird. Es wäre besser, auch für ihn, vor allem für ihn, wenn es anders wäre. Aber wir drei, du und ich und Peter, lassen uns davon nicht beirren. Lass uns auch nicht mehr darüber grübeln, warum er so ist, wie er ist. Ich werde ab und zu hingehen und Peter vorzeigen. Im Frühjahr spiele ich mit ihm im Garten, der ist wirklich sehr schön und groß. Und damit hat es sich.»

Arturs Eltern: Regine und Jacob Schlesinger.

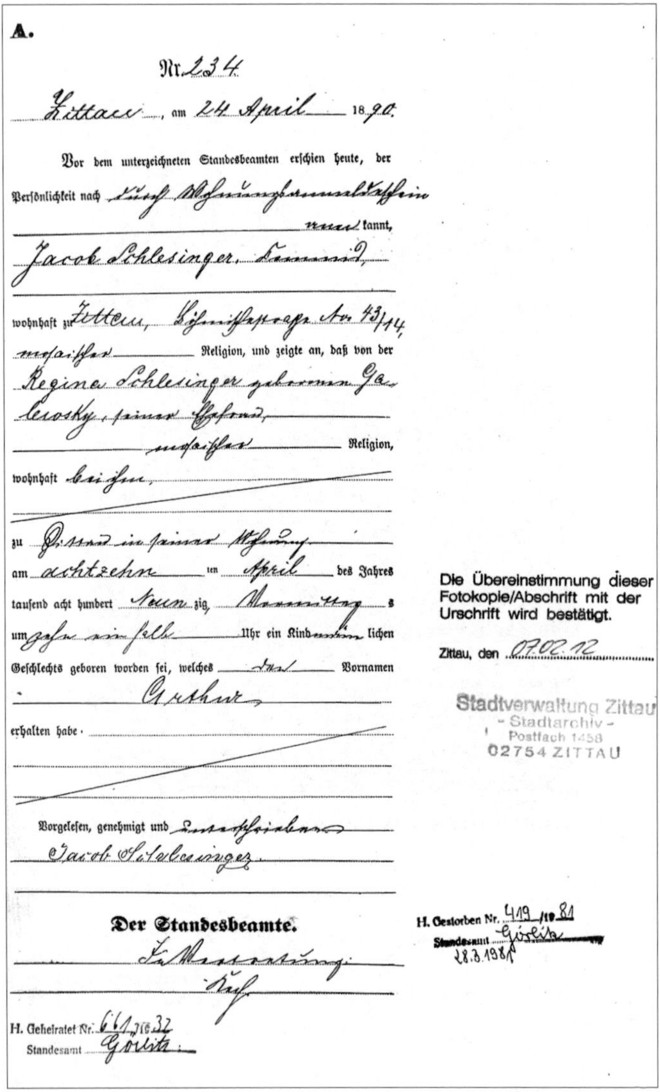

A.

Nr. 234

Zittau, am 24 April 1890.

Vor dem unterzeichneten Standesbeamten erschien heute, der Persönlichkeit nach [illegible] kannt,

Jacob Schlesinger, Kaufmann,

wohnhaft zu Zittau, Schießstraße Nr. 43/44,

mosaischer Religion, und zeigte an, daß von der

Regina Schlesinger geborene Galewsky, seiner Ehefrau,

mosaischer Religion,

wohnhaft bei ihm,

zu Zittau in seiner Wohnung

am achtzehnten April des Jahres tausend acht hundert Neunzig, Vormittags

um zehn ein halb Uhr ein Kind männlichen Geschlechts geboren worden sei, welches den Vornamen

Arthur

erhalten habe.

Vorgelesen, genehmigt und unterschrieben

Jacob Schlesinger.

Der Standesbeamte.

In Vertretung: Koch

H. Geheiratet Nr. 661/1932
Standesamt Görlitz

Die Übereinstimmung dieser Fotokopie/Abschrift mit der Urschrift wird bestätigt.

Zittau, den 07.02.12

Stadtverwaltung Zittau
- Stadtarchiv -
Postfach 1458
02754 ZITTAU

H. Gestorben Nr. 419/1981
Standesamt Görlitz
28.3.1981

Art(h)urs Geburtsurkunde, auf der auch Ort und Zeitpunkt seiner Heirat und seines Todes vermerkt sind.

Eine regionale Berühmtheit – Artur und seine Rennwagen.

Arturs Geschäft: Autoschlesinger in der Berliner Straße in Görlitz.

Obige Erfolge bestätigen den vier Jahrzehnte alten Ruf der Adler-Fabrikate

Autoschlesinger :: Görlitz

Telefon: 1397 **Berliner Straße 46** Telefon: 1397

Generalvertreter der

Adlerwerke

vorm. HEINR. KLEYER A.-G. Frankfurt a. M.

24

Gretes Vater wirbt für seine Fabrik.

Ein Hauch von Großstadt in Görlitz:
das «Café Fledermaus» in der Berliner Straße.

Görlitz in den 30ern: Blick über den Obermarkt.

Blick vom Untermarkt auf das alte Rathaus.

DEUTSCHES REICH

AUSGEGEBEN AM
3. JUNI 1940

REICHSPATENTAMT

PATENTSCHRIFT

№ 691 671

KLASSE **63c** GRUPPE 63 10

Sch 115259 II/63c

Der Erfinder hat beantragt, nicht genannt zu werden.

Ad. Voigt & Co. in Bremen

Lichtüberwachungseinrichtung für Kraftfahrzeuge

Patentiert im Deutschen Reiche vom 12. März 1938 ab

Patenterteilung bekanntgemacht am 9. Mai 1940

Artur als Erfinder: «Lichtüberwachungseinrichtung für Kraftfahrzeuge», anonym beantragt …

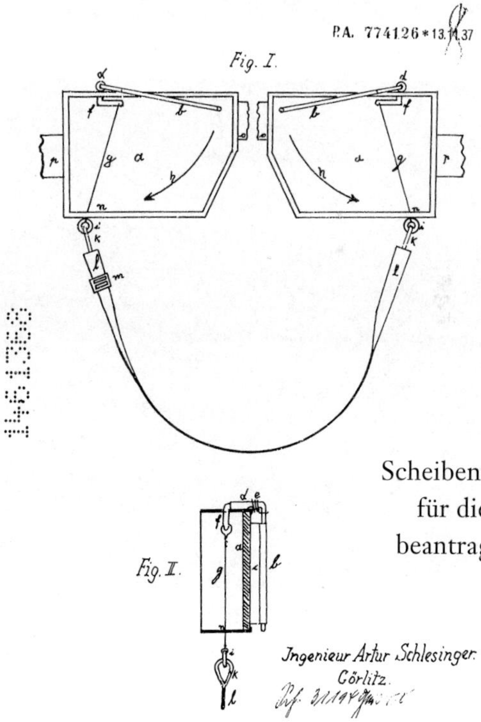

… und Scheibenwischer für die Brille, beantragt 1937.

Hausbau mitten im Krieg: Grete auf der Baustelle.

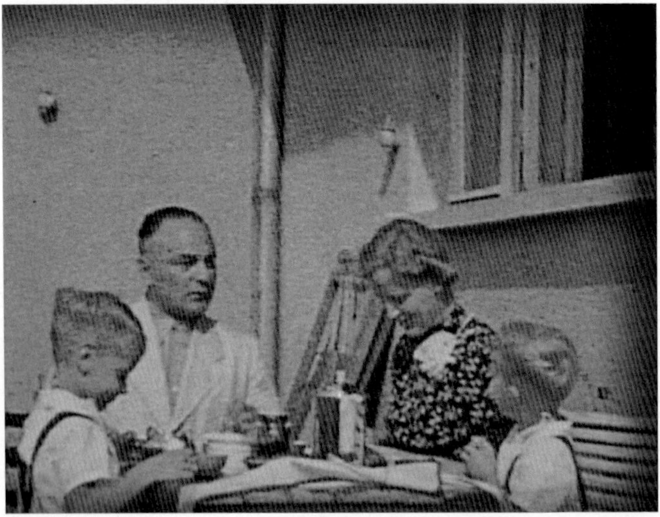

Das erste gemeinsame Frühstück auf der Terrasse.

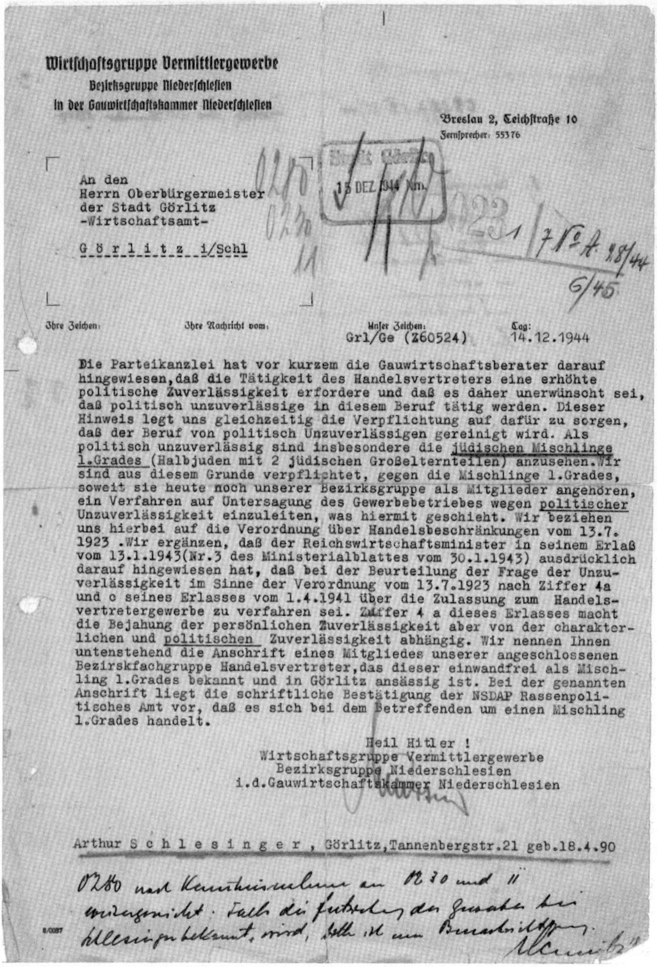

Wirtschaftsgruppe Vermittlergewerbe
Bezirksgruppe Niederschlesien
in der Gauwirtschaftskammer Niederschlesien

Breslau 2, Teichstraße 10
Fernsprecher: 55376

An den
Herrn Oberbürgermeister
der Stadt Görlitz
-Wirtschaftsamt-

Görlitz i/Schl

15 DEZ 1944

Ihre Zeichen: Ihre Nachricht vom: Unser Zeichen: Grl/Ge (Z60524) Tag: 14.12.1944

Die Parteikanzlei hat vor kurzem die Gauwirtschaftsberater darauf hingewiesen, daß die Tätigkeit des Handelsvertreters eine erhöhte politische Zuverlässigkeit erfordere und daß es daher unerwünscht sei, daß politisch unzuverlässige in diesem Beruf tätig werden. Dieser Hinweis legt uns gleichzeitig die Verpflichtung auf dafür zu sorgen, daß der Beruf von politisch Unzuverlässigen gereinigt wird. Als politisch unzuverlässig sind insbesondere die jüdischen Mischlinge 1. Grades (Halbjuden mit 2 jüdischen Großelternteilen) anzusehen. Wir sind aus diesem Grunde verpflichtet, gegen die Mischlinge 1. Grades, soweit sie heute noch unserer Bezirksgruppe als Mitglieder angehören, ein Verfahren auf Untersagung des Gewerbebetriebes wegen politischer Unzuverlässigkeit einzuleiten, was hiermit geschieht. Wir beziehen uns hierbei auf die Verordnung über Handelsbeschränkungen vom 13.7.1923. Wir ergänzen, daß der Reichswirtschaftsminister in seinem Erlaß vom 13.1.1943 (Nr. 3 des Ministerialblattes vom 30.1.1943) ausdrücklich darauf hingewiesen hat, daß bei der Beurteilung der Frage der Unzuverlässigkeit im Sinne der Verordnung vom 13.7.1923 nach Ziffer 4a und c seines Erlasses vom 1.4.1941 über die Zulassung zum Handelsvertretergewerbe zu verfahren sei. Ziffer 4 a dieses Erlasses macht die Bejahung der persönlichen Zuverlässigkeit aber von der charakterlichen und politischen Zuverlässigkeit abhängig. Wir nennen Ihnen untenstehend die Anschrift eines Mitgliedes unserer angeschlossenen Bezirksfachgruppe Handelsvertreter, das dieser einwandfrei als Mischling 1. Grades bekannt und in Görlitz ansässig ist. Bei der genannten Anschrift liegt die schriftliche Bestätigung der NSDAP Rassenpolitisches Amt vor, daß es sich bei dem Betreffenden um einen Mischling 1. Grades handelt.

Heil Hitler!
Wirtschaftsgruppe Vermittlergewerbe
Bezirksgruppe Niederschlesien
i.d. Gauwirtschaftskammer Niederschlesien

Arthur Schlesinger, Görlitz, Tannenbergstr. 21 geb. 18.4.90

«Politisch unzuverlässig»: Artur soll seine Zulassung als Handelsvertreter verlieren.

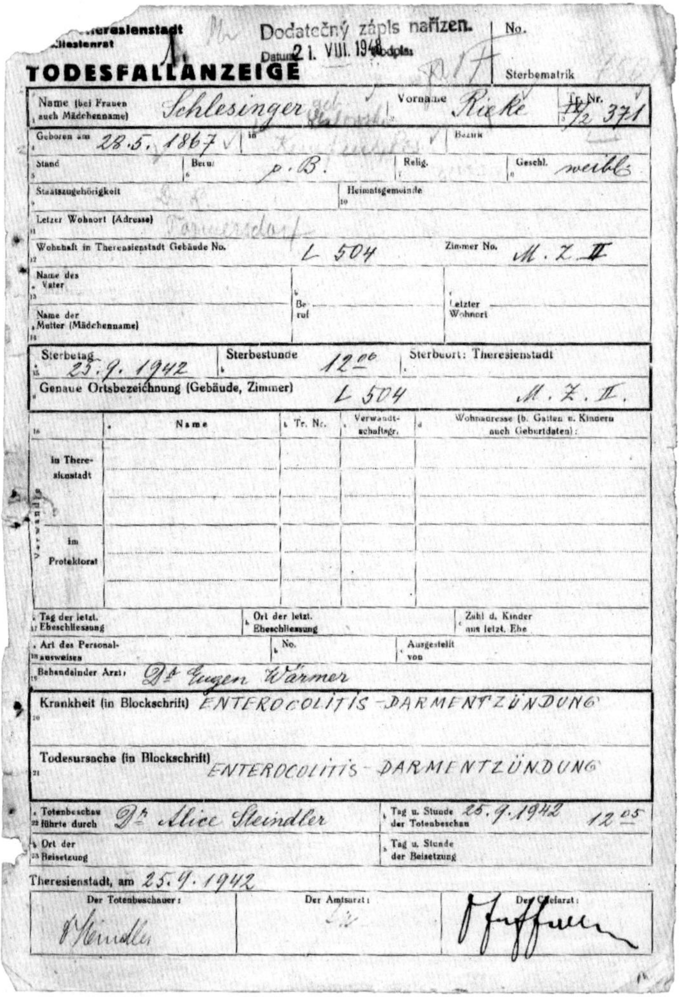
…theresienstadt
…Ältestenrat

Dodatečný zápis nařízen.
Datum 21. VIII. 1948 Podpis:

No.

Sterbematrik

TODESFALLANZEIGE

Name (bei Frauen auch Mädchenname): Schlesinger geb. …	Vorname: Rieke	Tr. Nr. IV/2 371	
Geboren am: 28.5.1867	in: …	Bezirk:	
Stand:	Beruf: p. B.	Relig.:	Geschl.: weibl.
Staatszugehörigkeit:		Heimatsgemeinde:	
Letzter Wohnort (Adresse): …			
Wohnhaft in Theresienstadt Gebäude No.: L 504		Zimmer No.: M. Z. II	
Name des Vaters:	Beruf:	letzter Wohnort:	
Name der Mutter (Mädchenname):			
Sterbetag: 25.9.1942	Sterbestunde: 12[00]	Sterbeort: Theresienstadt	
Genaue Ortsbezeichnung (Gebäude, Zimmer): L 504 M. Z. II.			

	Name	Tr. Nr.	Verwandtschaftsgr.	Wohnadresse (b. Gatten u. Kindern auch Geburtdaten):
in Theresienstadt				
im Protektorat				

Tag der letzt. Eheschliessung:	Ort der letzt. Eheschliessung:	Zahl d. Kinder aus letzt. Ehe:
Art des Personalausweises:	No.:	Ausgestellt von:
Behandelnder Arzt: Dr. Eugen Wärmer		
Krankheit (in Blockschrift): ENTEROCOLITIS – DARMENTZÜNDUNG		
Todesursache (in Blockschrift): ENTEROCOLITIS – DARMENTZÜNDUNG		
Totenbeschau führte durch: Dr. Alice Steindler	Tag u. Stunde der Totenbeschau: 25.9.1942 12[05]	
Ort der Beisetzung:	Tag u. Stunde der Beisetzung:	

Theresienstadt, am 25.9.1942

Der Totenbeschauer:	Der Amtsarzt:	Der Chefarzt:
Steindler		[illegible]

Rieke Schlesingers Todesurkunde aus Theresienstadt.

Wie die Schlesingers in Görlitz: der Romanist und Tagebuchschreiber Victor Klemperer, der Kabarettist Werner Finck und der erste jüdische Auswanderer aus Görlitz, Paul Mühsam.

Endlich ist der Krieg vorbei: Artur und seine Nichte Mira.

Artur feiert Fasching.

Grete am Strand auf Rügen mit ihren Söhnen.

Grete und ihre Enkelin Patricia vor dem Haus in Görlitz.

Familienausflug: Artur und Grete mit ihrer Schwiegertochter und der Enkelin.

Grete im Urlaub.

Das Haus in Görlitz, gebaut mitten im Krieg,
steht noch immer.

«Wenn du meinst, dann wollen wir es in Zukunft so halten. Ich komme damit zurecht. Ich hoffe, du auch.»

«Es fällt mir nicht leicht, aber ich weiß spätestens seit heute, dass wir meinen Vater nicht zum Umdenken bringen können. Und da ich es weiß, werde ich mich darauf einstellen. Einige Zeit wird es dauern, schon wahr, doch ich muss eben unterscheiden zwischen unserer kleinen Familie hier und meiner früheren Familie dort. Wir haben gedacht, wir bringen sie zusammen. Schade, dass es nicht gelungen ist. Aber wir können uns sagen, dass wir viel versucht haben und bereit zur Aussöhnung gewesen wären.»

Artur hat ihr Mienenspiel beobachtet und den Schmerz darin gesehen, doch auch die Entschlossenheit. Auf Grete kann er sich verlassen, das hat er gelernt in den Monaten ihrer Ehe. Es kann der Tag kommen, an dem er darauf angewiesen ist, dass sie zu ihm steht. Ob sie das weiß? Wenn nicht, dann wird sie es wissen, wenn es so weit ist. Artur weiß selber nicht genau, was passieren kann. Er hat nur ein ungutes Gefühl, eine Ahnung. Die Unterhaltung mit den beiden Kollegen in Lauban ist ihm im Sinn geblieben. Sein Leichtsinn, der ihm die vermaledeite Frage einbrachte. Das Schweigen, das sein Name auslöste. Die Gedanken, die in ihm aufkamen.

Grete hat er davon nichts erzählt. Er sollte es nachholen, denkt er und bekommt ein schlechtes Gewissen, weil er es noch nicht getan hat. Sie muss wissen, was los ist. Gerüchte gehen um, dass arische Ehepartner dazu aufgefordert werden, ihre jüdischen Ehepartner zu verlassen und die Scheidung einzureichen. Eine Kombination aus Überzeugungsarbeit und Drohung.

Grete kommt mit einer neuen Flasche Wein aus der Küche zurück. «Ich habe ganz vergessen, dir zu erzählen, dass der Sohn der Vannahmes wieder zu Hause ist. Sie haben ihn schon vor Weihnachten entlassen.»

«Und, wie ist es ihm ergangen? Haben sie ihn nur über Weihnachten freigelassen oder ganz?»

«Soviel ich verstanden habe, ganz. Die Vannahmes haben irgendjemanden an gehobener Stelle gefunden, der entweder ein Einsehen hatte oder sich dazu überreden ließ. Genaueres hat Freya nicht geäußert, sie hat nur eine Andeutung gemacht.»

«Wahrscheinlich haben sie jemanden bestochen. Ich habe gehört, dass es so am ehesten geht. Mit Anwälten erreicht man nichts. Davon lassen die sich nicht beeindrucken. Eine hübsche Summe Geldes kurz vor Weihnachten wird eher überzeugend gewirkt haben.»

«Wie auch immer, ich freue mich für den Jungen und seine Eltern. Was sie durchgemacht haben, möchte ich nicht durchmachen.»

Artur zögert kurz, ob er jetzt von seiner Begegnung in Lauban berichten soll. Dann lässt er es sein. Sie haben genug Schweres ausgetauscht. Das Abendhalten ist als Einkehr gedacht, als Innehalten, aber für die Leichtigkeit, die sie sich beide wünschen, gibt es selten genug Gründe. «Während du in der Rauschwalder Straße warst, habe ich in der Werkstatt an dem Windmessgerät herumgefingert. Weiter bin ich nicht gekommen, aber ich habe das Gefühl, dass ich bald den rettenden Einfall haben werde.»

«Das ist doch mal eine schöne Nachricht. Ich würde es dir wirklich gönnen. Du hast so viel Spaß daran, da dürfte der zündende Funke bald überspringen.»

«Zündender Funke, sagst du. Damit bringst du mich auf eine Idee.»

Sie prosten sich zu, sitzen sich noch eine Weile gegenüber in ihren Sesseln am Fenster, sind erschöpft und aufgemuntert zugleich. In Grete schwingt das beim Abendhalten Gesagte nach, und sie denkt: Wir wollen uns nicht herunterziehen lassen. Wichtig ist, was hier passiert, nicht das, was in der Rauschwalder Straße vor sich geht. Artur behält im Sinn, dass er Grete ein andermal von Lauban erzählen muss und auch von den Gerüchten, dass die Nazis versuchen, Ehepaare auseinanderzubringen. Er findet, dass er gut daran getan hat, sie mit seiner Tüftelei zu erheitern, anstatt noch eine Schwierigkeit auf die andere zu häufen. Alles zu seiner Zeit.

Gemeinsam schauen sie nach dem Kleinen, der mit hoch erhobenen Armen auf dem Rücken schläft, als wollte er im Traum weit in die Welt hinausspringen. Was wohl in ihm vorgeht? Geht überhaupt etwas in ihm vor? Oder sieht er nur Farben und Formen und Gesichter?

«Wir wissen so wenig über ihn», sagt Grete.

«Mach dir keinen Kopf, du hast alles, was er braucht», sagt Artur. «Wenn er Hunger hat, schreit er nach dir. Wenn er getrunken hat, schielt er dich zufrieden an. Er braucht nur dich. Der Rest kommt später.»

Gerührt schauen sie auf Peter herunter, schaukeln leicht die Krippe und gehen auf Zehenspitzen in ihr Schlafzimmer. Grete zieht die Vorhänge zu, kein Mond ist zu sehen, auch morgen soll es mildes Wetter geben. Das ist ungewöhnlich, aber gut für die Fahrt nach Breslau, die Artur bevorsteht. Dann muss sich Grete keine Sorgen um ihn machen. Macht sie sich eigentlich häufig Sorgen um ihn? Mehr jedenfalls, als sie ihn spüren lässt. Aber die Sorgen graben sie nicht um.

Auf dem Weg nach Breslau kommt Artur sein alter Freund Otto in den Sinn. Der könnte ihm bei seinem Problem zur Hand gehen. Otto hat Metalldrücker und Eisendreher gelernt, bevor er in die Politik ging. Er kann wahrscheinlich immer noch feine Sachen drehen. Er könnte sich den Kontaktring anschauen und ihm verraten, wie man ihn anbringt. Aber wo ist Otto?

Otto Buchwitz ist elf Jahre älter als Artur. Sie haben sich im Krieg kennengelernt und sind sich in Görlitz wiederbegegnet. Otto hatte es zum stellvertretenden Landrat gebracht. Er gehörte der SPD an und war ein leidenschaftlicher Gegner der Linken, die sich zuerst in der USPD und danach in der KPD versammelten und an die Revolution glaubten, die sich brave Sozialdemokraten wie Otto schon lange aus dem Kopf geschlagen hatten. Otto war in Ordnung, Otto glaubte an Ordnung. Otto war politisch nicht so weit weg von Artur, der nicht die SPD, sondern die Liberalen wählte.

Sie sahen sich nicht häufig, sie waren nicht die besten Freunde, aber sie mochten sich. Gemeinsam zogen sie durch die Varietés und Kabaretts und Kinos. Sie sangen die Schlager mit und waren am Puls der Zeit. Otto musste nicht andauernd über Politik reden, er konnte fünfe gerade sein lassen. An Artur schätzte Otto, dass der sich nicht ständig in den Mittelpunkt setzte und außerdem gut informiert war, sodass sie sich über die neuesten Nachrichten austauschen konnten. Mehr musste nicht sein. Bei den Sitzungen im Landkreis und in der Partei kam die Politik zu ihrem Recht, und das im Übermaß, wie Otto öfter stöhnend erzählte.

Otto liebte seine Partei, und er litt an seiner Partei. Ohne sie wäre er niemals Landrat geworden. Ihr kam es nicht auf Bildung oder Stand an. Dafür war Otto dankbar, und deshalb zog er für die SPD in die Schlachten gegen Linke wie Rechte. Die SPD war eine staatstragende Partei. Die schönste Zeit war für Otto, als Ebert Reichspräsident und Scheidemann Reichskanzler war. «Das kommt nie wieder», sagte er zu Artur, «denk an meine Worte.»

Zuletzt saß Otto im Reichstag, und spätestens da verlor ihn Artur aus den Augen. Otto Buchwitz gehörte zu den Sozialdemokraten, die es wagten, gegen das Ermächtigungsgesetz zu stimmen, und damit Hitlers Zorn erregten. Als Vaterlandsverräter standen ihre Namen dick und fett in den Hetzblättern.

Was war aus Otto geworden? Entweder saß er jetzt in Dachau oder Oranienburg, den neuen Konzentrationslagern für Staatsfeinde, oder ihm war die Flucht geglückt. Und falls er rechtzeitig geflohen sein sollte, wo war er dann jetzt? In Prag vielleicht oder Paris oder in der Schweiz oder irgendwo in Skandinavien.

Unabhängig davon, ob er ihm einen Ratschlag für den Kontaktring geben könnte oder nicht, interessiert es Artur plötzlich brennend, wie es Otto ergangen ist. Wen könnte er fragen? Fast schämt sich Artur dafür, dass er erst jetzt an Otto denkt, während er durch Dörfer und Städte nach Breslau fährt, dem Ziel dieser Woche. Wäre ich ein guter Freund, sagt sich Artur, hätte ich mich längst nach ihm erkundigt.

Knapp vier Stunden dauert die Fahrt über Bunzlau bis Breslau, die Metropole Niederschlesiens, knapp zweihundert Kilometer, und Artur kommt nicht los von Otto, den er fast schon vergessen hatte. Wie seltsam, wie peinlich, denkt Artur. Bin ich so egoistisch, dass ich erst an ihn denke, wenn ich ein Problem habe?

Er mag Breslau. Mit seiner Mutter und seinen Geschwistern hat er schon als Kind Ausflüge dorthin unternommen. Er mag das Stadtschloss und das Puppentheater und das Nationalmuseum, aber dafür wird er diesmal kein Auge haben. Die Geschäfte in der Innenstadt wird er abklappern und Lampenschirme aller Art anbieten. Innerhalb einer Woche möchte er damit durch sein. Es soll sein größter Auftrag werden, größer, als ihn je ein Vertreter der Firma Schneider abgeschlossen hat. Alle wird er in den Schatten stellen. Viel Geld wird er verdienen. Und er wird diesen Herrn Schneider, diesen kleinkarierten, engstirnigen, gerissenen Menschen, beschämen. Er, der Jude, dem sie das Geschäft weggenommen haben, wird dem Lampenheini zeigen, was er kann.

Gegen Mittag erreicht Artur die Altstadt. Er sucht das Gasthaus auf, in dem er ein Zimmer reserviert hat, und macht sich nach einer kurzen Pause auf den Weg. Im Vorbeigehen betrachtet er die Schaufenster eines Lampengeschäfts, er will die Konkurrenz begutachten. Dann sucht er wie in jeder Stadt nach wohlausgestatteten Läden, deren Ware mit Lampen kombinierbar sind. Dabei stößt er auf ein Möbelgeschäft, das einen seriösen Eindruck macht. Er sondiert die Auslage, beobachtet die Kunden, die hineingehen und herauskommen. Dann betritt er das reich dekorierte Geschäft, das einem Felix Stern gehört, wie groß daran geschrieben steht.

Ein Angestellter kümmert sich um die Kundschaft, ein älteres Ehepaar, das sich offenbar nicht entscheiden kann. Das Mobiliar ist bürgerlich: Büchervitrinen, Glasschränke, wunderbare Eichentische samt schweren Stühlen mit hohen Lehnen, ausladende Teppiche. Was fehlt? Lampen. Stehlampen, Wandlampen, Kristalllüster. Kristalllüster hat die Firma Schneider noch nicht in das Sortiment aufgenommen. Ein Fehler, ein Versäumnis, ein Geschäft, das sich Herr Schneider durch die Lappen gehen lässt. Das hat Artur ihm schon häufig gesagt. Der schlaue Herr Schneider ist eben doch nicht so schlau.

Eine halbe Stunde vergeht, bis Felix Stern persönlich auftaucht. Ein seriöser Herr mit gewaltig abstehenden Ohren und freundlichen Augen. Herr Stern mustert Artur, der sich wie üblich vorstellt und seine Honneurs macht. Erstaunlicherweise gibt Herr Stern sofort zu, dass in sein Geschäft Lampen gehören, als Teil der Inneneinrichtung, die von der gutbürgerlichen Kundschaft erworben werden kann. Oft schon hat sich Herr Stern, so erzählt er dem verblüfften Handelsvertreter aus Görlitz, über den Mangel geärgert und sich vorgenommen, Abhilfe zu schaffen.

Artur hört dem heiteren Herrn Stern ruhig zu. Eine neue Taktik, denkt er sich. Dieser Kaufmann lässt sich nicht überreden, sondern gesteht das Versäumnis ein. Was wohl als Nächstes kommt? Artur ist auf der Hut. Er kennt mittlerweile seine Pappenheimer. Er lässt sich nicht mehr überraschen. Aber Artur hat sich mit überflüssigem Misstrauen vollgesogen. Herr Stern meint, was er sagt. Herr Stern nutzt die Gelegenheit und bestellt über den Handelsvertreter Artur Schlesinger bei der Firma Schneider in Görlitz jede Menge Ware, damit seine Kunden nicht mehr in das nächstgelegene Lampengeschäft gehen müssen, um sich zum gehobenen Mobiliar mit Leuchtware auszustatten. Fortan wird die Firma Stern ihre Kundschaft rundum versorgen. Ja, Herr Stern denkt sogar daran, einen Elektriker einzustellen, der in die Wohnungen geht und dort Stehlampen, Wandlampen, Tischlampen und Schreibtischlampen fachgerecht anbringt.

Nicht Artur umwirbt den Breslauer Geschäftsmann, sondern Felix Stern redet sich freiwillig in Schwung. Artur sitzt da und nimmt die Bestellung wie ein Lehrling auf. Sie wächst und nimmt nicht ab wie sonst, wenn den Kaufmann der Mut verlässt, sobald es um das liebe Geld geht und Artur ihm bedeutet, dass Rabatt nicht vorgesehen ist. Nein, Herr Stern fragt Artur nach besonderen Modellen und bestellt in seiner Begeisterung noch mehr davon.

Artur weiß nicht, wie ihm geschieht. Er sitzt auf der Chaiselongue in Sterns Büro und bittet um ein Glas Wasser. Heute wird er an einem einzigen Tag in einem einzigen Geschäft eine größere Bestellung aufnehmen als im ganzen Landkreis Lauban.

Schnell sind sie sich handelseinig, und zur Bekräftigung holt Herr Stern eine Flasche Sherry und zwei Gläser aus der Vitrine. Er prostet Herrn Schlesinger zu und ist ungemein vergnügt. Artur ist noch immer auf Überraschungen gefasst. So etwas wie hier ist ihm noch nicht passiert. «Sagen Sie, mein Lieber», beginnt Herr Stern und leckt sich die Lippen. «Wie gehen Ihre Geschäfte denn sonst?»

«Na ja, nicht immer so gut wie mit Ihnen, Herr Stern, nicht immer, leider», antwortet Artur lächelnd. Er kann gar nicht anders, er bleibt bei der Wahrheit. Angeben oder Drumherumreden liegt ihm nun einmal nicht. Und Herr Stern ist sicherlich nicht unbedarft. «Bei Ihnen habe ich eine offene Tür eingerannt. Andere Kunden verlangen Rabatte, die ich nicht gewähren kann. Sie bestellen zuerst und ziehen dann wieder zurück. Im Normalfall aber mache ich mittelgroße Geschäfte, von denen ich gut leben kann.»

«Ich nehme an, Sie bekommen Prozente pro Bestellung, richtig?» Artur nickt. «Dann verdienen Sie einen Batzen Geld an mir», sagt Herr Stern genießerisch.

Was kommt jetzt?, fragt sich Artur. Mein Misstrauen legt sich einfach nicht, stellt er eher sachlich fest. Im Normalfall ist es angebracht.

«Darf ich Sie etwas Persönliches fragen?», greift Herr Stern das Gespräch nach einer kleinen Pause wieder auf. Sein Ton wechselt. «Ihr Name und mein Name haben einen eigenen Klang. Sind auch Sie Jude, jedenfalls nach den neuen Gesetzen?»

Artur fühlt sich unbehaglich und ringt sich unwillig zu einer angemessenen Antwort durch. «Ich bin ein Ungläubiger, was die Religion angeht. Ich bin in der Kindheit nicht allzu oft zur Synagoge gegangen, und als ich wählen durfte, bin ich Protestant geworden. Kein gläubiger Protestant, doch fand ich, dass diese Religion zu mir passt. Sie gibt der

Moderne Raum, wenn Sie verstehen, was ich meine. Ich beschäftige mich viel mit technischen Dingen. Vor vielen Jahren war ich hier in Breslau Werkstudent. Danach habe ich mich auf Automobile spezialisiert. Sie waren mein Lebensunterhalt und sind noch immer meine Leidenschaft.» Artur kommt ins Reden, findet aber nicht aus der Unbehaglichkeit heraus. Ich rede zu viel, denkt er, auch wenn Herr Stern gelassen und wohlwollend zuzuhören scheint. Er war es ja, der diese Unterhaltung begann, nicht Artur.

«Die Nazis machen mich wieder zum Juden, und das finde ich grotesk. Die werfen mich auf meinen Taufschein zurück. Die wollen mich kleinmachen mit ihren Rassegesetzen. Wenn es nur um Religionszugehörigkeit ginge, wäre ich weniger beunruhigt. Denen aber geht es um Rasse. Die mögen uns nicht. Was glauben Sie, was die noch vorhaben?»

«Ich weiß es nicht», antwortet Herr Stern. «Ich wünschte, ich wüsste mehr. Nichts Gutes, das ist schon einmal klar. Aber wie viel Schlechtes?»

«Freunde von mir sind vor einem Jahr ausgewandert. Sie sahen die Dinge klarer als ich. Selbst wenn ich es wollte, hätte ich keine Ahnung, wohin ich gehen sollte. Ich spreche keine Fremdsprache. Mich nähme wahrscheinlich kein anderes Land freiwillig auf.»

«Sagen Sie das nicht. Sie mit Ihren Fertigkeiten, mit Ihren technischen Kenntnissen, kämen vermutlich anderswo zurecht. Ich aber müsste mein Geschäft aufgeben. Ich müsste es für einen Appel und ein Ei verkaufen und in einer fremden Stadt in einem fremden Land neu anfangen. Das traue ich mir nicht zu.»

«Vielleicht fehlt es uns nur an Phantasie», sagt Artur. «Oder vielleicht haben wir nicht genügend Angst. Berechtigte Angst. Angst, die uns umkehren ließe. Die uns zu Konsequenzen zwänge. Und wenn die Angst uns eines Tages packen sollte, ist es womöglich zu spät.» Artur nippt am trockenen Sherry, zu trocken für seinen Geschmack. «Auf der Fahrt hierher kam mir ein alter Freund in den Sinn, an den ich lange nicht gedacht hatte und von dem ich lange nichts gehört habe. Ein Politiker, in der SPD. Leute wie er verschwinden heutzutage in Lagern oder Zuchthäusern. Dort sitzen sie dann und fragen sich, jedenfalls glaube ich das, warum sie sich haben erwischen lassen, womöglich ohne Gegenwehr. Womöglich waren sie davon überrascht, wie schnell es ihnen an den Kragen ging. Andauernd geht es jetzt politisch Verfolgten oder Juden an den Kragen. Juden wie meinem Freund Paul, dem sie die Notarlizenz entzogen haben. Von den Nazis ernannte Juden wie mir, der ich mich für keinen Juden halte, aber deswegen die Vertretung für Automobile eingebüßt habe. Wir dürfen nur noch sehr wenig in diesem Land, wir dürfen immer weniger.»

«In größeren Städten wie Breslau ist es nicht so schlimm. Hier haben wir Freiräume. Mein Geschäft blieb mir bisher erhalten. Meine Nachbarn haben mir noch nicht die Scheiben eingeschlagen. Im Gegenteil, sie haben mich beschützt, als in den anderen Straßen der Mob tobte. Unser Geschäft gibt es schon viele Jahre. Der Name Stern klingt vielleicht nicht unbedingt nach einem Juden, ich weiß es nicht. Jedenfalls halte ich viele Nazis für nicht besonders intelligent. Außerdem sind sie gierig, also bestechlich. Das ist unsere Überlebenschance, glaube ich.»

«Ihr Wort in Gottes Ohr», versucht es Artur mit Auflockerung, «in jedes Gottes Ohr.» Die Unterhaltung greift ihn an. Er umkreist das, worauf es ankommt, ungern so lange und so intensiv und schon gar nicht mit einem Fremden. Herr Stern ist offenbar so redselig wie offenherzig. Wohin aber sollen solche Unterhaltungen führen? Sie lösen nichts.

Sie drehen sich im Kreis. Man tauscht Ohnmacht aus, schale Lebensstrategien.

Artur zieht begrenzte Unterhaltungen vor. Es genügt doch, wenn er weiß, wo Herr Stern steht, und Herr Stern weiß, wo Artur steht. Dafür müssen sie nicht viele Worte machen. Jetzt aber tun sie so vertraut miteinander, dass sie vieles wie selbstverständlich teilen. Dabei sind sie doch gerade erst Geschäftspartner geworden. Nicht als Privatmenschen, sondern als Geschäftsinhaber und Handelsvertreter. Normalerweise beschränken wir uns darauf und gehen unserer Wege, sagt sich Artur.

Wohin führt das, wenn wir uns so weit tragen lassen? Und warum machen wir das? Artur hält die Offenherzigkeit für einen seltsamen Reflex, der den Menschen die Zunge löst. Das bleibt meistens folgenlos, kann aber gefährlich sein. Doch was könnte schon daraus folgen? Ein Entschluss? Ich könnte meine Papiere fälschen und einen anderen Namen annehmen, weniger verdächtig, denkt Artur. Zu spät, das geht nicht mehr, nicht mit Frau und Kind und nicht in Görlitz. Also bleibe ich in Deutschland und hoffe darauf, dass es mich länger geben wird, als es die Nazis gibt. Ewig bleiben die nicht. Ewig ist gar nichts. Das ist Arturs Lebenserfahrung aus über vierzig Jahren. Erst machen sie Deutschland groß und dann wieder klein. War doch immer so. Erst hat Bismarck Deutschland geeint und ausgedehnt, und dann hat Willem Zwo Deutschland geschrumpft, weil er den Krieg verloren hat.

«Hitler bedeutet Krieg», hat Paul gesagt. Mit all der Überzeugungskraft, mit der er immer über Hitler geredet hat. Krieg kann es geben, glaubt Artur, muss es aber nicht. Und wenn es zum Krieg kommen sollte, was würde das für ihn und Grete und Peter bedeuten?

Jetzt weiß Artur wieder, warum ihm solche Gespräche

Unbehagen bereiten. Es hat keinen Sinn, wenn er sich überhebt. Er überhebt sich aber, wenn er ins Große ausschweift. Er findet, es steht ihm nicht zu, seinen Lebenskreis zu verlassen. Nur darin kennt er sich aus. Darin findet er sich zurecht. Dort kann er Einfluss üben und Entscheidungen fällen. Niemand aber kann ganz genau wissen, was morgen oder übermorgen in Deutschland passieren wird. Mit diesem Hitler. Mit den Nazis. Mit dem Führer-Wahnwitz. In Frankreich, liest Artur, könnte es bald eine linke Regierung geben. In Amerika ist jetzt ein Mann Präsident, dem man vertrauen kann, liest Artur. In England ist es unübersichtlich. Artur informiert sich. Artur versucht, einen Überblick zu bekommen. Und Artur ist einsichtig genug zu wissen, was er überblicken kann und was nicht.

Mit einem dicken Auftragsbuch verabschiedet sich Artur vom mitteilsamen Herrn Stern und dankt für die Bewirtung. Herr Stern begleitet Artur zur Ladentür und schaut ihm hinterher. Angenehmer Mensch, dieser Vertreter, denkt er. Freut sich über die unverhoffte Großbestellung und ist zugänglich für ein vertrauliches Gespräch. Das ist nicht selbstverständlich, so etwas erlebt man nicht jeden Tag. Herr Stern ist zufrieden. Er hat eine Entscheidung gefällt, die er Herrn Schlesinger vorenthalten hat. Vertraulichkeit begrenzt man besser, ist seine Erfahrung.

Herr Stern hat einen Käufer in petto, der ihm einen anständigen Preis für sein Geschäft bietet. Noch ist Zeit zu gehen. Noch sind die Nazis froh über jeden Juden, der freiwillig das Land verlässt. Herr Stern wird seine Wohnungseinrichtung einschiffen und nach New York ausreisen. Verwandte in Amerika haben ihm und seiner Familie Visa besorgt. In Amerika wird er sich sein kleines Reich einrichten, das ihn an Breslau erinnern soll. Bis es so weit ist, wird er der Geschäftsmann sein, der er immer war. Die Geschäftserweiterung mit Lampen aller Art ist die Idee seines Nachfolgers.

Für stolze Juden wie Herrn Stern ist Deutschland keine Heimat mehr. Heimat ist dort, wo die Sterns gerne gesehen sind. Sie haben heimlich Englisch gelernt. Englisch ist leichter als Hebräisch. Amerika ist ein großes Land, sicherer und größer als Palästina. Herr Stern ist auch kein Zionist, sondern ein konservativer Deutscher, der sich in einen konservativen Amerikaner zu verwandeln gedenkt.

Diese Zeit verlangt uns Deutschen große Entscheidungen ab, sagt Hitler. Herr Stern hat eine Entscheidung getroffen. Offensichtlich gehört er damit einer Minderheit in Deutschland an. Noch. Schade eigentlich, dass der sympathische Herr Schlesinger nicht so weit zu denken scheint. Oder hat auch er nicht alles gesagt? Der Gedanke gefällt Herrn Stern. Mit ihm tritt er zurück in seinen Laden.

Zufrieden mit sich selber und mit dem Tag schlendert Artur durch die Straßen von Breslau. Er betrachtet die Schaufenster, vergleicht die Auslagen, überlegt, ob er seinen finanziellen Aufschwung mit Geschenken für Grete und den kleinen Peter feiern soll, und ist fröhlich über den unverhofften Gang der Dinge. Herr Schneider wird große Augen machen, wenn er das Auftragsbuch sieht. Vielleicht geht das ja so weiter, hier in Breslau? Nein, sagt er sich, natürlich nicht, kann gar nicht sein. Herr Stern ist die Ausnahme, die die Regel bestätigt. Die Regel ist Mühsal. Überredungskunst, angewandt auf Geschäftsleute, die vielleicht kaufen wollen, vielleicht auch nicht. Schwankende Kunden sind der Normalfall. Artur findet Unentschiedenheit zwar ärgerlich, kann sie aber auch verstehen. Investitionen in dieser Zeit sind immer ein Wagnis.

Was mit Herrn Stern wohl los war? Ungewöhnlich, absolut ungewöhnlich. Ein Geschäftsmann, der freudig bestellt und gar nicht genug bekommen kann. Er muss gute Geschäfte gemacht haben, sonst hätte er nicht so viel Geld für Neubestellungen auf der hohen Kante. Die Firma Lampen Schneider liefert erst nach beträchtlicher Anzahlung einen Teil der Ware. Sie wartet zunächst ab, ob der Käufer solvent ist. So ist das Geschäftsgebaren, so ist es immer gewesen. Vorsicht gehört dazu. Misstrauen ist gut, Kontrolle ist besser. Von wem stammt der Satz noch mal? Artur denkt angestrengt nach. Der Name will ihm nicht einfallen. Egal. Recht hat der Mann.

Artur grübelt im Schlendern noch ein bisschen über den schwungvollen Herrn Stern, dann hat er genug davon. Er beschließt, keine weiteren Kunden aufzusuchen, wie er es eigentlich vorhatte. Er wird sich eine Pause gönnen. Heute will Artur seinen Großerfolg nicht durch einen Normalabschluss oder gar durch einen Misserfolg mindern. Ein zweiter Herr Stern wird ihm nicht gleich über den Weg laufen. Erst morgen wird er weiter seine Runden drehen. Er sagt sich, bloß nicht zu viel erwarten. Ein Herr Stern läuft einem zu. Man kann niemanden dazu bringen, mehr zu kaufen, als er will. Er muss es selber wollen.

In einem Spielzeugladen kauft Artur einen Bogen, an dem eine Rassel, ein Quietschkissen und ein kleiner Spiegel hängen. Peter fängt an, seine Umgebung wahrzunehmen. Grete kann ihn auf eine Decke unter den Bogen legen, damit ist der Kleine dann für eine Weile beschäftigt. Für Grete fällt Artur auf Anhieb nichts ein. Morgen wird sich etwas finden. Als er vor sich hin trottet, vergnügt in Gedanken versunken, sieht er vor dem Kaufhaus Wertheim ein Schild, auf dem steht: «Wer beim Juden kauft, hilft dem Weltbolschewismus.»

Weltbolschewismus: was für ein monströses Wort. Die Nazis haben eine Schwäche für monströse Wörter, sie pumpen sie auf und lassen sie steigen, und dann hängen sie am Himmel wie schwarze Wolken. Weltjudentum. Artur wird von solchen Wörtern schwindelig. Wertheim gehört jetzt also zum Weltbolschewismusweltjudentum. Immerhin sehen die Nazis offensichtlich Grund dafür, die Monster zu beschwören. Die orgelnden Aufrufe zum Boykott jüdischer Geschäfte in diesem und im vorigen Jahr haben die Leute noch nicht davon abgehalten, den Weltbolschewismus zu fördern, indem sie beim Juden Wertheim einkaufen.

Breslau ist jetzt Gauhauptstadt für Nieder- und Mittelschlesien. Eine Gauhauptstadt, in der die Nazis früh schon stark vertreten waren. Und trotzdem sind nicht alle Arier zu eingeschüchtert, um beim Juden zu kaufen? Das lässt hoffen, findet Artur.

Er hat in der Zeitung gelesen, dass Breslau 625 198 Einwohner hat, und wenn sich davon, wie sie bei der Volkszählung 1933 festgestellt haben, 3,2 Prozent als Juden verstehen, dann sind das knapp zwanzigtausend Menschen. In Breslau besteht der Weltbolschewismus also aus zwanzigtausend Juden, erstarkt durch beharrlichen Einkauf bei Wertheim. Wenn der Weltbolschewismus immer stärker wird, was passiert dann mit den Nazis? Und wie stark muss der Weltbolschewismus noch werden, damit die Nazis Angst bekommen und davonlaufen?

Artur hat eine Vorliebe für Zahlen. Er liest sie. Er merkt sie sich. Sie bleiben haften. Ohne sein Zutun setzen sie sich in seinem Gedächtnis fest. Er jongliert mit ihnen. Er ist sich nicht einmal bewusst, dass er sie im Kopf hat, aber wenn es darauf ankommt, sind sie da. Er holt sie hervor, schaut sie an wie kostbare Dinge und spielt mit ihnen.

Manchmal fragt er sich, wie kurz oder lang die Verfallszeit seines Zahlenspeichers wohl sein mag. Manchmal hat er auch Angst, dass ihm die liebgewordenen Zahlen abhandenkommen, ohne dass er es merkt. Wahrscheinlich verhilft ihm die Angst dazu, sein Gedächtnis zu bewahren. Paul kannte Gedichte auswendig. Artur kennt Zahlen auswendig. Ist doch auch was.

Breslau, die schöne Stadt, sie ist ihm jetzt vergällt. In der «Schlesischen Zeitung» stand, dass die Nazis eine Frau vor dem Rathaus angebunden haben, ein Schild am Körper, auf dem stand: «Ich bin ein Judenliebchen». Scheußlich. Widerlich. Was die sich einfallen lassen. Soll Artur jetzt auf den Weltbolschewismus hoffen? Was für ein Wahnsinn. Er steigt in seinen Wagen und fährt in das Gasthaus, in dem er für ein paar Tage wohnen wird. Diese Stadt ist jetzt eine Nazi-Stadt.

Ein Gasthof ist wie der andere. Die Zimmer sind klein und sauber. Die Bettwäsche ist klamm. Über dem Bett hängt ein Kreuz. Der Nachttisch wackelt. Sich am Waschbecken zu waschen ist etwas für Akrobaten. Im Gastraum herrscht Hochbetrieb, die übliche Mischung aus Einheimischen und Geschäftsreisenden wie Artur. Sorgfältig schaut er sich um, bitte keine unangenehmen Menschen, und setzt sich dann zu einem Einheimischen, der vor seinem Bier sitzt und in einem Buch liest. Wer liest, ist nicht neugierig, sagt sich Artur und entbietet den Abendgruß. Der Mann trägt eine Brille, ist schätzungsweise in den Vierzigern, brummelt den Gruß zurück und blättert eine Seite um. Artur ist sich jetzt weniger sicher, dass es sich um einen Einheimischen handelt.

Artur liest nur selten ein Buch. Auch verzichtet er in Gasthäusern auf Zeitungslektüre. Ein anderer Gast könnte ja auf den Gedanken verfallen, über eine Schlagzeile ein Gespräch anzufangen. Jeder Austausch mit Fremden birgt Tücken. Nie weiß man, mit wem man es zu tun hat. Alles ist möglich, im Guten wie im Schlechten. Jemand kann harmlos sein oder sich verstellen oder einem gleich das Wort im Mund umdrehen. Artur steckt noch die Unterhaltung mit den beiden anderen Vertretern in Lauban in den Knochen. Mit seinem Misstrauen verstellt er sich die Redseligkeit, zu der er neigt. Ich muss mich überlisten, hat er sich gesagt.

Da es aber auch verdächtig sein kann, einer Unterhaltung auszuweichen oder sie ins Leere laufen zu lassen, verzichtet Artur sicherheitshalber ganz auf Plaudereien, die in ungeahnten Bahnen verlaufen könnten. Der schweigsame Leser an seinem Tisch kommt ihm gerade recht. So kann Artur seinen Gedanken nachhängen.

Jetzt schon ist er gespannt, was Herr Schneider zu diesem Breslauer Großauftrag sagen wird. Er möchte wetten, dass Herr Schneider zwiespältig reagieren wird. Je höher die Bestellung, desto größer Arturs Anteil; diesmal dürfte er sich auf zweitausendzweihundert Reichsmark belaufen. So viel verdient Artur sonst in einem Monat, wenn es gut läuft.

Herr Schneider gehört zu jenen Geschäftsleuten, die lange über den Verdienst eines Vertreters kritteln, anstatt sich am eigenen Profit zu erfreuen. Herr Schneider ist ein Neidhammel. Vertreter mag er eigentlich nicht. Auch Artur nicht, obwohl er ihn angeworben hat. Wahrscheinlich denkt er, seine Vertreter machen auf eigene Rechnung Zusatzgeschäfte. Er hält sie für tückische Wesen, denen man besser nicht über den Weg traut.

Vermutlich ist es so, dass Herr Schneider Menschen generell nicht mag, denkt Artur und nippt am Bier. Vertreter sind zweifelsohne ein eigener Schlag, und Herr Schneider bekommt das Gefühl nicht los, dass er ihnen einen Gefallen tut, den sie ihm nicht danken. Natürlich ist das Unsinn. Ohne die Vertreter wäre Herr Schneider auf Geschäft und Fabrik angewiesen, und nicht zufällig heuert er eine ganze Kompanie von Vertretern an, die seine Quellen sprudeln lassen. Er braucht sie. Sie brauchen ihn. Ein Geschäft auf Ge-

genseitigkeit. Vielleicht sollte Artur ihm das einmal verklickern.

Vielleicht aber auch nicht. Artur hat den zarten Hinweis auf sein Judentum nicht vergessen. Herr Schneider liebt es, seine Vertreter in Schach zu halten, und mit Artur hat er leichtes Spiel. Jedem Vertreter kann er von heute auf morgen kündigen. Artur sowieso. Und wenn er dann noch in Umlauf bringt, um wen es sich da handelt, im Jahr 1935, da doch die Juden aus dem öffentlichen Verkehr schon ausgesondert worden sind: Davor graut Artur. Davor hat er Angst. Die Stellung als Handelsvertreter bringt ihm guten Verdienst ein. Er will sie nicht verlieren. Darum ist es besser, er hütet seine Zunge.

Zurückhaltung ist gut in dieser Zeit. Zurückhaltung ist das Gegenstück zum Gejohle und Gelärme auf den Straßen und in den Festhallen. Die einen verfallen ins Schweigen, weil die anderen lostoben. Wer Diskretion übt, hat seine Gründe. Das Grölen verrät den Sieger. Der Sieger aber mustert den Schweiger argwöhnisch. Ist es ein Arier, der nicht mitmacht? Aus welchen Gründen ziert er sich? Oder ist er ein Jude/Kommunist/Sozialdemokrat/Homosexueller/Verbrecher und hält sich deshalb zurück? Wer nicht mitjohlt, ist verdächtig.

Solange er als Vertreter unterwegs sein kann, ist er ja dabei. Er hat ein Auto. Er hat eine Bescheinigung, dass er für die Firma Schneider unterwegs ist, deren Waren er an den Mann zu bringen versucht. Ein Vertreter ist ein Geschäftsmann im Auftrag eines anderen Geschäftsmannes, der ihm die Ware anvertraut.

Und so sitzt Artur in einem Gasthaus in Breslau, ein Fremder unter Fremden. Unbeobachtet von seinem Bücher lesenden Gegenüber. Ganz einfach ein Durchreisender in Erwartung seines Abendmahls. Alles gut.

Plötzlich fällt die Temperatur im Gastraum. Zwei Männer in SA-Uniform sind eingetreten und nehmen an ihrem Stammtisch Platz. Sie gebärden sich nicht angeberisch, als Herrenmenschen, sie reißen noch nicht einmal den rechten Arm hoch und schreien ihr «Heil Hitler» heraus. Nein, sie unterhalten sich, bestellen etwas zu essen und zu trinken, benehmen sich wie normale Gäste. Aber das Dutzend Männer und die drei Frauen im Wirtshaus sitzen mit einem Mal wie in Habtachtstellung. Ihre Unterhaltungen setzen sie leiser fort, die Uniformen im Blick. Kälte ist hereingebrochen. Druckabfall wie im Gebirge. Schlagwetter jederzeit möglich.

Artur schaut sich aus den Augenwinkeln um. Er beendet seine Brotzeit, leert sein zweites Glas Bier und bittet um die Rechnung. Ausdruckslos nennt ihm die Bedienung den Betrag. Er grüßt gleichmütig und verlässt gemächlich das Gasthaus. Erleichtert und beschwert zugleich bettet er sich in die klammen Laken, denkt noch einmal an Otto Buchwitz, den aus den Augen verlorenen Freund, und an Herrn Stern, seinen Großkunden. Artur versteht sich jetzt wieder darauf, das Unangenehme vom Angenehmen zu trennen.

21.

Näher kommende Einschläge

In das «Merk- und Tagebuch aus dem Leben unseres Kindes» trägt Grete ein, was dem kleinen Peter widerfährt. Zur Taufe am 10. November 1934 bekommt er Geschenke: einen Eierbecher und Löffel von Ruth Fernbach; Messer und Gabel von Elli Holländer; eine silberne Tasse von Familie Wurms; einen Serviettenring von Anneliese; zwei Lätzchen mit Blumen von Familie Jacobs; siebzig Reichsmark von Mutter Lehmann. Wie seine Mutter ist er ein getaufter Christ. Wie seine Mutter und sein Vater, der Konvertit, ist er Protestant.

Wie Grete und Artur es sich gedacht hatten, erschien Max Lehmann nicht zur Taufe in der neoromanischen Lutherkirche, was auch Pastor Schulz seltsam fand. Trotzdem schiebt Grete den Kinderwagen regelmäßig in die Rauschwalder Straße. Hinter dem Kontorhaus und dem Hof für die Lastkraftwagen, die das Holz anliefern oder abfahren, liegt der herrliche Garten der Lehmanns mit vielen Apfel-, Birnen-, Kirschen- und Pflaumenbäumen. Auf der saftig grünen Sommerwiese haben schon die kleine Grete und ihr Bruder Hans auf einer Decke im Gras gelegen. So geht das Leben immer weiter, jetzt wird Peter von der üppigen Natur umfangen.

Aber so schnell kommt Peter heute nicht in den Garten. Zuerst empfängt ihn der Großpapa in seinem dunkel getäfelten Patriarchenbüro. Max Lehmann legt sich mit dem Kleinen auf den Boden oder packt ihn vor sich auf den Schreibtisch und macht so viel Heitatei und Grinsegrimassen, wie es sich für einen Großvater gehört. Mit dem Jungen auf dem Arm spaziert er zu den Sekretärinnen in den Vorzimmern und zu den Vorarbeitern der Furnierfabrik und führt den besten Enkel der Welt vor, der dem besten Großvater der Welt ungewöhnlich ähnlich sieht, wie Max Lehmann befindet und sich von jedem Vorbeikommenden wortreich bestätigen lässt.

In Max Lehmann muss sich viel schlechtes Gewissen angesammelt haben, auch wenn es gegen seinen Starrsinn noch immer nicht aufkommt. Nun erfährt der Kleine all die Liebe, der seine Tochter entwachsen ist. Seht her, ein kleiner Lehmann, trompetet Max Lehmann durch sein Kontor und über den Hof. Der Vater des Kleinen? Existiert nicht. Peter ist ein Lehmann und kein Schlesinger, keine Widerrede. Ein Patriarch hat immer recht, vor allem, wenn er unrecht hat. Nur wenn Grete in der Nähe ist, hält sich der aufgedrehte Großvater zurück.

Als Max Lehmann seine Tour beendet hat, gehen Mutter und Großmutter mit Decke und Spielzeug in den Garten und suchen sich ein schattiges Plätzchen, denn auch Mitte September kann die Sonne noch stechen. Die Großmutter schleppt einen Picknickkorb an, aus dem sie Kaffee und Kuchen zaubert. Wieder einmal weiß sie nicht, ob Grete ein ernsthaftes Gespräch zulassen wird, geschweige denn, wie sie es anstellen soll.

«Geht es dir gut, Kind?», fragt sie, bemüht um einen lockeren Tonfall.

«Natürlich geht es mir gut. Und Peter auch. Und Artur auch. Uns allen geht es gut. Jedem Einzelnen und allen miteinander.»

«Hat Artur eigentlich mal darüber nachgedacht, Deutschland zu verlassen?»

Über Gretes Gesicht fliegt Unmut. «Freunde von uns sind gegangen, und daher haben wir auch das eine oder andere Gespräch darüber geführt, was auf uns zukommen könnte. Aber wir sind hier, und hier bleiben wir auch.» Grete hat sich vorgenommen, ruhig zu bleiben, wenn ihre Mutter im Auftrag des Vaters solche Vorstöße unternimmt. Sie will erwachsen antworten, nicht wie das beleidigte Kind, das sie nicht mehr ist.

«Vater und ich sorgen uns um dich. Um euch, sollte ich sagen. Wir lesen ja Zeitung. Wir lesen, was sie auf dem Parteitag beschlossen haben. Macht dir das nicht Angst?»

«Oh ja, es macht mir Angst, manchmal. Aber worauf willst du hinaus? Was hat Papa dir aufgetragen?»

«Ach, sei doch nicht immer gleich so. Wir machen uns Sorgen. Sorgen um dich.»

«Das müsst ihr nicht. Wir kommen zurecht.»

«Nicht dass wir Zweifel an dir hätten.»

«Woran denn dann?»

«Ob das gutgehen kann, weil ja Artur – nun ja, weil er einer von denen ist, die Hitler nicht mag.»

«Was hat Papa gesagt? Dass es ein Fehler war, Artur zu heiraten? Ein Kind mit ihm zu haben? Das übliche Gerede?»

«Es ist nun einmal so, wie es ist. Du hast ihn geheiratet. Du hast ein Kind mit ihm. Du bist seine Frau. Aber wir fragen uns, ob das so bleiben sollte.»

«Wie? Ich verstehe nicht.»

«Es ist doch so, dass Juden jetzt übel mitgespielt wird. Sie machen ja richtige Gesetze darüber, was die Juden alles nicht mehr dürfen. Sie hetzen sogar gegen Ehepaare, bei denen ein Teil Jude ist. Dein Vater meint, bald würden sie euch das Leben schwermachen.»

«Du meinst, er hofft darauf, dass ihm die Nationalsozialisten die Tochter zurückgeben?»

«Aber nein, Kind, wir machen uns Sorgen um dich. Ja, vor allem um dich.»

«Warum eigentlich vor allem um mich?»

«Weil du doch anders kannst. Artur hat ja keine Wahl.»

«Lasst euch ein für alle Mal gesagt sein, dass eine Scheidung für mich nicht in Frage kommt, nur weil Papa und Herr Hitler das gut fänden. Ich habe mich, wie ihr wisst, aus Liebe für Artur entschieden, und er gibt mir keinen Grund, an seiner Liebe zu zweifeln. Außerdem hat er wieder Arbeit, und bald wird er auch seinen Durchbruch als Erfinder schaffen. Ihr könnt euch also so viele Sorgen oder auch Hoffnungen machen, wie ihr wollt, aber ohne mich.»

«Ach, Kind, lass uns damit aufhören. Peter ist so ein süßes Kind. Und er läuft ja auch fast schon wie ein Großer.»

Erleichtert wendet sich die Großmutter dem Enkel zu. Im Tagebuch steht, dass er sich am 22. Juni zum ersten Mal im Laufstall aufgerichtet und festgehalten hat. Wenige Tage vor dem Besuch im Obstgarten, am 28. August, ist er seine ersten drei Schritte gelaufen und torkelt nun schon einigermaßen sicher an der Hand. Zu seinen ersten Worten gehören, großzügig bemessen, Opa und Oma, was natürlich vor allem den Opa verzückt.

Mutter und Tochter nehmen Zuflucht in der Bewunderung des Jungen, der so früh so viel gelernt hat. Grete bleibt im Garten, bis der Schwefelgeruch des Gesprächs weitestgehend verflogen ist. Schließlich bricht sie auf, sagt ihrem Vater und ihrer Mutter auf Wiedersehen. Sehr höflich, sehr freundlich.

Sie ist verwirrt, fast aufgelöst, denn von den Dingen, die ihre Mutter gesagt hat, von den neuen Gesetzen, weiß sie nichts. Ich bin zu sehr auf Peter bedacht, wirft sie sich vor, als sie den Kinderwagen durch den lauen Sommerabend schiebt. Ich muss herausfinden, was sie in Nürnberg beschlossen haben. Es ist schrecklich, dass ich so etwas nicht mitbekomme, so etwas Wichtiges für uns. Ich muss öfter den Volksempfänger einschalten. Offenbar entgeht mir mehr, als ich auch nur ahne. Und ausgerechnet meine Mutter muss mich darauf bringen.

Beim Abendhalten erzählt Grete von dem Gartenbesuch. Sie verschont Artur mit Einzelheiten, die ohnehin an seinem Ohr vorbeiströmen würden. Dann fragt sie ihn, was in Nürnberg beschlossen wurde, von Hitler und Göring und Goebbels. Artur holt weit aus, er sagt, man wisse jetzt, dass es vierhundertfünfzigtausend Volljuden und fünfzigtausend konvertierte Juden in Deutschland gibt. Immer diese Zahlenhuberei, denkt Grete. Der Unterschied ist aber gar keiner, sagt Artur, denn Jude ist, wen sie dazu erklären. Es hängt nur von der Ahnenreihe ab, sagt er. Drei Generationen Juden zurück, und du bist Volljude. Zwei Generationen zurück, und du bist Halbjude.

«Und was bedeutet das für uns?»

«Ich habe Glück, denn ich bin schon mit dir verheiratet. Wenn wir noch nicht verheiratet wären, könnten wir nicht mehr heiraten. Für Verheiratete gilt Bestandsschutz, weil Gesetze nicht rückwirkend erlassen werden dürfen. Merkwürdigerweise halten sich sogar die Nazis daran.»

«Und was wäre, wenn wir nicht geheiratet hätten?»

«Wenn heute ein Jude wie ich und eine ‹Deutschblütige› wie du etwas miteinander haben, dann betreiben sie Rassenschande, und Rassenschande ist ab jetzt verboten und wird bestraft.»

«Da haben wir aber Glück gehabt, Bübi.»

«Das haben wir sowieso, Mädi.»

Den restlichen Abend vertrödeln sie mit Lobreden über

das Kind, das tagtäglich Fortschritte macht. Immer mehr Schritte, immer mehr Wörter. Artur erzählt noch beiläufig, dass Herr Schneider wenig erfreut zu sein scheint, wenn er mit erstaunlich vollen Auftragsbüchern wiederkehrt. Er gibt eben ungern ab, sagt er lakonisch, als Grete fragt, warum Schneider sich so komisch verhält. Die Lässigkeit ist aufgesetzt. In Wahrheit beunruhigt Artur das Gebaren des Firmenchefs. Die Erklärung, dass Herr Schneider ein Geizkragen ist, reicht ihm selber nicht mehr aus. In ihm bohrt das Gefühl, dass sich da etwas anbahnt. Aber was?

Mehr noch beunruhigt ihn, wie wenig Grete sich informiert. Früher war das anders. Da blieb sie auf dem Laufenden, las Zeitungen, hörte den Rundfunk, ging ins Kino, sah die «Wochenschau» und teilte ihm ihre Eindrücke mit. Sie nahm anders wahr als er. Ihr fielen andere Details auf als ihm. Meistens aber stimmten sie im Wesentlichen überein.

Jetzt ist Grete ganz Mutter, vernachlässigt Anneliese und ihre anderen Freundinnen. Vielleicht ist es normal, dass Mütter sich mit Kleinkindern isolieren. Ich glaube, sie war selber bedrückt, dass sie nachfragen musste, was es Neues gibt, grübelt Artur in sich hinein.

Was da wohl im Obstgarten vor sich gegangen ist? Er schüttelt die Gedanken ab. Er will gar nicht wissen, was ihre Eltern diesmal zu Grete gesagt haben. Bestimmt nichts Gutes. Ob Grete sich davon am Ende doch beeinflussen lässt?

Während Artur sich bettfertig macht, rumort Grete noch in der Küche. Artur stutzt kurz, geht dann hin zu ihr und nimmt sie in den Arm. «War nicht leicht, heute bei deinen Eltern, nicht?»

«Es ist immer dasselbe, immer sagen sie: Kind, wir machen uns Sorgen. Ist denn alles in Ordnung? Hast du nicht Angst vor den Nationalsozialisten? Ich kenne das, und du kennst das auch. Aber falls du dir Sorgen um mich machen solltest, mein lieber Ehemann, so sei dir gesagt, dass uns niemand auseinanderbringen kann. Nicht meine Eltern, nicht Herr Hitler. Wenn wir uns nur einig sind, ist alles gut.»

«Danke, dass du das sagst.»

Beim Zähneputzen denkt Artur, die Einschläge kommen näher. Halten wir das aus?

Beim Zähneputzen denkt Grete, wir schaffen das.

Eigentlich ist Artur glücklich. Ihm ist der zündende Funke gekommen. Der elektrische Windrichtungsmesser, er ist nicht länger ein Problem, er ist gebaut. Vollendet. Der Kontaktring sitzt in der Mitte auf Nord / Süd fixiert. Die zylindrische Glocke bewegt sich locker im Gestell. Der Wind drückt auf den Mittelstab, löst den Kontakt aus, und schon weiß der deutsche Kraftfahrer, aus welcher Richtung der Wind weht. Das Gerät zeigt wie erhofft nicht nur Nord, Süd, Ost und West an, sondern auch Zwischenstufen.

Von seiner Erfindung könnten viele Nutzen haben. Der Wetterdienst. Die Armee in ihren Unterständen. Die Automobilindustrie. Artur hört gar nicht auf, sich zu freuen. Am Abend zuvor hat er mit Grete auf seinen Durchbruch angestoßen. Jetzt überprüft er das Gestell, die Glocke, den Kontaktring, den Mittelstab. Er probiert es immer wieder, und es klappt immer wieder. Er kann es kaum glauben. Wie lange hat er daran herumgebosselt. Wie oft hat er sich den Kopf zerbrochen. Auf seinen Lampenschirm-Anpreisungstouren ging ihm seine Erfindung ständig durch den Kopf. Gelegentlich träumte er sogar davon.

Nur deshalb, weil die Erfindung stockte, war ihm Otto Buchwitz in den Sinn gekommen. Wie gerne würde Artur ihm davon erzählen, dass er seinen Ratschlag suchen wollte, wenn er nur gewusst hätte, wo sich Otto aufhält. Heimlich hat er sich erkundigt, bei einem Sozialdemokraten namens Karl, der kurz in Haft gesessen hatte, aber wohl aus der

Sicht der Nazis nur ein kleines Licht war. So ließen sie ihn laufen. Seitdem will er nichts mehr von Politik wissen. Mit zwei halbwüchsigen Kindern fiel ihm diese Entscheidung leicht.

Trotzdem weiß Karl manches, zum Beispiel auch, dass Otto Buchwitz nach Dänemark gegangen sein soll, ins Exil. Von dort aus organisiert er angeblich die Flucht für Parteigenossen nach Schweden und Norwegen. Otto bleibt Otto, wie gut zu wissen.

Artur sitzt auf seinem Stuhl vor der Drehbank und bewundert seinen Windrichtungsmesser. Seine erste Erfindung! Er hat selber nicht daran geglaubt, dass er es schaffen würde. Ihm hat es ja eigentlich genügt, Autos auseinanderzunehmen. Erst Grete hat ihn darin bestärkt, seine Ideen zu verfolgen. Irgendwann hat er selber daran geglaubt, dass es ihm gelingen würde. Ich muss einfach anfangen ohne Grübeln, ob es gelingen kann, dann wird es schon.

Es war so wie damals, als er beschloss, Werkstudent in Breslau zu werden. Wie wichtig das war, wurde ihm erst hinterher bewusst. Für ihn ist es nicht selbstverständlich, höher hinauszustreben. Niemand hat es ihm vorgemacht, niemand ermuntert. Wäre sein Vater so einer gewesen, der den Ehrgeiz im Sohn weckt? Oder hätte er ihn für verrückt erklärt? Er kann es nicht wissen. Manchmal findet er das schade.

Genauso gut möglich ist es, dass Artur die Bescheidenheit angeboren ist. Erfinder müssen aber unbescheiden sein. Sie müssen mehr wollen. Sie müssen es sich zutrauen, auch wenn sie niemanden haben, der sie ermutigt. Und wenn sie nicht selber darauf kommen, muss jemand so tun, als sei es selbstverständlich, dass einer wie Artur auch einmal über sich hinausstreben sollte. So ein Jemand wie Grete.

Vielleicht hat ihm dieser neue nationalsozialistische Frankfurter Generaldirektor bei Adler sogar einen Gefallen getan, als er ihm gekündigt hat. Die Demütigung hat in Artur etwas ausgelöst. Sein Leben dreht sich zwar weiterhin um das Automobil, aber nicht mehr nur um die Adler-Coupés und die Adler-Limousinen. Artur wird jetzt in die Geschichte eingehen als ein Mann, der die Technik sämtlicher Marken verfeinert hat.

Und wenn das Glück auf seiner Seite bleibt, wenn es ihm gelingt, auch noch einen Lichtspiegel zu bauen, eine Erfindung, die für den Autofahrer noch wichtiger ist als der Windrichtungsmesser, dann wäre endgültig erwiesen, dass die Kündigung ein Glücksfall war. Damit soll allerdings keineswegs gesagt sein, dass aus Artur Schlesinger ohne Kündigung kein Erfinder geworden wäre.

Doch was macht Artur jetzt mit seinen Erfindungen? Ein Erfinder, von dem die Welt nichts weiß, ist kein Erfinder. Jedermann kann von sich behaupten, er sei einer, womöglich ein verkannter. Der Unterschied zwischen einem richtigen und einem falschen Erfinder ist aber einfach herauszufinden. Den macht das Patentamt. Ein Erfinder darf sich nicht scheuen, seine Erfindung einzureichen, sagt sich Artur. Das Patentamt macht die Probe aufs Exempel.

Aber darf er das überhaupt noch? Gerade erst hat er Grete erklärt, was die Nationalsozialisten auf dem Nürnberger Reichsparteitag beschlossen haben. Er ist nicht mehr Reichsbürger wie die «Deutschblütigen», sondern nur noch Staatsangehöriger. Er darf an Fest- und Feiertagen nicht die Hakenkreuzfahne aufziehen, worauf er zwar gut verzichten kann, aber andererseits weiß dann jeder in der Straße, wer da oben unbeflaggt wohnt. Doch nirgendwo steht geschrieben, dass Juden keine Erfindungen anmelden dürfen. Er, Artur Schlesinger, hat etwas erfunden, und so wird er das Patentamt in München von seinem Windrichtungsmesser – ein Segen für die deutsche Automobilindustrie – in Kenntnis setzen. Niemand verbietet es ihm.

Artur fragt sich nur, ob es besser wäre abzuwarten, bis er auch noch den Lichtspiegel erfunden hat, oder ob er jetzt schon nach München schreiben soll. Darüber wird er gleich mit Grete reden. Das sollten sie gemeinsam entscheiden.

Grete hat Besuch. Sie hat sich nach dem Schock über ihre Ignoranz vorgenommen, wieder mehr unter Menschen zu gehen. Freya Vannahme ist zu Kaffee und Kuchen heruntergekommen. Die beiden Frauen mögen sich. Grete hat ihre Scheu überwunden und betrachtet Freya als ältere Freundin, und Freya sieht Grete als jüngere Freundin an, der sie vertrauen kann, nicht nur aus der Not heraus. Gerade hat ihr Grete davon erzählt, dass sie schmerzlich bemerkt hat, wie sehr sie die Konzentration auf das Kind von der Außenwelt abgeschnitten hat.

«Ach, wissen Sie», sagt Freya, «ich glaube, mir ist es damals mit meinem Sohn auch so ergangen. Junge Mütter gehen eben erst einmal in ihrer Mutterschaft auf. Das legt sich, sobald Sie sich daran gewöhnt haben. Offenbar hat es sich ja schon gelegt, sonst würden Sie sich keine Vorwürfe machen. Es ist nicht schlimm. Sie haben es ja gemerkt. Ich habe viel länger dazu gebraucht als Sie.» Aufmunternd lächelt sie Grete zu. «Im Übrigen finde ich es ganz zauberhaft, dass Sie mich ins Vertrauen ziehen, Grete.»

«Mir tut es gut, mit Ihnen darüber zu reden», sagt Grete schon weniger verkrampft. «Ach, Artur, komm herein.» Artur steht strahlend in der Tür und begrüßt Freya Vannahme. «Ich würde gerne ein Gläschen mit den Damen trinken. Mir ist eine famose Idee gekommen.»

«Ja, welche denn?», fragt Grete.

«Es geht um die Erfindung. Mir ist es doch endlich gelungen, das Windrichtungsmessgerät fertigzustellen. Dummerweise weiß die Welt noch nichts davon, und das möchte ich ändern. Also habe ich mir überlegt, meine Erfindung beim Patentamt anzumelden. Was sagst du, Mädi?»

Beide Frauen sind verblüfft. «Meinst du denn, die nehmen deine Erfindung an?» Grete wagt nicht, zu sagen, was sie denkt. Frau Vannahme schaut von einem zum anderen. «Sie haben vollkommen recht, Herr Schlesinger. Beim Patentamt geht es um die Frage, ob eine Erfindung wirklich neu ist oder ob so ein Gerät, wie Sie es erfunden haben, schon existiert. Daher können Sie nur gewinnen, denn was Sie erfunden haben, gibt es noch nicht. Das wissen wir alle.»

Grete ist Freya dankbar. Die hat gesagt, was ihr selbst hätte einfallen sollen. «Jawohl, Freya – Artur, du machst das, und dann werden wir sehen.»

Artur fliegt fast in die Küche und holt eine Flasche Sekt. Zu dritt stoßen sie an. Auf die Erfindung. Auf den Mut. Auf die Schlauheit.

«Eigentlich bin ich mit der Frage herübergekommen, ob ich jetzt gleich dorthin schreiben soll oder ob es besser ist, wenn ich zuerst meine zweite Idee verwirklicht habe.»

«Warum sollten Sie warten?», fragt Freya Vannahme, die sich als erfahrene Frau in der Runde wohlfühlt. «Genau, warum solltest du abwarten?», sagt Grete und nickt Freya lächelnd zu. «Jawohl, die Damen, es wird nicht gewartet», lacht Artur und prostet beiden zu.

«Wie geht es denn Ihrem Sohn in London?», fragt Artur und setzt sich im Sessel auf.

«Danke der Nachfrage, Theodor geht es gut. Er studiert Rechtswissenschaft an der London School of Economics. Ich glaube, das Studium ist sehr anstrengend, aber er beschwert sich nicht. Im Gegenteil scheint er sogar froh darüber zu sein, dass er bis über beide Ohren in den Büchern steckt.»

«Und, Freya, hat er sich wirklich von den Strapazen hier erholt?»

«Hat er. Für den Rest muss die Zeit sorgen. Ich bin froh, dass er in England ist. Ich glaube, dass er dort bleiben wird. Bleiben sollte, muss ich sagen.»

«Haben Sie ihn denn schon besucht, Frau Vannahme?»

«Mein Mann versucht, seine Geschäftsreise so einzurichten, dass er in London einen Zwischenaufenthalt einlegen kann. Und ich war schon zweimal drüben. Es ist wirklich alles gut.»

«Wie alt ist Ihr Sohn eigentlich?» Typische Artur-Frage denkt Grete und muss lächeln.

«Er wird bald einundzwanzig. Ich nehme an, aus ihm wird ein richtiger Jurist. An dieser Schule lehren sie auch viel Nationalökonomie, wofür er sich ebenfalls stark interessiert. Er ist ein begabtes Kind – ein begabter junger Mann, der frühzeitig erwachsen geworden ist. Ihm steht die Welt jetzt wieder offen.»

Zu dritt plaudern sie gemütlich vor sich hin. Nicht mehr so ernst, eher leicht, danach ist ihnen jetzt. Der Sekt tut seine Wirkung.

Irgendwie sind wir gerade wie aus der Zeit gefallen, denkt Freya Vannahme. Wie angenehm es ist, mit vertrauten Menschen beieinanderzusitzen, denkt Grete, die jetzt weniger mit sich hadert. Wie schön es ist, in einem Haus ohne feindselige Menschen zu wohnen, sagt sich Artur, der schon im Geiste das Anschreiben an das Patentamt in München entwirft. Wie redet man ein Patentamt an? Wie formuliert man seine Erfindung? Was gilt es zu bedenken? Wer kann ihm da helfen?

22.

Unter Menschen, unter Menschen!

Die Mühsams haben geschrieben. Sie leben in Haifa. Es geht ihnen gut, steht in dem kurzen Brief. Die neue Sprache ist schwierig, aber es geht voran. Das Klima ist ganz anders als in Deutschland. An die Hitze müssen sich Paul und Irma erst gewöhnen. Viele Grüße. Wir vermissen euch.

«Meinst du, sie fühlen sich wohl?», fragt Grete.

«Ich hoffe doch. Froh müssen sie ja sein, dass sie fortgegangen sind. Was sich seither ereignet hat, gibt ihnen immer mehr recht. Ich bewundere Paul für seine Weitsicht.»

«Du hast einmal gesagt, Paul sei so etwas wie ein lebender Vorwurf für dich. Ist er es immer noch?»

«Na ja, schon, aber anders. Irma und er haben eine Entscheidung gefällt. Sie hätten es schwer gehabt, schwerer als wir, weil beide Juden sind. Ich frage mich nur, ob sich ältere Menschen verpflanzen lassen. Für mich könnte ich es mir nicht mehr vorstellen. Und du? Du bist jung.»

«Mir taten Paul und Irma unendlich leid, weil sie gehen mussten, weil sie glaubten, sie müssten gehen. Paul ist älter als du und nicht so beweglich. Er war Anwalt, und als er es nicht mehr sein durfte, ging für ihn die Welt unter. Er war Schriftsteller, und als sie seine Bücher verbrannten, verbrannte er mit. Oje, ich sage schon: war. Aus dem Brief geht nicht hervor, ob er wieder Notar ist und schreibt, oder?»

Noch einmal beugen sie sich über die Zeilen fein ziselierter Schrift. «Ob sie wohl wissen, was in Deutschland passiert?», fragt Artur. Er macht sich fertig für den Sonntagsbesuch bei seiner Mutter. Der Kleine quengelt schon in seiner Sonntagstracht. Grete probiert einen Hut und schaut skeptisch in den Spiegel. «Bestimmt. Ich glaube, sie müssen sich immer wieder versichern, dass sie richtig gehandelt haben.»

Endlich brechen sie auf. Peter kuschelt sich an seinen Vater. Ihm ist nicht danach, im Wagen zu liegen. Artur mag das. Das weiche, warme Kindergesicht an der Wange. Den schon ganz schön strammen Körper an seinen gepresst. Sehr wohlig. Artur war den größten Teil der Woche weg. Jetzt holt sich Peter, was er vermisst hat. Grete betrachtet fröhlich Vater und Sohn, die vor ihr durch das Herbstlaub stapfen.

Mehr als fahles Licht gibt die späte Oktobersonne nicht her. Dafür ist es erstaunlich mild. Sie gehen zu Fuß die halbe Stunde in die Mittelstraße. Gegen seine Gewohnheit hat Artur keine Lust zu fahren. Er ist oft genug und lange genug im Wagen unterwegs. Manchmal denkt er, das ist sein zweites Zuhause. Selbst ihm, dem Automobil-Enthusiasten, ist das hin und wieder zu viel.

Auf dem Untermarkt steht eine Menschengruppe und lauscht einem Stadtführer. «Aha, wieder ein paar Opfer für den Schuster», sagt Artur. Görlitz ist die Stadt des Schuhmachermeisters Jakob Böhme, der eine Schuhbank auf dem Untermarkt gekauft hat und dort seinem Handwerk nachging. Sein Büchlein, das er mit «Morgenrot» und nicht mit der lateinischen Übersetzung «Aurora» überschrieb, gab er Freunden zum Lesen. Nur weil sie es heimlich kopierten und veröffentlichten, wissen die Görlitzer, dass ihr Schuhmachermeister auch ein Denker war, ein Mystiker.

Grete und Artur haben in der Schule gelernt, dass er ein

Protestant war, der ohne Kirche auskommen wollte und Luther vorwarf, der sei nicht weit genug gegangen. Auch sie mussten als Kinder die Stadtführung ertragen, vom Reichenberger Turm über den Untermarkt bis zum Ufer der Neiße. Weder Artur noch Grete haben etwas von ihm gelesen, aber ihnen ist, als würden sie alles kennen, so genau wissen sie über sein Leben Bescheid. Nur der Name des Pastors der Kirche St. Peter und Paul, der Böhme als Ketzer auf dem Scheiterhaufen lodern sehen wollte, fällt ihnen nicht ein.

Peter schläft mittlerweile im Kinderwagen. Grete schiebt. Artur hat sich bei ihr eingehakt. Das Laub raschelt, es sollte endlich regnen.

Großmutter Rieke hat den Morgen in Vorfreude verbracht. Wie immer steht der Kuchen auf dem Tisch, der Kaffee brodelt. Das Geschenk für Peter ist diesmal ein kleiner Würfel mit einem eingebauten Spiegel.

Rieke hat Briefe mit ihrer Tochter Hertha in Mühlhausen gewechselt. Herthas Mann Max war zuerst Kantor in der Synagoge und ist jetzt Rabbiner, ein Mann im Dreiteiler, ein Zivilist, kein Orthodoxer, ein Liberaler. Sie haben eine Tochter, Myriam, die sie Mira rufen. Ein aufgeklärter deutscher Rabbi in einer aufgeklärten jüdischen Gemeinde mit einer aufgeklärten Familie, aber was nützt das schon?

«Ich mache mir Sorgen», sagt Rieke, die genug vom Bespaßen des Kindes hat. «Es ist alles so schwierig geworden, und Juden sollten sich besser zurückhalten. Aber Max ist Rabbiner und kann sich nicht wegducken.»

«Denken Sie denn daran fortzugehen?», fragt Grete und fragt sich gleich selber, ob sie jetzt so redet wie ihre Mutter. «Das glaube ich nicht», antwortet Rieke und geht in die Küche, um frischen Kaffee zu brühen.

«Wie bist du eigentlich mit deinen Schwestern ausgekommen?», wendet sich Grete an Artur.

«Rose steht mir näher. Sie hat ja auch mein Geschäft geführt und dazu die Buchhaltung gemacht, solange sie in Görlitz lebte. Hertha war enger mit Max. Wir waren ja vier. Da bilden sich Pärchen. Jedenfalls war es bei uns so.»

Rieke schenkt Kaffee nach. «Du musst dich nicht schuldig fühlen, dass wir Juden sind», sagt Artur mit warmer Stimme, die ihn selber erstaunt. «Daran ist niemand schuld. Und dafür schämen wollen wir uns auch nicht. Niemand kann etwas dafür. Und wer hätte schon gedacht, dass es nach so langer Zeit hier bei uns wieder Pogrome geben könnte?»

«Pogrome sind viel schlimmer. Pogrome sind viel mehr als nur ein paar verbrannte Bücher und Gejohle», sagt Rieke. «Mir hat noch mein Großvater davon erzählt, was ihm sein Großvater erzählt hat. Das war wirklich schrecklich.»

«Hitler kann sich noch steigern, da bin ich mir sicher», sagt Grete sarkastisch. Sie kann sich nicht erinnern, dass ihr so ein Gedanke vorher gekommen wäre. Hat sie Angst?

«Großmama», lenkt sie ab, «in welche Richtung schlägt denn unser Peter? Ist er so wie Artur damals? Oder wie Max?»

«So recht weiß ich das nicht. Er sieht schon aus wie Artur, aber Artur sah auch Max ähnlich. Die Augen, der Mund.»

«Und kommen die Buben nach dem Vater?», fragt Grete. Artur schaut entsetzt.

Rieke setzt sich aufrecht in den Sessel. Niemand außer ihr kann wissen, wann sie zum letzten Mal an ihren verlorenen Ehemann gedacht hat. «Jacob sah gut aus», sagt sie dann gelassen. «Ja, die Buben kommen nach ihm. Und manchmal sehe ich durch Peter hindurch Artur und auch Jacob.»

Grete strahlt ihre Schwiegermutter an. «Das gefällt uns. Das habe ich mir gedacht. So muss es sein.»

Rieke geht die Unterhaltung zu weit. Sie steht auf und sagt, sie müsse mehr Kuchen holen, obwohl die Platte gut gefüllt ist. In der Küche stößt sie Luft durch die Nase aus und hält sich an der Spüle fest. So weit zurück hat sie schon lange nicht mehr gedacht.

Sie liebt ihre Schwiegertochter, die nie den Ton verfehlt und immer liebenswürdig ist. Artur kann sich glücklich schätzen, dass er so eine fabelhafte Frau gefunden hat. Nach so vielen Jahren und so vielen Versuchen mit Frauen, die nicht in Frage kamen. Und jetzt auch noch ein Kind! Wie sie Grete einschätzt, möchte die bald noch ein zweites haben. Und wie sie Artur kennt, wird er ihr den Wunsch nicht abschlagen.

Artur kommt tatsächlich nach Jacob. Auch Jacob war freundlich und passte sich gerne an. Aber Artur hat einen festen Kern, im Gegensatz zu seinem Vater. Der Vater ließ sich treiben, mochte sich nicht festlegen, übernahm ungern Verantwortung, machte viel Aufhebens um seine Religion, ohne dass sie gewusst hätte, wie ernst er es damit meinte oder ob alles nur eine Ausrede war, damit er nicht zu Hause sein musste, wenn er es nicht wollte. Rieke bekam Kind auf Kind auf Kind auf Kind, alle innerhalb weniger Jahre, weil sie damals nicht wusste, wie sie verhüten sollte, wobei sie Kinder auch wirklich liebte. Aber eigentlich nicht vier, wenn der Vater oft außer Haus war und alles an ihr hängen blieb und sie niemanden hatte, an den sie sich hätte anlehnen können.

Sie schüttelt sich. Warum nur steigt so viel in ihr hoch? Eine einzige Frage, und alles ist wieder da. Sie träumt neuerdings von den frühen Jahren. Wie sie sich kennenlernten, in Zittau. Wie er um sie warb. Wie sie sich zierte, als er drängte. Wie sie heirateten, schmucklos. Geld war rar. Ihre erste Wohnung, klein und behaglich. Das erste Kind, der Max, der im Krieg blieb. Der Junge, der den Vater ersetzen musste, als der gegangen war. Und wie lange sie gehofft hatte, Jacob würde wiederkommen und erwachsen sein, ein Mann an ihrer Seite, der Vater ihrer Kinder. Aber nichts da. Er blieb verschollen. Er bestrafte sie dafür, dass sie ihn nicht mehr haben wollte. So kam es ihr vor.

Den Kindern hat sie verheimlicht, dass er vermutlich gestorben ist, schon 1897. Sie weiß nicht, woran. Sie weiß verzweifelt wenig, und vielleicht stimmt das mit dem Tod auch gar nicht. Weg ist weg. Als Witwe hat sie sich nie gefühlt, immer nur als verlassene Frau.

Und so ist sie jetzt allein in dieser gefährlichen Zeit, die ihr Angst macht. Noch mehr Angst, als sie zugibt. Artur lebt sein Leben. Rose lebt ihr Leben. Hertha ihres. Artur kümmert sich am meisten um sie. Artur, der schwierig war und ist. Heute allerdings nicht, das fällt ihr auf. Seine Stimme klingt anders.

«Nie würden wir so miteinander reden, wenn die Zeiten anders wären», sagt Rieke zurück im Wohnzimmer. «Das ist so gut, wie es schlecht ist.»

Peter fordert jetzt sein Recht, und alle Erwachsenen stürzen sich auf den Sonnenschein, dem die geballte Aufmerksamkeit gefällt. Er sagt Oma zur Oma, Mama zur Mama und Papa zu Papa, schleckt Sahne und muss umgehend frisch angezogen werden, wofür sich Schwiegermutter und Schwiegertochter bereitwillig zurückziehen.

Artur sitzt im Wohnzimmer, das er nicht mag. An seinen Bruder hat er immer nur als den Toten im Krieg gedacht, nicht an den großen Bruder, der er war. Auch Hertha hat er aus dem Blick verloren. Hertha ist fern, in Thüringen, die Frau eines Rabbiners. Sie kommt am meisten nach dem Vater, so sieht Artur das. Fromm mit einem Frommen. Auch wenn Max Rosenau ein prima Kerl ist, der Spaß mag und sich gar nicht so benimmt wie ein verbohrter Rabbiner.

Seine Lieblingsschwester ist Rose. Mit ihr ist er verschworen, damals, heute, immer. Mit Rose hat er über Mädchen und Freundinnen geredet. Sie wusste Rat, sie war seine Vertraute und wäre es noch heute, wenn sie nicht mit ihrem Mann nach Berlin gezogen wäre. Sie hat sein Geschäft zusammengehalten und seinen geliebten Schäferhund gehütet, wenn er ihn nicht in seinem Wagen mitnehmen konnte. Er sollte mit Grete bald einmal nach Berlin fahren. Für Grete ist Berlin die Stadt ihrer wilden Träume, die sie nicht mit ihm geteilt hat oder vielleicht auch nicht mehr träumt. Jawohl, beschließt Artur, wie er da allein im Wohnzimmer sitzt, wir fahren nach Berlin!

Überhaupt sollten sie wieder mehr Freunde sehen, so wie sie es sich beim Einzug vorgenommen haben. Einen Salon, fröhlich und stilvoll. Ja, darüber wird er mit Grete auf dem Heimweg reden. Nur weil er wochentags weg ist, sollten sie nicht auf Geselligkeit verzichten. Das wird ihre Köpfe durchlüften und düstere Gedanken verscheuchen.

In der Dämmerung brechen sie auf. Beide sind erfüllt und beschwert von dem Besuch. «Ich habe den Atem angehalten, als du nach Vater gefragt hast», platzt Artur heraus, als die Haustür zugefallen ist.

«Ich auch», lacht Grete. «Ich weiß gar nicht, wie ich darauf gekommen bin, obwohl es ja normal ist, solche Fragen zu stellen. Aber bei euch ist es das eben nicht.»

«Wahrscheinlich haben alle Familien tote Winkel. Bei euch werde ich nicht erwähnt. Bei uns der Vater nicht.»

«Deine Mutter hat wunderbar geantwortet. Es wäre furchtbar gewesen, wenn sie geweint hätte oder böse geworden wäre. Ich finde sie jetzt noch liebenswerter als vorher.»

«Mich hat sie auch beeindruckt.»

«Man darf nie glauben, dass man die Menschen in- und auswendig kennt.»

«Wir alle sind für Überraschungen gut. Ich habe mir etwas überlegt, Grete. Wir sollten nach Berlin fahren, ein langes Wochenende oder so. Wir können bei Rose wohnen, und du kannst auf alten Spuren wandeln. Was sagst du?»

«Ja, das machen wir, Bübi, das ist eine wunderbare Idee! Ich war seit damals immer nur kurz mit meinem Vater in Berlin. Damals sagte ich schon: Sieben Jahre ist es her. Nur sieben Jahre. Lange sieben Jahre. Ich weiß gar nicht, was ich denken soll.»

«Dann habe ich noch gedacht, dass wir wieder Freunde einladen sollten. Wir haben es abreißen lassen, als die Mühsams weg waren und Werner nach Berlin ging. Der Herbst ist gekommen, bald ist es Winter. Ich komme schon am Donnerstag zurück, wenn es irgend geht. Dann bleibt genug Zeit für den Einkauf, und ich kann mich um Peter kümmern, wenn du die Vorbereitungen triffst. Was meinst du, Mädi?»

«So machen wir's.»

Schnellen Schritts biegen sie um die Ecke in ihre Straße. Entgegen kommt ihnen das Ehepaar Bredow, in vollem Ornat, auf dem Weg zu einer Festlichkeit. Beate grüßt fröhlich und schnippisch, ganz Dame von Welt. Ihr Mann grüßt von oben herab. Ein Ehepaar nach dem Geschmack der neuen Zeit.

Die Schlesingers lachen darüber und freuen sich auf ihre warme Wohnung. Artur stiehlt sich kurz in die Werkstatt. Sein neuester Einfall dreht sich um Scheibenwischer für Brillen. Als Rennfahrer litt er immer darunter, dass ihm der Regen im offenen Wagen ins Gesicht peitschte und er kaum noch durch die Gläser sehen konnte. Scheibenwischer für die Brille wie beim Auto: Das wär's doch! Er braucht einen Motor und einen Kniff. An diesem Einfall möchte er herumdoktern, wenn er morgen auf Reisen geht. Er hofft darauf, dass er einen Schritt weiter sein wird, wenn er zurück nach Hause kommt.

Dann sitzen Grete und Artur einander gegenüber und überlegen, wen sie demnächst einladen könnten. Grete gähnt und nippt an ihrem Wein. Seit sie Peter abgestillt hat, trinkt sie beim Abendhalten wieder ihre zwei Gläschen. «Meinst du, deine Mutter würde Peter hüten, wenn ich mit Anneliese ausgehe?»

«Bestimmt. Wenn du sie bittest, kommt sie sofort.»

«Ich möchte mit Anneliese ins Kino gehen und hinterher eine Kleinigkeit essen. Mal sehen, welche Filme laufen.»

«Und wen laden wir ein?»

«Eigentlich müssten wir die Vannahmes und die Bredows einladen. Aber die Bredows sind mir zu heikel. Und ob wir die Vannahmes ohne sie einladen sollten, weiß ich nicht. Sie würden es krummnehmen, glaube ich.» Wieder gähnt sie. «Ich kann gar nicht mehr denken. Ich bin hundemüde.»

Artur packt sein Köfferchen. Als er sich zu Grete ins Bett legt, ist sie schon eingeschlafen. Schade, denkt er.

23.

Wäre ich wie Grete?, fragt sich die Enkelin

Auch ich mache mir Gedanken über meine Gäste, wenn ich ein Essen gebe. Wen ich einlade, wer zu wem passt und mit wem es anstrengend werden dürfte, falls ich die Person nicht durch andere Gäste entschärfen kann. Aber dabei geht es um Charakter, um Eigenarten, um Temperament, um menschliche Unvereinbarkeit, nicht um politische oder andere Gesinnung. Meine Probleme sind Luxusprobleme. Meine Großeltern hingegen hatten richtige Probleme. Ich weiß nicht, wie das ist, wenn nichts mehr leichtfällt, wenn alles zum Problem wird, wenn der Staat zum Feind wird, wenn die Regierung Gesetze erlässt, die einen ausgrenzen. Ich weiß nicht, wie ich mich verhalten würde, wenn die Ausgrenzung nicht mir gälte, sondern meinem Mann.

Mein Leben ist überschaubar, und wenn es bedroht ist, dann durch Unfälle oder Krankheiten oder irgendeinen dummen Zufall, weil ich im falschen Augenblick am falschen Ort bin. Ich lebe in Sicherheit. Ich lebe in einer Demokratie. Ich kenne nichts anderes. Die Demokratie ist für mich da, mit ihrer Polizei, den Behörden, den Schulen, den Regierungen, den Gerichten, dem Finanzamt. Institutionen, über die ich mich gelegentlich ärgere, die aber nicht gezielt gegen mich vorgehen.

Wäre ich wie Grete gewesen, wenn ich in diesem Wahnsinn gelebt hätte?

Ein Bekannter hat die Lebensgeschichte seiner Großmutter aufgeschrieben, die Jüdin war und in Auschwitz umgebracht wurde. Sie war Ärztin, ihr Mann, ein Christ, war auch Arzt. Ein modernes deutsches Ehepaar. Im Rassenwahn der Nazis ein deutschblütig-jüdisches Ehepaar wie die Schlesingers. Daran änderte sich fünf Kinder lang nichts. 1942 ließ sich der Arzt von der Ärztin scheiden, er wollte eine andere Frau heiraten. Das war das Todesurteil für seine geschiedene Frau. Vielleicht hat er es nicht gewusst oder nicht für möglich gehalten, welche Konsequenzen die Scheidung haben würde. Vielleicht hat er sie unterschätzt, vielleicht waren sie ihm egal. Wer außer ihm kann das schon wissen? Die Ärztin kam ins Todeslager, weil die Ehe mit dem Arier sie nicht mehr schützte. Aus den Lagern schrieb die Ärztin Briefe an ihre fünf Kinder. Der Bekannte, der ihr Enkel ist, veröffentlichte eine Auswahl. Briefe, die einem das Herz zerreißen.

In Diktaturen gibt es nichts Privates. Alles ist politisch. Eine private Handlung wie eine Scheidung kann ein Todesurteil sein, der Entschluss, sich nicht scheiden zu lassen, ein Leben retten.

Was sind das für furchtbare Fragen, die sich die Ärztin oder Arthur stellen müssen: Steht er, steht sie mir bei oder nicht? Was für eine Bürde für eine Ehe. Wer sie trägt, verdient alle Achtung. Heute brechen Ehen wegen Nichtigkeiten auseinander. Aus Unlust am Konflikt. Weil es anderswo auch schöne Frauen und Männer gibt. Aus Bequemlichkeit. Aus Verdruss. Einfach so, weil keiner zu viel Mühe investieren will.

Für mich sind meine Großeltern ein Vorbild. Sie konnten Wichtiges und Unwichtiges auseinanderhalten. So war es auch noch, als ich sie kennenlernte.

Ich schaue ihnen zu, wie sie 1935 darum ringen, wen sie sehen wollen und wen sie einladen müssten. Wie soll es anders sein, dass sie sich fragen: Wer ist nett, wer ist aber auch zuverlässig, mit wem kann man reden, bei wem müssen wir vorsichtig sein, und sollen wir jemanden einladen, bei dem wir besser aufpassen, was wir sagen, und wen können wir mit wem kombinieren, und welchen Sinn haben Einladungen, wenn sie uns unter so große Anspannung stellen und uns womöglich von vornherein den Spaß verderben, oder machen wir uns einfach viel zu viele Gedanken und sollten es darauf ankommen lassen – aber ist das ratsam in diesen Zeiten?

Ist es natürlich nicht. Besser ist es, vorsichtig zu sein.

Ich habe nachgelesen, wie es die Klemperers in Dresden gehalten haben, damals, 1935. Sie hatten häufig Besuch. Victor schrieb ins Tagebuch, dass er jeden Gast nach seiner Meinung und nach Neuigkeiten fragte. «Alle schwanken oder haben gegenteilige Meinungen», schreibt er am 16. September 1935. Ein Apotheker ist zuversichtlich: Das sei wie im Wald, in dem das Unterholz schwelt und bald hochschlagen wird – spätestens in einem Jahr. Ein Kollege aus der Universität, auch entlassen, sieht es ganz anders: «Terror hält lange, wir erleben das Ende nicht.»

Bald ist es vorbei. Wir erleben das Ende nicht. Was hätte ich gedacht?

Natürlich würde ich mir ohne meine Großeltern kaum so viele Gedanken darüber machen, was Menschen in ihrer Lage damals dachten, hofften, für möglich hielten. Seit ich die Geschichte meiner Großeltern kenne, lese ich auch Sachbücher über das «Dritte Reich» anders. Ich will wissen, welche Fragen sich ein Autor gestellt hat, als er ans Schreiben ging über Himmler, Heß, Eva Braun. Warum schreiben sie über diese Personen, und was lerne ich daraus? Seitdem überall Archive zugänglich sind, können solche Bücher lebensnäher und genauer erzählen.

Oder ist das zu viel verlangt: durch Nahaufnahmen denjenigen Gerechtigkeit zu verschaffen, die damals gelebt haben? Ich komme deshalb ins Grübeln, weil früher anders argumentiert worden ist: Nur wer damals dabei war, kann wissen, wie es wirklich gewesen ist. Damit redeten sich die Mitläufer heraus und auch die Mittäter: Was hätten wir machen sollen? Ihr wisst ja gar nicht, wie das war! So wollten sie die Nachgeborenen auf Abstand halten.

Mit Gerechtigkeit meine ich, dass man sich in Menschen, die damals gelebt haben, hineinversetzen kann, wenn man es will. Sie zu verstehen bedeutet ja nicht, sie zu rechtfertigen. Man lernt ihre Überlegungen und Interessen und Haltungen und Strategien kennen, ihre Illusionen, Irrtümer, Versäumnisse und kann ihre Taten ebenso wie ihre Unterlassungen besser bewerten.

Mit den Schlesingers und Klemperers ist das einfach. Sie lassen sich nichts zuschulden kommen. Sie sind die Objekte der Nazis. Sie sind die Guten. Aber ich finde es interessant zu vergleichen, wie sie sich im Bösen einrichten.

Die Gäste der Klemperers sind alte Kollegen von Victor oder Bekannte, die gegen Hitler und den Nationalsozialismus eingestellt sind. Eva und er haben viele Freunde und Bekannte. Die meisten sind auch Juden, entlassen aus dem Staatsdienst wie er.

Die Schlesingers haben weniger Freunde und Bekannte, die regelmäßig vorbeikommen. Aber sie bemühen sich darum, dass nicht alle Gespräche immer um dasselbe Thema kreisen. Sie sind nicht so fatalistisch wie die Klemperers. Grete und Arthur sind Optimisten. Das ist Gemütssache, keine Entscheidung des Verstandes. Das Gemüt kann man sich nicht aussuchen. Die Schlesingers versuchen, das Politische, das die Nazis in ihr Leben bringen, zu begrenzen. Sie lassen sich davon nicht überwältigen. Sie halten ihren kleinen Kosmos so weit frei, wie es irgend geht.

24.
Sonntagsausflug

An einem Sonntag im Dezember unternehmen die drei Schlesingers eine Ausfahrt zur Landeskrone. Der kleine Berg ist das Ausflugsziel für Verliebte, die im Frühjahr und im Sommer ein schattiges Plätzchen suchen. Wenn aus ihnen Ehepaare mit Kindern geworden sind, kommen sie wieder hierher, erinnern sich daran, wie es damals war, als alles anfing, falls sie sich daran noch erinnern wollen, und rufen den Kindern hinterher, dass sie nicht zu weit weglaufen sollen.

Artur fährt lieber in das Riesengebirge, ein richtiges Gebirge, das nicht nur vierhundertzwanzig Meter hoch ist. Aber heute haben sie Spaß daran, auf der Landeskrone spazieren zu gehen. Gemächlich umrunden sie die düstere Bismarcksäule. Peter läuft vor ihnen her und spielt Flugzeug. Dann haben sie genug und setzen sich in das Burghotel. Artur erzählt Anekdoten aus der Woche. Er war wieder in Breslau und wollte bei Felix Stern vorbeischauen, aus alter Verbundenheit. Im Laden waren die Möbel samt Lampenware aus Görlitz ausgestellt. Nur der Name an der Tür irritierte ihn. Dort stand nicht mehr Felix Stern.

Artur erzählt, wie er stocksteif auf das Schild starrte und wie es ihm erst allmählich dämmerte, dass es einen neuen Besitzer für die Ware gibt, die er mit dem freundlichen Herrn Stern vereinbart hat. Was da wohl passiert sein mag?

Kurz war er in Versuchung, in das Geschäft zu gehen und danach zu fragen, wo Herr Stern geblieben ist. Davon nahm er Abstand, denn womöglich würde der neue Eigentümer in Verlegenheit geraten, vor allem dann, wenn es bei der Übertragung unredlich zugegangen ist, und dann könnte er patzig werden und wissen wollen, warum Artur fragt und was er will und wieso er sich überhaupt herausnimmt, Erkundigungen einzuziehen, wo Artur doch den Herrn Stern offenbar nicht näher kennt, denn sonst wüsste er ja, was sich ereignet hat, was unbedingt dafür spricht, dass er lediglich aus Neugier hereingekommen ist und sich füglich hinausscheren sollte.

Artur möchte niemanden in Verlegenheit bringen, sich selber am allerwenigsten, also ging er seiner Wege.

Am Abend traf er zufällig einen Handelsvertreter, dem er schon öfter begegnet ist. Ein angenehmer Mensch, mit dem sich ohne Hintergedanken eine Stunde lang plaudern lässt. Sie unterhielten sich über die Breslauer Geschäftsleute, die, da stimmten beide überein, weniger Fisimatenten machen als jene in anderen Städten. Wie nebenbei fragte der Vertreter Artur, ob er denn auch gehört habe, dass dieser Felix Stern seinen Laden verkauft hat und nach New York gezogen ist. Nein, das wisse er nicht, antwortete Artur und erzählte, dass er gerade verblüfft vor dem Laden gestanden hat. Sogar der Preis soll gestimmt haben, sagte sein Bekannter. Artur konnte nur staunen.

«Ist das nicht eine schöne Geschichte?», fragt Artur seine Frau und lacht dabei.

«New York muss aufregend sein. So groß und laut. Vielleicht schaffen wir es irgendwann, mit dem Schiff über den Atlantik zu fahren», sagt Grete, die sich freut, dass Artur sich freut. «Oh, aber denk nur an die Titanic», erwidert Artur halb im Spaß, halb im Ernst.

An ihrem Tisch sitzt ein Paar mit zwei Kindern. Der Vater erzählt dem älteren Sohn, vielleicht zwölf Jahre alt, von den Olympischen Winterspielen, die im Februar in Garmisch-Partenkirchen stattfinden werden. Von den Bergen schwärmt er, vom Skifahren, von der Geschwindigkeit, mit der er früher zu Tal gerauscht ist. «Du solltest mitmachen, Papa, du könntest eine Medaille gewinnen!» Der Vater winkt geschmeichelt ab. «Ich bin aus der Übung und im Übrigen zu alt.» Seine Augen erzählen eine andere Geschichte. Er sieht sich auf der Piste, die Startnummer am Körper, in geduckter Haltung den Hang hinunterstürzen und in Bestzeit durch das Ziel schießen.

«Die Skifahrer fahren heute anders, als ich es gelernt habe. Sie machen jetzt den Parallelschwung. Damit sind sie noch schneller», sagt der Vater zum Bub und auch zu Artur, der ihm zuhört.

«Wie haben Sie es denn gelernt?», fragt Artur.

«Ach, ich fahre nach der uralten Arlbergtechnik: breit die Skier, den Körper abwechselnd nach rechts und links verlagern. Damit kommt man sicher den Berg hinunter, gewinnt aber heute keine Rennen mehr.»

«So bin ich früher auch Ski gefahren», sagt Artur. «Aber ich habe es nicht gelernt. Ich habe es mir bei anderen abgeschaut. Und gut bin ich auch nicht gewesen. Aber entschuldigen Sie, dass ich mich eingemischt habe, ohne mich vorzustellen», sagt Artur förmlich und holt das Versäumte nach. Die Viererfamilie heißt Mersheimer, stammt aus Görlitz und ist auch zum ersten Mal seit langem wieder auf der Landeskrone.

«Interessieren Sie sich für Sport, Herr Schlesinger?»

«Weniger für Wintersport, obwohl ich mich auf die Spiele in Deutschland freue. Ich mag Fußball und Leichtathletik. Den Sommerspielen fiebere ich schon ein bisschen entgegen.» Aus Gefälligkeit übertreibt Artur. Er käme nicht auf den Gedanken, ins Olympiastadion nach Berlin zu fahren. Ihm reicht es, in der Zeitung darüber zu lesen. Die studiert er tags darauf und fühlt sich, als sei er dabei gewesen.

«Und Sie, Herr Mersheimer, was ist Ihnen am liebsten?»

«Eigentlich finde ich jede Sportart faszinierend. Ich mag aber vor allem Fußball. Es gibt nichts Besseres, als wenn Szepan und Kuzorra sich den Ball zupassen. Die beiden spielen für Schalke 04 und haben in diesem Jahr die Meisterschaft gewonnen.»

«Gegen den 1. FC Nürnberg, nicht wahr?»

«Ja, genau. Es gab Ärger, weil bei Schalke so viele Spieler mit polnischem Namen dabei waren, aber alle sind im Ruhrgebiet geboren. Sie sind die Kinder von Bergleuten, die vor vielen Jahren aus Polen kamen. Für die ist der Ruhrpott die Heimat.»

Grete hört mit halbem Ohr zu und schaut sich dabei die zwei Jungen an. So wird mein Peter auch mal, denkt sie. Wie sind so große Buben? Peter starrt den Größeren, der mit Bierdeckeln jongliert, mit offenem Mund an. Dabei erzählt der Junge mit leuchtenden Augen von der Wanderfahrt, die er im Sommer mit seiner Jugendgruppe unternommen hat, vom Zeltlager und vom Lagerfeuer. Unruhig unterbricht die Mutter den Redefluss und fragt Grete, ob sie ein zweites Kind haben möchte. «Ja, und ich wette, es wird wieder ein Junge», lacht sie.

«Na ja, es kommt, wie es kommt. Aber mit Jungen ist es leichter», sagt Frau Mersheimer. «Ich bin Volksschullehrerin, in meiner Klasse sind auch Mädchen. Die sind komplizierter.»

«Warum?»

«Weil sie mit Worten sticheln und mit Worten wehtun.

Buben prügeln sich und versöhnen sich dann wieder. So regeln sie, wer der Anführer ist und wer ihm folgen muss.»

«Aber Buben haben ständig blutige Knie, zerfetzte Hosen und fallen von Bäumen, auf die sie nicht klettern sollen. Selbst mein kleiner Peter macht schon gefährliche Sachen.»

«Wenn nicht mehr passiert», lacht Frau Mersheimer ihr sympathisches Lachen. Gut sieht sie aus, auf unaufdringliche Art. Ungeschminkt und schmucklos. Sie dürfte zehn Jahre älter sein als ich, schätzt Grete.

«Geben Sie denn wieder Unterricht?»

«Momentan springe ich nur ein, wenn Lehrer ausfallen. Das kommt öfter vor, als mir lieb ist. Wenn Friedrich im nächsten Jahr auf das Gymnasium kommt, will ich wieder regulären Unterricht geben.»

«Sie sind gern Lehrerin, nicht wahr?»

«Mir macht es Spaß. Die Kinder sind in diesem Alter noch lieb. Sie fügen sich, weil sie der Lehrerin gefallen wollen. Deshalb passen sie im Unterricht auf und machen auch ihre Hausaufgaben.»

Die beiden Männer sind der Unterhaltung ihrer Frauen kurz gefolgt und wenden sich jetzt wieder wesentlicheren Dingen zu. Herr Mersheimer erzählt, dass er ein leidenschaftlicher Motorradfahrer ist und auch schon mal an Rennen teilgenommen hat, nur an harmlosen, bei denen Unfälle selten waren. Und wenn er sich nicht irrt, sagt er bedeutungsvoll, ist ihm der Name Schlesinger schon untergekommen. Ob denn sein Gegenüber dieser Automobilrennfahrer sei, der zum Beispiel das Rennen hoch zur Landeskrone vor einigen Jahren gewonnen hat. Zur Sicherheit fügt er an, dass er natürlich keineswegs aufdringlich sein möchte. Da man aber so schön ins Plaudern geraten sei, habe er sich ermutigt gefühlt zu fragen.

Bei der langen Rede schmunzelt Artur in sich hinein. Jetzt sei mal vorsichtig, wie viel du erzählst, erinnert er sich an seinen Vorsatz, obgleich Herr Mersheimer zu den Gutartigen zu zählen scheint. Aber man kann nie wissen.

«Das liegt schon viele Jahre zurück. Tatsächlich habe ich das Rennen hier hoch sogar zweimal gewonnen. Mein Wagen, ein Adler, war gut. Und Sie, fahren Sie denn noch ab und zu Rennen, oder ist es bei Ihnen auch vorbei?»

«Nein, nein, keine Rennen mehr, nur noch Privatfahrten. Ich habe jetzt eine Triumph RLS. Meine Kinder fahren im Beiwagen mit. Ausfahrten statt Rennen, das ist meinem Alter angemessen», sagt Herr Mersheimer und lacht hell.

«Die Triumph mit Drehgas und Kettenmaschine. Lassen Sie mich raten: knapp fünfhundert Mark?»

«Vierhundertfünfundneunzig Mark, und die Kettenmaschine hat einen Wechselstromumlaufzünder von Bosch, gute Qualität.»

«Sagen Sie, Herr Mersheimer, geht es Ihnen auch so? Ich finde es ärgerlich, dass wir beim Fahren dem Regen ausgeliefert sind. Wenn es richtig peitscht, sieht man ja kaum noch etwas von der Straße und der Begrenzung.»

«Es kann einem das Leben kosten, wenn man nichts mehr sieht. Heute fahre ich natürlich nur noch bei schönem Wetter mit dem Motorrad, am liebsten im Frühjahr und im Herbst.»

«Was ich nicht verstehe: In den Limousinen erledigen die Scheibenwischer die nötige Arbeit, wenn es regnet. Aber an Sie und mich hat niemand gedacht.»

«Sie müssen etwas erfinden, Herr Schlesinger. Scheibenwischer für Fahrerbrillen. Wer sich ärgert, dem fällt was ein, sage ich immer.»

Die Herren plaudern. Die Damen plaudern. Die großen Buben langweilen sich. Peter fallen langsam die Augen zu.

Draußen dämmert es. Die Ehepaare versichern einander, wie schön es ist, dass sie sich über den Weg gelaufen sind. Sie tauschen Adressen aus und versprechen, dass sie sich bald wiedersehen werden. Sie haben festgestellt, dass sie nicht weit auseinander wohnen. Gemeinsam gehen sie zum Parkplatz und verabschieden sich in die Nacht.

«Angenehme Menschen, nicht, Mädi?», sagt Artur beim Einsteigen. «Mir gefällt, wie normal sie sind.»

«Vielleicht laden wir sie ein, wenn wir das nächste Mal eine kleine Gesellschaft zusammenstellen. Anneliese würde dazu passen. Sie geht mit einem Mann aus, der ihr gefällt, obwohl es wohl nichts Ernstes ist. Ich frage sie.»

Vor ein paar Tagen sahen Grete und Anneliese «Ein Mann will nach Deutschland» mit Brigitte Horney und Karl-Ludwig Diehl im Kino. Die Handlung geht so: 1914 will ein deutscher Patriot, der in Venezuela arbeitet, unbedingt zurück in seine Heimat, um am Krieg teilzunehmen. Vorher hat er allerlei Prüfungen zu bestehen. Dabei verliebt er sich in seine Chefin und sie sich in ihn. Sie segelt in ihrer Yacht seinem Schiff hinterher, rettet ihn vor dem Tod, begibt sich selber in Todesgefahr, segelt mit ihm immer weiter und hisst, in deutschem Gewässer angelangt, die schwarz-weiß-rote Flagge. Eine Patriotin aus Liebe zum Patrioten.

Erst hinterher platzte Anneliese mit der Neuigkeit heraus. Seit geraumer Zeit macht ihr ein stattlicher Mann Mitte dreißig den Hof. Zuerst war sie zwar geschmeichelt, aber nicht interessiert. Er ist nicht ihr Typ. Was ihr dann imponierte, war seine Hartnäckigkeit. Vielleicht wollte er, anders als mancher Vorgänger, nicht nur ihren Körper, sondern fand Gefallen an ihrer Persönlichkeit. Oder er mochte das Spiel zwischen Mann und Frau: Wer setzt seinen Willen durch?

Anders als üblich ziert sich Anneliese. Sie verabredet sich sonntags mit ihm im Café, trifft ihn hier und da, hält ihn aber auf Abstand. Man siezt sich. Man bleibt förmlich. Anneliese ist stolz auf ihr neues strategisches Geschick. Allerdings weiß sie nicht genau, ob sie ihn mag und noch mehr mögen könnte und was daraus werden soll oder werden kann und wann der richtige Zeitpunkt gekommen sein könnte, zum Du überzugehen und zu mehr, und meinst du, Grete, dass ich diesmal alles richtig gemacht habe oder wieder alles falsch?

Ganz die erfahrene Ratgeberin, hat Grete ihre Freundin darin bestärkt, dass sie wohl alles richtig macht. Insgeheim war sie erstaunt über die Wandlung, die mehr mit Angst als mit Strategie zu tun hat, was Grete aber für sich behielt. Sie ließ sich schildern, wie der Favorit aussieht und wo er arbeitet: Hannes Kaufmann heißt er, ist mittelgroß mit vollem Haar, schätzungsweise fünfunddreißig Jahre alt, bestes Alter also, genau richtig für Anneliese, und arbeitet auf dem Finanzamt in mittlerer Stellung. Er war weder verlobt noch verheiratet, ist aber kein Hagestolz. Dazu ist er großzügig und zuvorkommend. Ein Traummann, oder?

«Wie lange bleiben sie so nett und aufmerksam?», fragte Anneliese und lachte über ihre Unerfahrenheit in ernsthaften Beziehungen. «Solange du ihnen Gründe gibst, so zu bleiben, wie sie sind, bleiben sie vielleicht ein bisschen so wie in den Werbewochen.» Wie abgeklärt das klingt, staunt Grete.

«Vielen Dank für deine Analyse. Man könnte meinen, du hast Beziehungskunde studiert», neckte Anneliese, die jetzt wieder zuversichtlich den nächsten Wendungen mit Herrn Kaufmann entgegensah. Zum Abschied umarmte sie Grete und versprach ihr, bald in der Zittauer Straße vorbeizukommen.

Beim Abendhalten erzählt Grete Artur mehr von Annelieses Eroberung. Der freut sich und hält es für eine gute

Idee, Anneliese und Herrn Kaufmann gemeinsam mit den Mersheimers einzuladen.

«Sag mal, ich habe mit einem Ohr gehört, dass du dich mit Herrn Mersheimer über Scheibenwischer an den Brillen unterhalten hast.»

«Ja, und stell dir vor, er hat gesagt, es muss sich nur ein Rennfahrer gehörig über die beschlagenen Brillen ärgern, die ihm die Sicht erschweren, und schon kann ein Erfinder geboren sein. Er hat sogar Brillen mit Scheibenwischern erwähnt.»

«Hast du ihm gesagt, dass zufällig du daran arbeitest?»

«Nein, habe ich nicht. So gut kenne ich ihn ja nicht.»

«Das verstehe ich. Du teilst dich zwar gerne mit, aber niemand kann es dir verdenken, wenn du dich vorsichtiger verhältst. Mir gefällt es, wenn jemand weiß, was er sagen kann und was nicht. Ich strenge mich an, selber so zu sein, und heute ist es mir gelungen.»

«Wir wissen auch nicht viel über die Mersheimers. Beiläufig hat der größere Junge von der Bibelarbeit im Sommerlager erzählt. Seine Mutter lenkte dann schnell ab.»

«Er gehört wohl einem christlichen Jugendverein an, vielleicht dem CVJM. Den hat die Hitler-Jugend geschluckt, soviel ich weiß. Die Kirchen ließen es zu. Deshalb dürfen die Jugendgruppen vielleicht noch das eine oder andere Christliche praktizieren.»

«Ich freue mich auf alle Fälle, dass wir nette Menschen kennengelernt haben, die bestimmt auch ihr Päckchen zu tragen haben.»

Ein paar Tage später fährt Artur zu einem Gespräch mit Herrn Schneider in die Stadt. Beunruhigt ist er nicht. Die Auftragsbücher sind immer gefüllt, wenn Artur in die Berliner Straße einbiegt. Herr Schneider rückt den Anteil heraus, der ihm zusteht, und macht abfällige Bemerkungen dazu, er weiß aber Zuverlässigkeit zu schätzen. Trotzdem ist Artur jedes Mal auf der Hut.

Ist es nicht möglich, dass er ihn eines Tages durch einen Jüngeren ersetzt, dem er weniger Prozente geben muss? Andererseits garantieren Vertreter wie Artur sicheren Umsatz. Jeder Neue müsste von vorne anfangen. In einem Geschäft, das davon lebt, dass die Kaufleute die Vertreter kennen und ihnen trauen, ist es nicht leicht, willkürlich Alte durch Junge auszutauschen.

Herr Schneider hat ein gutes Wochenende verlebt und pfeift fröhlich vor sich. Der Umschlag liegt bereit. Artur muss nur unterschreiben.

«Na, Schlesinger, bei Ihnen läuft's ja richtig gut. Freut mich, mein Lieber, freut mich. Und zu Hause auch alles in Butter? Der Kleine wächst und gedeiht, und die Mutter ist auch bald wieder rund, was? Dem Führer gefällt es, wenn Sie ihm kleine Jungs schenken. Ist ja nicht mehr so wie früher, dass viele neugeborene Buben gleich Krieg bedeuten müssen. Unser Führer hat Krieg gar nicht nötig. Die Franzosen müssen uns das Saarland wiedergeben, das sie uns 18/19 gestohlen haben. Und Sie werden sehen, Österreich darf auch noch zu uns. Ich hab's im Urin, dass der Hitler ein Glückskind ist.»

Glücklicherweise kommt ein Kunde durch die Tür, der nicht so aussieht, als sollte man ihn lange warten lassen. Herr Schneider wendet sich ihm zu und ist plötzlich ein bescheidener Geschäftsmann, stets zu Ihren Diensten. Artur ist jetzt Luft für ihn und empfiehlt sich erleichtert.

Immer wenn er auf der anderen Straßenseite sein Geschäft sieht, das nicht mehr seines ist, versetzt es ihm einen Stich. Ein Malermeister hat die Räume gemietet und stellt Farben und Lacke aus. Wo früher Arturs Automobil mit dem

Lorbeerkranz stand, hat der Malermeister ein Büro eingerichtet. Schlecht scheint es ihm nicht zu gehen, wenn er in dieser Gegend zwei Räume mieten kann.

Schnee liegt in der Luft. Beim Kiosk neben der Litfaßsäule kauft er sich eine Zeitung, bei «Cigarren Haller» ein Kästchen Zigarren. Er geht davon aus, dass Annelieses Galan und Herr Mersheimer nach einem guten Essen eine gute Zigarre nicht verschmähen werden. Dann setzt er sich ins «Café Fledermaus», gönnt sich ein Kännchen Kaffee mit Sahne und schlägt die Zeitung auf.

Ein sowjetischer Testpilot ist mit einem Doppeldecker sage und schreibe 14575 Meter hoch geflogen. Griechenland ist wieder eine Monarchie. Komisch, Deutschland hat seinen Kaiser verloren, genauso wie Österreich, Hitler ist Ersatzkaiser von Deutschland und wahrscheinlich auch bald von Österreich, denn das er will er ja ganz offensichtlich haben, und wer sollte ihn daran hindern? Frankreich wohl kaum, Großbritannien auch nicht, und Russland hat mit der Revolution bereits alle Hände voll zu tun. Mussolini war gerade noch Hitlers Vorbild und gebärdet sich ebenfalls als Kaiser von Gottes Gnaden. Und dieses kleine, irgendwie seltsame Griechenland, das einmal so überlebensgroß gewe sen ist, holt einen echten Monarchen zurück. Leben die im 19. Jahrhundert?

Der Führer lässt eine neue Reichskriegsflagge mit eisernem Kreuz und schwarz-weiß gerändertem Hakenkreuz entwerfen. Und den Juden verbietet er, Pseudonyme zu tragen, vor allem solche, die sie mit Ariern verwechselbar machen. In Deutschland herrscht Ordnung, und was für eine.

Seltsamerweise erfüllen Artur solche Nachrichten mit grimmiger Genugtuung. Ihm missfällt das. Kann gut sein, dass die Zeitung zu lesen der Seele nicht guttut. Aber er muss informiert bleiben. Der Jahrgang 1914 wird jetzt eingezogen, es herrscht wieder Wehrpflicht. Kinder, die zu Beginn des Krieges geboren wurden, als Deutschland seine Soldaten jubelnd verabschiedete, werden jetzt selbst Soldaten.

In der «Fledermaus» sitzen ältere Damen und plaudern. Nebenan schreibt ein Mann in einem abgetragenen, aber sorgsam gebügelten Anzug in ein Notizbuch. Ein Schriftsteller? Hat er ein Pseudonym, das er jetzt ablegen muss? Oder legt er es nicht ab? Und was dann? Zwei Tische weiter sitzt ein Mann mit Einstecktuch, Zigarettenspitze und Menjou-Bärtchen. Selbstgefällig, selbstgewiss. Oder sieht es nur so aus? Er liest in einem Buch, das ihn nicht zu fesseln scheint, denn er schaut immer wieder hoch.

Der unruhige Herr ist wie Artur an der Umgebung interessiert und hält wahrscheinlich auch einen inneren Monolog. Worüber? Er ist der Typ, der einen Schlag bei Frauen hat. Vielleicht ist er enttäuscht, weil heute keine beflirtbare Schönheit im Café sitzt, der er Avancen machen könnte.

Artur schaut auf die Uhr. Er möchte mit Grete zu Mittag essen. Er will ein paar Blumen mitbringen. Die Bedienung im Blumenladen ist jung und hübsch, sodass Artur länger als nötig ihre Beratung beansprucht. Er entscheidet sich für Dahlien, Hortensien und Brombeeren.

Nach dem Mittagessen zieht sich Artur kurz in seine Werkstatt zurück. Peter weint, weil er nicht mitdarf. Grete runzelt die Stirn, am Abend kommen die Gäste, über die sie lange geredet haben. Artur drängt es aber in sein Reich. Für die Brille mit den Scheibenwischern benötigt er einen Motor, den er aus kleinsten Teilen zusammenbauen will. Wenn ihm das gelänge, wären nicht nur Motorrad- und Automobilfahrer glücklichere Menschen, sondern auch Piloten oder Soldaten mit Gasmasken oder Bergleute. Doch Artur weiß bis jetzt nur, was nicht zur Erfindung gehört. Keine Verbindungsdrähte, keine Zahnräder oder Magneten möchte er verwenden. Der Motor soll etwas ganz Besonderes sein. Was er sein wird, das muss er eben erfinden. Ein Motor, der keiner ist.

Grete vergisst ihren Unwillen über Arturs Rückzug. Sie hat sich die ganze Woche darauf gefreut, dass heute Gäste kommen. Lange hatte sie überlegt, womit sie aufwarten sollte. Schließlich entschied sie sich für Kartoffelklöße mit Schweinebraten, vorneweg Salat und als Dessert Pflaumenkompott. Der satte Duft umfängt die Mersheimers und Anneliese und ihren Freund, die sich jetzt duzen, aber da war noch nicht mehr, flüstert Anneliese Grete zu, sanft errötend.

Herr Kaufmann ist gut gelaunt und erzählt von seinem Hobby, der Namenskunde. Er zum Beispiel heißt Johannes, was «Gott ist gnädig» bedeutet. Jahwe steckt darin, der Gott der Juden, sagt er mit leuchtenden Augen. Schnell erklärt Artur seinen Namen: Der kommt von ‹artus›, das ist lateinisch für fest. «Siehst du, der Name passt zu dir, du bist ein fester Mensch», lacht Grete. «Artur mag nämlich seinen Namen nicht besonders. Und woher kommt Peter?», fragt sie Herrn Kaufmann. «So haben wir unseren Sohn getauft.»

«Von ‹petros›, das ist der Fels oder der Stein.» Die Antwort kommt wie aus der Pistole geschossen.

Anneliese schmachtet ihn an. Offenbar ist er kein langweiliger Finanzbeamter, denkt Grete. Die Mersheimers tauen beim Nachtisch langsam auf. Frau Mersheimer unterhält sich mit Herrn Kaufmann, Herr Mersheimer mit Artur, während Anneliese das Geschirr zu Grete in die Küche trägt. «Und, wie findest du ihn, den Herrn Kaufmann?»

«Unterhaltsam, bisher gefällt er mir. Und immerhin duzt ihr euch jetzt.»

«Ja, er hat mich auf dem Weg hierher gefragt, weil er dachte, dass ihr es komisch gefunden hättet, wenn ich jemanden mitbringe, den ich sieze. Aber sonst ist nichts passiert. Wirklich!»

«Nimmst du bitte das Kompott? Ich nehme den Rest.»

Die Unterhaltung plätschert dahin, denkt Artur. Jeder gibt sich Mühe, keiner will in ein Fettnäpfchen treten. Die Mersheimers sind liebenswürdig und vorsichtig. Herr Kaufmann schmeißt die Unterhaltung, er macht das gut, er ist ein Gewinn für ihre Runde. Anneliese und Frau Mersheimer unterhalten sich über Mode. Dann erzählt Anneliese von dem Film, den sie neulich mit Grete gesehen hat. Herr Mersheimer möchte wissen, worum es ging. Jemand ist im Ausland, es ist Sommer 1914, der Krieg bricht aus, und er möchte unbedingt nach Deutschland zurück und für sein Land kämpfen, erzählt Grete.

«Wahrscheinlich hätte ich mich damals genauso verhalten», sagt Herr Kaufmann. «Ich war erst dreizehn, aber ich habe mitbekommen, wie aufgeregt die Erwachsenen waren. Niemand hat damals geahnt, wie schrecklich der Krieg werden würde.»

«Ich war vierundzwanzig und habe mich freiwillig gemeldet», sagt Artur. «Mein älterer Bruder war ganz schnell tot, ich bin mit Glück davongekommen. Alle haben damals geglaubt, es werde bestimmt nicht schlimm. Hinterher waren wir klüger.»

«Eigentlich erstaunlich, dass solche Filme so beliebt sind», sagt Herr Kaufmann. «Wahrscheinlich liegt es an Brigitte Horney und der Liebesgeschichte. Ich glaube nicht, dass ein Krieg noch einmal so viel Jubel auslösen wird. Krieg ist doch immer furchtbar, selbst wenn er gerecht ist.»

Keiner sagt etwas dazu. In die Pause hinein fragt Grete munter, wer denn jetzt einen Kaffee möge. Oder eine Zigarre, ergänzt Artur, dazu ein Cognäckchen? «Wir wollen aber keine Umstände machen», sagt Frau Mersheimer und hilft abtragen. «Machen Sie nicht», versichert Grete und lächelt sie an.

«Sie haben sympathische Freunde», sagt Frau Mersheimer in der Küche.

«Anneliese ist meine beste Freundin, aber ehrlich gesagt, sehen wir Herrn Kaufmann heute zum ersten Mal.»

«Ach so», lacht Frau Mersheimer. «Er ist der Neue.»

«Genau», sagt Grete verschwörerisch. «Und er macht einen guten Eindruck auf mich.»

«Er ist wirklich unterhaltsam und interessant.»

«Und erstaunlich offenherzig, finden Sie nicht auch?»

«Oh ja, da haben Sie recht.»

Herr Kaufmann ist der Star des Abends. Ist er immer so lebhaft, oder will er nur Anneliese imponieren und sicherheitshalber mir auch, damit ich Anneliese gut zurede?, fragt sich Grete hinterher. Eigentlich kann es mir egal sein, er hat zum Gelingen des Abends beigetragen, und das freut mich. Was aus ihm und Anneliese wird, ist die Sache der beiden.

«Was meinst du, passen sie zusammen?», fragt Artur, als die Gäste gegangen sind, nicht ohne vielfache Versicherung, wie schön der Abend, wie reizend die Gastgeber und wie gut das Essen gewesen sei.

«Kann ich nicht sagen. Ich habe nicht viel erwartet, und deshalb hat er mir richtig gut gefallen. Was er über den Krieg gesagt hat, fand ich erstaunlich.»

«Bis dahin dachte ich, er tut viel dafür, Anneliese zu gefallen und uns gleich mit. Aber plötzlich war er ernst. Wahrscheinlich hat er ein gutes Gespür dafür, was er sagen kann und was nicht. Die Mersheimers sind bis zum Schluss reserviert geblieben, findest du nicht auch?»

«Ja, sind sie. Aber ich mag sie. Ich möchte Frau Mersheimer wiedersehen. Vielleicht treffe ich mich mal einfach so mit ihr. Ich habe das Gefühl, wir könnten Freundinnen werden.»

«Übrigens habe ich einen Entschluss gefasst, Mädi.»

«Welchen denn?»

«Ich schicke Anfang nächsten Jahres alle meine Erfindungen nach München. Ich bin gespannt, ob ich darauf ein Patent bekomme.»

«Aber Bübi, das ist ja wunderbar! Du hast gar nicht erzählt, dass du mit deiner neusten Idee schon so weit bist.»

«Es ging alles ganz schnell. Plötzlich habe ich gewusst, wie ich die Scheibenwischer hinbekomme. Ich muss gerade an den Mersheimer denken. Er hat mir auf der Landskrone gesagt, was einen ärgert, löst man. Ich habe lange Zeit zu kompliziert gedacht. Man muss einfach denken, dann kommt es wie von selber.»

«Mein Mann ist ein Erfinder! Darauf müssen wir noch ein Gläschen trinken.»

25.

Die Enkelin freut sich, einen Erfinder als Großvater zu haben

Mein Großvater hat mir nie erzählt, dass er ein Erfinder ist. Ich wusste, wie begeistert er von Autos war. Mein Vater ist genauso, auch wenn aus ihm kein Rennfahrer geworden ist, nur einer im Alltagsverkehr. Mein Großvater konnte sein Faible an seinen Sohn weitergeben, aber der Sohn bekam eine Tochter, die mit Motoren und Windrichtungsmessern nicht viel anfangen kann. Trotzdem wundere ich mich im Nachhinein, dass mein Großvater seine Patente nie erwähnte.

Als ich ein Kind war, hörte ich, dass die Erwachsenen über Krieg redeten. Ich fragte ihn, was denn dieser Krieg sei. Er nahm mich auf den Arm und erzählte mir von zerstörten Häusern und verzweifelten Menschen, die darauf warteten, dass der Vater oder der Sohn oder der Onkel nach Hause kam. Später habe ich solche Gespräche mit meiner Großmutter geführt.

Grete und er lebten in Görlitz, wir in der Nähe von Hannover. Deutschland war geteilt. Wir fuhren regelmäßig hinüber. Westbesuche im Osten hatten immer etwas Seltsames. Mein Vater war vor dem Mauerbau in den Westen gegangen. Spannungsfrei konnte das Verhältnis zwischen Vater und Sohn nicht gewesen sein, aber bei wem ist es das schon?

Mein Großvater hat von sich aus nicht über die Vergangenheit geredet. Wenn ich ihn danach gefragt hätte, hätte er sich vermutlich darauf eingelassen, und ich wüsste heute mehr. Aber Gegenwart war Gegenwart, Vergangenheit war Vergangenheit, so wollten meine Großeltern es. Die Gegenwart war besser als die Vergangenheit. Sicherlich haben Grete und Arthur öfter über damals geredet. Weißt du noch, die Mühsams? Und die Mersheimers, die Christen? Und kannst du dich noch an unseren sechsten Hochzeitstag erinnern, als sie dich abgeholt haben?

Heute bedauere ich, dass ich nicht nachgefragt habe. Ich mochte meinen Großvater sehr. Ich mochte ihn besonders, wenn er ins Plaudern geriet. Er war witzig. Er erzählte gern. Hätte ich ein offenes Ohr gehabt? Ich glaube schon. Ich gehörte einer christlichen Jugendgruppe an. Dort haben wir über Moral und Widerstand geredet. Es waren die siebziger Jahre. Natürlich meinten wir den Widerstand gegen Raketenrüstung und Atomkraftwerke, natürlich meinten wir uns, unsere Gegenwart. Nicht die Vergangenheit steinalter Menschen. Aber ich hätte zugehört, was Grete und Arthur zu sagen hatten.

Es dauert noch mehr als ein Jahr, bis Arthur Schlesinger aus Görlitz Patente anmeldet. Am 11. November 1937, zwei Tage nach dem fünften Hochzeitstag, schreibt er einen Brief an das Reichspatentamt in München. Auf dem Briefkopf steht: Ingenieur, Sachverständiger im Automobilwesen, dazu: Konstruktionsbüro für Patentmodelle. Auch das Postscheckkonto 21916 in Breslau gibt er an. Der Fernruf, unter dem er zu erreichen ist, trägt die Nummer 3696.

Die Werkstatt in der Wohnung ist jetzt also ein Konstruktionsbüro. Was auf dem Briefkopf steht, liest sich, als sei der Herr Ingenieur tagein, tagaus mit nichts anderem beschäftigt als mit dem Erfinden nützlicher Gegenstände, auf die die Menschheit seit Anbeginn wartet. Hat er gelächelt, als er den Brief entworfen hat? War ihm flau im Magen?

«Scheibenwischervorrichtung für Brillen und Augengläser»: Das ist die Erfindung, auf vier Schreibmaschinenseiten erklärt. Die Schutzansprüche macht Arthur auf weiteren zwei Seiten in elf Punkten geltend, dazu eine Zeichnung, mehr muss er nicht nach München schicken, seine Erfindung soll für sich sprechen.

Das Besondere besteht darin, dass der Scheibenwischer «ohne Zuhilfenahme der Hände und ohne Inanspruchnahme irgend einer mechanischen, elektrischen oder anderen Kraftquelle bewegt wird». Ein Motor ohne Motor eben, wie er es sich vorgenommen hat. Keine Zahnräder oder Magneten oder Schnüre. «Lediglich die Muskeln des die Brille tragenden Kopfes veranlassen die Bewegung des Wischarmes.»

Am Wischarm hat Arthur eine Gummileiste befestigt. Eine Feder hält den Wischer in Ruhestellung. Außerdem gibt es ein Röhrchen und einen Draht. Der Motorradfahrer muss nur den Kopf kurz bewegen und schon befreien die Wischer die Brille vom Wasser. Bewegt er den Kopf erneut, stoppt die Apparatur.

November 1937: Die Olympischen Spiele und das gedrosselte Wohlverhalten des nationalsozialistischen Deutschland sind vorbei. In Spanien tobt der Bürgerkrieg, in dem Hitler und Stalin neue Waffen testen lassen. Mussolini kommt zu einem Staatsbesuch nach München: Riesenauftrieb in der Hauptstadt der Bewegung. Franklin Delano Roosevelt hält seine Quarantäne-Rede: Deutschland und auch Japan sollen durch Isolierung eingedämmt werden. Eine Firma in Braunschweig bringt die erste Getränkedose heraus. Der Zeppelin, das größte Luftschiff der Welt, geht bei der Landung in Lakehurst in Flammen auf. Der Papst veröffentlicht seine Enzyklika «In brennender Sorge». Hitler bereitet den Krieg vor. Die Juden sollen jüdische Vornamen tragen: Sara und Israel. Orffs «Carmina Burana» wird uraufgeführt. Goebbels schreibt am 30. November in sein Tagebuch: «Die Juden müssen aus Deutschland, ja aus ganz Europa heraus.» Chamberlain wird britischer Premierminister. Österreich gehört noch nicht zu Deutschland.

Was war abzusehen? Was wussten Grete und Arthur? Genauer gesagt: Was ahnten sie damals? Es ging ihnen nicht schlecht. Die Juden, die mit einer «Deutschblütigen» verheiratet waren, waren zunächst geschützt. Wie geschützt, viel oder wenig, lässt sich 1937 noch nicht absehen. Außerdem gibt es unter den Nazis die Überlegung, Juden auszusiedeln. Manches ist möglich. Ich wehre mich dagegen, dass wir heute so tun, als wäre schon damals alles absehbar gewesen. Determiniert seit 1933. Linear ist in der Geschichte gar nichts.

Bei Sebastian Haffner habe ich dieses Gedankenspiel gefunden: Was wäre Hitler für uns, wenn er 1938 gestorben wäre? Ohne Krieg und Holocaust? Die Antwort kann sich jeder selber geben. Mir kommt es darauf an, dass es eine Anmaßung wäre zu glauben, was wir heute wissen, konnte man damals schon wissen, nein: musste man damals schon wissen, und wer es nicht wusste, muss sich fragen, warum er nichts wusste – warum er nichts wissen wollte, wo doch alles auf der Hand lag, wo man alles lesen konnte und hören konnte. Immer ist alles möglich. Und das Gegenteil. Und eine Variante von allem und vom Gegenteil. So viele Nuancen. So viel Pech. In München herrscht am 9. November 1939 Nebel, und daher verlässt Hitler den Bürgerbräukeller vorzeitig, weil er den Zug nehmen muss, anstatt wie vorgesehen zu fliegen. So explodiert die Bombe, die Georg Elser gebastelt hat und in einer Säule installierte, ohne Hitler zu töten. Ein paar Jahre später schmuggeln Attentäter eine Bombe in sein Flugzeug, die aber nicht explodiert.

26.

Das Leben geht weiter, immer weiter

Am Ende des Jahres 1937 vermehren sich die Schlesingers. Heiner-Jochen kommt am 23. November auf die Welt, zwölf Tage nachdem Artur den Brief an das Reichspatentamt abschickte. Drei Kilo und achthundertzwanzig Gramm ist er schwer. Blond und blauäugig wie der Bruder, der jetzt der Große ist. Grete ist einunddreißig. Ganz hat sie ihr Ziel nicht erreicht, unter dreißig zwei Kinder zur Welt zu bringen.

Peter, so steht es im Tagebuch, kann seit Mai 1937 fast alle Automarken aufsagen, nicht bloß die deutschen, sondern auch die italienischen, amerikanischen, französischen, alles, was auf deutschen Straßen herumfährt. Artur lässt den Kleinen beim Fahren neben sich sitzen, besser gesagt: knien, und fragt ihn: Na, was für ein Auto kommt uns da entgegen? Peter darf auch schalten; der Wagen hat Lenkradschaltung, dorthin reicht sein Arm. Peter ist ganz Arturs Sohn.

Am 23. Januar 1938 wird Heiner-Jochen in der Lutherkirche von Pastor Schulz getauft. Auch er wird reich beschenkt: einhundert Reichsmark von den Großeltern Lehmann; Löffel, groß und klein; eine Studienversicherung; Kamm und Bürste in Silber; ein silbernes Essbesteck.

Grete sagt, damit sei es genug. Sie wollte zwei Kinder, zwei Buben. Sie hat zwei Buben. Die Familie, die sie sich vorstellt, ist vollzählig.

Den Heiligen Abend 1937 verbringen Artur und Grete mit den Kindern in der Rauschwalder Straße. Gretes Mutter ist nun Witwe. Am 7. Juli war Max Lehmann in der Stadt unterwegs, Bankgeschäfte erledigen. Ihm muss schwummerig geworden sein, er setzte sich auf eine Parkbank in den Schatten. Dort brach er zusammen, Herzinfarkt. Er war tot, ehe der Krankenwagen eintraf. Die Beerdigung war ein großes Ereignis für Görlitz. Alte Honoratioren und neue Würdenträger standen am Sarg.

Else Lehmann erträgt das Alleinsein gefasst. Sie kümmert sich um ihre Enkel und passt auf sie auf, wenn Grete einkaufen oder ins Kino gehen will. Die beiden Großmütter treffen sich regelmäßig. Die Witwenschaft eint sie. Gemocht haben sie sich ohnehin. Else ist jünger als Rieke, aber das ist nebensächlich. Weihnachten kommt Rieke dazu, als wäre es immer so gewesen.

Hans hat die Firma und deren Kapital geerbt. Else bleibt das Haus, das nach ihrem Tod ebenfalls an den Sohn gehen wird. Grete bekommt ihren Pflichtteil ausbezahlt, trotz alledem eine stattliche Summe. Es verletzt sie, dass ihr Vater sie enterbt hat. Aber Grete wäre nicht Grete, wenn sie nicht sofort Pläne wälzen würde. Es wird noch dauern, bis ihre Mutter und ihr Bruder sie ausbezahlen können. Aber dann.

«Wie wäre es, wenn wir ein Haus bauen würden?», hat Grete Artur gefragt, der sie erstaunt anschaute.

«Ein Haus? Du und ich?»

«Abwegig ist das ja nicht gerade.» Grete war fast eingeschnappt.

«Natürlich nicht. Aber ein Haus in dieser Zeit?»

«Ja, sollen wir das Geld denn auf die Bank legen und auf Zinsen hoffen?»

«Also, grundsätzlich ist es dein Erbe, mit dem du machen kannst, was du möchtest. Ich will dir da nicht reinreden. Ich freue mich, dass du an ein Haus denkst, aber der Gedanke nimmt mir die Luft.»

«Mir werden sie es nicht verwehren, ein Grundstück zu kaufen und darauf ein Haus zu setzen. Warum auch? Mein Geld ist über jeden Zweifel erhaben. Was spricht dagegen?»

«Zum Beispiel dass dein Mann ein Jude ist.»

«Aber das bist du auch ohne Haus.»

Sie waren nicht weitergekommen. Allerdings waren sie auch nicht weit auseinander. Artur ist nicht gegen das Haus. Er ist nur dagegen, dass ihnen daraus Schwierigkeiten erwachsen. Es war schon einmal ein Abgesandter der Partei bei Grete, der ihr nahelegte, sich scheiden zu lassen, zu ihrem Vorteil. Tue sie es nicht, weigere sie sich, die Konsequenzen aus der Ehe mit einem Juden zu ziehen, könnte sie dafür zur Verantwortung gezogen werden. Was er damit meinte, blieb im Unklaren. Nach diesem Besuch musste sie sich hinlegen. Sie bekam zum ersten Mal richtige Angst.

Für das Haus gibt es gute Gründe. Die Wohnung wird langsam zu klein. Die beiden Buben teilen sich ein Zimmer. Noch geht das, aber sobald Peter in die Schule kommt, wird es schwierig werden. Und solange Artur an seinen Erfindungen tüftelt, braucht er seine Werkstatt. Momentan ist nicht daran zu denken, dass er das Zimmer räumt, wie er es versprochen hatte.

Ein Haus wäre die Lösung. Ein Haus mit eigenem Garten. Dann müsste Grete auch nicht mehr zu ihrer Mutter, damit die Kinder sich im Grünen austoben können. Alles wäre viel einfacher. Sie vertraut darauf, dass ihr Mann einsichtig ist.

Unter dem Tannenbaum finden sich auch Hans und Elli ein, die seit anderthalb Jahren verheiratet sind. Hans vergisst selten, zu erwähnen, dass der Vater die Hochzeit noch erlebt hat und ihnen seinen Segen gab. Den letzten Teil wiederholt er salbungsvoll, ohne irgendjemanden im Raum anzuschauen.

Hans ist nicht nur der Erbe, er übernimmt auch die Gebräuche des Alten. Jeder weiß, wie froh er ist, dass ihm Max Lehmann nicht mehr hineinregieren kann. Solange der Vater lebte, blieb Hans der kleine Junge, dem der Alte, mit Vorliebe vor versammelter Mannschaft, immer wieder sagte, wo es langging. Jetzt ist Hans endlich sein eigener Chef, kann Entscheidungen fällen und investieren, wie es ihm gefällt. Er protzt damit, dass er so jung, mit nur achtundzwanzig Jahren, eine florierende Fabrik mit internationalen Verbindungen leitet. Für sich behält er, dass er sich gelegentlich fragt, wie der Alte wohl über dies oder jenes gedacht hätte und welche Tricks ihm eingefallen wären. So groß er tut, so klein fühlt er sich manchmal. Wer ihn so gut kennt wie seine Schwester, sieht ihm seine Unsicherheit an.

Peter bekommt sein heiß ersehntes Dreirad, das er umgehend zum schönsten Geschenk der Welt erklärt. Mit seinen drei Jahren plappert er ohne Punkt und Komma. Elli und Grete kümmern sich um den Gänsebraten. Hans zündet die Kerzen am Tannenbaum an, dann sitzen alle am Tisch, sprechen das Gebet, trinken Punsch, sprechen lauthals durcheinander, schenken eifrig nach und lassen Else wenig Muße, Trübsal zu blasen.

Wir sind jetzt eine richtige Familie, sinniert Artur. Wer hätte das gedacht? Er hatte gehofft, dass Max Lehmann zu Lebzeiten zur Besinnung käme, doch er musste erst sterben, bevor eine normale Familie aus den Schlesingers und den Lehmanns werden konnte – eine, die gemeinsam Weihnachten feiert und in der man sich mag, den einen mehr, den anderen weniger, aber doch so, dass man es miteinander aushält und Spaß haben kann.

Wie bitter, falls Max sich das genau so vorgestellt hat: Kaum ist er weg, kommt Artur in sein Haus, in dem er ihn nicht willkommen hieß, ihn, den Schwiegersohn, den er nicht wollte, der ihm bis zum letzten Atemzug ein Ärgernis blieb, der Jude, der Tochterdieb, das Schlitzohr. Max hatte Artur aus der Ferne studiert. Nichts blieb ihm verborgen, weder der Geschäftsverlust noch die Handelsreisen. Er mischte sich nicht ein. Er verbaute Artur nichts. Vielleicht hätte er es gekonnt, über Verbindungen oder mit Intrigen, aber böse war Max Lehmann nicht. Auf den Gedanken, Artur zu helfen und seiner Tochter das Leben zu erleichtern, kam er schon, verwarf ihn jedoch immer wieder. So starb er unversöhnt. Er hatte es nicht anders gewollt.

Wie schrecklich es sein muss, einfach zu sterben, ohne Abschied, mit verhärtetem Herzen, denkt Artur. Kein Brief, kein letztes Wort, das Testament liegt seit Jahren beim Notar, und dann stirbt man auf einer Parkbank ohne ein bekanntes Gesicht um sich. Für alles ist vorgesorgt, wie es sich für einen deutschen Kaufmann ziemt. Doch dann dieser jähe Tod in der Stadt.

Artur fällt es jetzt leicht, nachgiebig zu sein, aber solche Gedanken hätte er sich auch über Fremde gemacht, rechtfertigt er sich vor sich selber. Es ist doch einfach traurig, nicht in vertrauter Umgebung zu sterben. Was nichts daran ändert, dass er Max Lehmann für einen sturen Bock erklärt, der nicht umhinkam, seiner Tochter etwas zu vermachen. Allmählich erwärmt er sich für den Gedanken, dass Grete von ihrem Erbe ein Haus baut. Ein Dach über dem Kopf, das Max mit aller Kraft verhindert hätte, aber nicht mehr verhindern kann.

Wie alt war Max Lehmann eigentlich?, fragt sich Artur. Noch keine siebzig, schätzt er, nicht einmal das weiß ich genau, irgendwie peinlich, findet er, und das schlechte Gewissen überkommt ihn. Nun mal langsam, sagt er sich, der Mann hat mich schließlich – ja, was eigentlich: verachtet? Gehasst? Ihn, den Tochterverführer? Oder ihn, den Juden? Ich glaube, sagt sich Artur, der große Max Lehmann wusste es selber nicht und hat sich damit auch gar nicht beschäftigt. Ihm genügte es, dass er mich ablehnte.

Unterm Tannenbaum spielt Hans mit Peter, der noch immer nicht müde sein will. Die beiden Großmütter sprechen einträchtig dem Punsch zu. Grete tauscht sich mit Elli aus. Die beiden kennen sich noch nicht gut, aber Elli kommt Grete passabel vor. Anscheinend hat sie Hans abgewöhnt, schnell und viel zu trinken. Nett sind die beiden zueinander, aber sie sind ja auch noch nicht lange verheiratet, denkt Grete. Grete hingegen ist im nächsten Jahr schon sechs Jahre lang Frau Schlesinger. Sechs Jahre. Schon oder erst? Das wechselt, findet Grete, mal schon, mal erst.

Die Weihnachtstage vergehen wie im Flug. Dass sie an Silvester Freunde einladen, hat sich eingespielt. Diesmal kommen die Mersheimers, Alfons und Uta, zu denen die Freundschaft gewachsen ist, man duzt sich seit kurzem. Die beiden sind fromm, aber nicht bigott, und weil sie ihr Christentum ernst nehmen, ist ihnen die Hitlerei zuwider, der Führerkult, das Gerede von der Vorsehung, die nächtlichen Fackelzüge. Auch die Mersheimers ziehen sich aus der Nazi-Welt zurück. Das verbindet sie mit den Schlesingers.

In diesem Jahr ist Werner Finck endlich wieder einmal dabei. Er macht immer noch Kabarett, aber vorsichtiger. Politische Witze mögen die Nazis nur, wenn sie sie selber erzählen. Werners mögen sie nicht. Auf seine Art, in der Tragisches komisch wird und Komisches tragisch, erzählt er davon, wie er zwei Jahre zuvor ins Konzentrationslager verschleppt worden war.

«Anfang Mai drehte ich gerade bei der UFA in Berlin-Babelsberg den Film ‹April! April!›, als auf dem Filmgelände zwei Herren erschienen und sich als Gestapo-Beamte auswiesen. Das war gegen sechs Uhr abends. Artig warteten sie bis Drehschluss um sieben Uhr. Auf dem Gelände waren zu der Zeit die Dekorationen zu ‹Amphitryon› aufgebaut, die sich die Herren mit viel Vergnügen betrachteten. Als ich dann fragte, ob ich sie mit meinem kleinen Fiat mitnehmen könnte, sagten sie, es wäre doch wohl besser, wenn sie mich mitnähmen, und so stieg ich in ihren schwarzen Mercedes und fuhr mit ihnen ins Gestapo-Hauptquartier in der Prinz-Albrecht-Straße.»

«Und was haben sie dort mit dir gemacht?», fragt Grete ins Schweigen hinein.

«Sie haben mich verhaftet und ins gegenüberliegende Gefängnis gebracht. Sie hatten noch andere Kabarettisten festgenommen und die ‹Katakombe› genauso wie das ‹Larifari› von Günther Lüders geschlossen. Einige Zeit später wurden wir in das KZ Esterwegen gebracht. Es liegt im Moorgebiet an der holländischen Grenze. Ihr kennt doch bestimmt das Lied: ‹Wir sind die Moorsoldaten.› Wir wurden kahl geschoren, in Häftlingskleidung gesteckt und glaubten von jedem Tag, dass er unser letzter werden würde. Und hofften es manchmal sogar. In Esterwegen lernte ich Carl von Ossietzky kennen und den Sozialdemokraten Julius Leber. Eine grauenhafte Welt, aber nicht ohne Komik.»

«Nicht ohne Komik? Meine Güte, was meinst du denn damit?», fragt Artur befremdet.

«Na klar auch komisch. Am ersten Pfingstfeiertag mussten wir unter freiem Himmel einen Kabarett-Nachmittag veranstalten, eine Idee der sich langweilenden Lagerleitung.»

«Und wie lange mussten Sie dort bleiben?», fragt Uta Mersheimer.

«Bis zum 1. Juli, da wurden wir auf Anordnung Görings, der damit Goebbels offensichtlich eins auswischen wollte, von einem Tag auf den anderen aus dem KZ entlassen. Ich bekam ein Jahr lang Arbeitsverbot. Jetzt trete ich im ‹Kabarett der Komiker› auf und sage, dass ich keineswegs etwas gegen die Nazis hätte, nein, die Nazis hätten etwas gegen mich. Und die Gestapo-Leute im Publikum, die eifrig mitschreiben, was ich von mir gebe, frage ich: ‹Kommen Sie mit? Oder komme ich mit?›»

Die kleine Gesellschaft lacht und erschrickt darüber, dass sie lacht. Humor unter dem Galgen, murmelt Artur.

Werner trägt neuerdings eine schwarze runde Intellektuellenbrille, das schüttere Haar nach hinten geglättet. Artur nennt ihn «unseren fröhlichen Melancholiker». Werner hat geheiratet, seine Frau heißt Eva, sie ist kokett und charmant. Sie möchte am liebsten zum Film, erzählt sie vergnügt; weil doch Werner ständig Filme dreht, soll er sie auch dort unterbringen, damit sie mehr Zeit miteinander verbringen können. Artur und Alfons kümmern sich um die bezaubernde Frau, die unbedarfter tut, als sie ist, wie sich im Lauf des Abends herausstellt.

«Was erwartet uns denn 1938?», fragt Uta beim ersten Gang, der Kartoffelsuppe.

«Nichts Gutes», antwortet Werner ins Schweigen hinein. «Die Nazis werden uns nicht durch plötzliches Wohlverhalten enttäuschen. Wie wir sie kennen, verlangen sie sich Steigerung ab. Noch mehr Ordnung, noch mehr Flugzeuge, noch mehr KZ, noch mehr dies, noch mehr das.»

«Aber wohin führt das?», fragt Artur.

«Zu Österreich vielleicht, das will der Hitler sich ja holen», wirft Alfons ein.

«Wenn er alles bekommt, was er will, wie er auch das Saarland und die Wehrmacht bekommen hat, ist das nur gut. Dann wird er sich schon damit begnügen», sagt Artur langsam und bedächtig.

«Was aber, wenn er nicht alles bekommt? Wenn die anderen sagen: ‹Jetzt reicht's›?», fragt Grete.

«Ja, was macht er dann? Gibt er klein bei, oder wird er böse?», ergänzt Uta.

«Wir wissen so wenig über ihn», sagt Eva. «Ich jedenfalls habe keine Ahnung, was er eigentlich für ein Mensch ist. Was er macht, wenn er keine Reden schwingt, was er isst, mit wem er schläft, was ihm wichtig ist. Ob er sich für Fußball interessiert oder gerne Filme schaut. Wer ist Hitler, wenn er nicht der Führer sein muss?»

«Darüber habe ich noch nie nachgedacht, aber ich glaube, dass er immer der Führer ist, Tag und Nacht», sagt Alfons. «Mir genügt schon, dass ich weiß, wen er nicht mag. Kommunisten und Sozialdemokraten. Widerspenstige und Nichtmitmacher. Juden, Juden, immer wieder Juden. Christen, Protestanten wie Katholiken, die ihn nicht für den von Gott gesandten Messias halten. Es sind so viele, und weniger werden es auch 1938 nicht, da bin ich mir sicher.»

«Wenn ich euch zuhöre, bekomme ich Angst vor dem neuen Jahr», sagt Grete. «Ich möchte lieber darüber nachdenken, wann wir mit unserem Hausbau anfangen und wann Jochen seinen ersten Zahn bekommt. Ich möchte mich um uns kümmern und nicht um Herrn Hitler.»

«Du hast recht», sagt Uta mitfühlend. «Uns bleibt nichts anderes übrig, als darauf zu achten, dass wir gut über die Runden kommen. Uns bleiben die Kinder, die wir beschützen müssen. Das ist schwer genug. Wer sich vor den Nazis hüten muss, hat alle Hände voll zu tun.»

«Vielleicht sollten wir nicht vergessen, dass wir nicht allein sind. Viele Deutsche denken so wie wir. Viele sitzen jetzt beisammen und reden, wie wir über die Hitlerei reden», sagt Alfons mit seiner angenehm singenden Stimme.

«Daran zweifelt, glaube ich, niemand von uns», sagt Werner. «Ich habe mir aber gar nicht erst angewöhnt, darauf zu hoffen, dass die stille Ablehnung zu irgendetwas führen könnte. So weit ich zurückdenken kann, und als Historiker bin ich praktisch ein Analphabet, haben immer nur Kriege Veränderungen gebracht. Napoleon hat uns durcheinandergewirbelt und dann gegen unseren vereinten Willen modernisiert. Bismarck hat die Einheit vollendet, die die Demokraten 1848 nicht hinbekommen hatten. Und auch dass wir den Kaiser los sind, verdanken wir wem? Einem verlorenen Krieg.»

«Oje, du meinst, Hitler bleibt uns erhalten, bis er einen Krieg verloren hat?», fragt Artur.

«Na ja, warum immer auf das Schlimmste hoffen?», entgegnet Werner. «Es könnte ja auch sein, dass sich jemand aus seiner Umgebung oder irgendein General ermannt und ihn aus dem Weg räumt oder sonst ein Mensch, der sich mehr zutraut als wir uns.»

«Wahrscheinlich rechnet er damit und richtet sich darauf ein», sagt Uta.

«Er denkt so groß von sich, er hält sich ja für den Auserwählten. So einer ist misstrauisch und vorsichtig, weil ihm immer irgendjemand etwas antun möchte. Er wird stets erst im letzten Augenblick kundtun, wo er auftaucht und wie lange er bleibt und was er danach macht. Wie soll ihm da jemand so nahe kommen, dass er ihn ausschalten kann?», fragt Grete.

«Es müsste schon jemand sein, dem er vertraut», fügt Artur an.

«Herrje, vor lauter Reden vergessen wir noch das Essen.

Setzt euch hin, behaltet eure Gläser, wir bleiben erst einmal beim Weißwein. Ich gehe in die Küche und hole die Schüsseln. Uta, hilfst du mir bitte?»

Es gibt Gulasch mit Salzkartoffeln und Kopfsalat. Dankbar beugen sie sich über die Teller und beginnen sofort, die Kochkünste der Gastgeberin zu loben. Uta erzählt von den beiden Buben, Grete von ihren, die Stimmung hebt sich. Der Alltag kann auch eine Entlastung sein, denkt Artur und holt sich Nachschlag.

Grete fordert Artur dazu auf, von seinen Erfindungen zu berichten, und Werner staunt, er hatte keine Ahnung vom Erfindertrieb seines älteren Freundes und will alles ganz genau wissen. Artur tut natürlich wenig lieber, als über sein Doppelleben als Handelsreisender und genialer Erfinder zu reden. Alle mögen ihn und freuen sich für ihn, denkt Grete, die froh ist, dass der Name Hitler einige Minuten lang ausgespart bleibt. Sie hört die Geschichte vom Tüfteln in seiner Zimmer-Werkstatt immer wieder gern. Genüsslich erzählt Artur von seinen Anfängen, den Fehlversuchen, den Ermunterungen seiner Frau, seinem Hang zur Resignation und diesem Glücksgefühl, als der Einfall plötzlich da war und er sofort wusste: So geht es, so funktioniert es, anders kann es gar nicht sein. Und es geht wirklich, und es funktioniert wirklich, als müsste es so sein. Alle hören gebannt zu, es fehlt nur noch, dass sie Beifall klatschen.

«Toll, Artur, wirklich toll. Ich gratuliere dir», sagt Werner und schlägt ihm strahlend auf die Schulter.

«Wenn es mir schlechtging, habe ich mich immer wieder gefragt, was du oder Paul wohl gemacht habt, damit ihr wieder aus so einem Loch herauskommt. Ich habe ja keine Übung darin, meinen Kopf anzustrengen.»

«Unsinn, du bist ein Erfinder. Ich gehe herum, beobachte und denke mir kleine Geschichten aus, die kleine Pointen haben, mehr nicht. Was du erfindest, das bleibt. Du gehst in die Geschichte ein. Was ich auf der Bühne zum Besten gebe, verhallt sofort. Wären da nicht ein paar Lakaien vom Reichssicherheitshauptamt im Publikum, die fleißig aufschreiben, was sie hören, wäre mein Programm nach Minuten schon wieder vergessen. Kabarettisten sind Menschen für den Moment.»

Artur hört mit roten Ohren zu. Werner ist wirklich ein großzügiger Mensch. Er macht sich kleiner, als er ist, und Artur größer, als er ist. «Sachte, sachte», lacht er. «So schnell schießen die Preußen nicht. Erfinder bin ich erst dann, wenn das Patentamt die Erfindungen annimmt und veröffentlicht.»

«Werner, bist du jetzt vorsichtiger als vor Esterwegen?», fragt Grete.

«Ja und nein. Ja, weil ich nicht noch einmal dorthin möchte. Ich weiß nicht, wie Ossietzky in Esterwegen überleben kann. Ich könnte es nicht. Und nein, weil ich dem Kabarett Frechheit schulde. Ohne Witze über die Nazis brauche ich gar nicht auf die Bühne zu gehen. Das erwarte ich von mir. Das Publikum erwartet es von mir. Und schließlich auch die Nazis. So viele Wünsche muss ich einfach erfüllen. In Maßen, versteht sich, in Maßen.»

«Du könntest Deutschland wahrscheinlich noch verlassen, vielleicht wären die Nazis sogar froh darüber. Warum gehst du nicht?»

«Ich kann nur Deutsch, und das Kabarett lebt von der Sprache. Ich habe in Esterwegen darüber nachgedacht, ob ich weggehen sollte, aber wohin? Dann habe ich mir gesagt, was soll's, ich bin hier, ich bleibe hier. Und wenn sie mir wieder an den Kragen wollen, wird mir schon etwas einfallen.»

Um Mitternacht erheben sie die Gläser und wünschen sich

gegenseitig, dass das Jahr 1938 besser werden wird, als sie es sich gerade ausgemalt haben. Eine harmonische Gesellschaft, denkt Grete, das haben wir gut gemacht. Mit Eva stößt sie noch einmal an, aus schlechtem Gewissen, weil sie zuerst dachte, sie sei naiv. Sie versteckt sich hinter ihrer schönen Fassade. Darauf fallen viele herein, und so will sie es auch. Eine interessante Verhaltensweise, denkt sie sich. Die Menschen sind immer auch anders als der Eindruck, den sie erwecken. Grete nimmt sich vor, das in Erinnerung zu behalten.

Vom Balkon winken sie den vieren nach, die in Taxen in die Nacht hineinfahren. Sternenklar ist der Himmel. Kristallene Kälte. «Jetzt haben wir 1938, und im Frühjahr werden wir uns nach einem Grundstück umschauen», sagt Grete. Es riecht nach Zigarrenrauch, das gehört zu Silvester.

Gemeinsam schauen sie nach ihren Söhnen. Peter hat sich frei gestrampelt. Jochen liegt wie ein Frosch auf dem Rücken. Friedliche Kinder. Zurück im Wohnzimmer lassen Artur und Grete sich in ihre Sessel sinken.

«Werner ist weicher geworden, finde ich», beginnt Artur. «Weicher und härter zugleich. Esterwegen muss furchtbar gewesen sein. Er will nie wieder dorthin, aber das Kabarett will er nicht aufgeben. Vielleicht sollte er weniger Kabarett machen und mehr Filme drehen.»

«Ich habe die Mersheimers richtig liebgewonnen», sagt Grete, die nur mit halbem Ohr zugehört hat. «Uta und ich denken fast immer das Gleiche. Das ist mir noch nie passiert.»

«Wenn wir heuer ein Grundstück finden, können wir schon im nächsten Jahr mit dem Hausbau anfangen. Es wird nicht leicht sein, die Materialien zusammenzubekommen. Das habe ich jedenfalls von anderen gehört.»

«Für das Organisieren haben wir dich, Bübi. Du machst das schon. Mein Erfinder ist erfindungsreich.»

Im Rückblick findet Grete es gespenstisch, dass im Leben so viel Gegensätzliches nebeneinander herläuft. Sie finden ein schönes Grundstück in der Tannenbergstraße, und bis Ende des Jahres haben sie alles abgewickelt, den Kauf, die Finanzierung, den Notar. Sicherheitshalber steht nur Grete im Grundbuch. Man soll schlafende Hunde nicht wecken, sagt Artur.

Es ist komisch für ihn, dass seine Frau ein Grundstück beim Bauamt eintragen lässt, bei dem er nicht in Erscheinung tritt. Es ist mindestens genauso komisch, dass sein Schwiegervater, der ihn nicht als Schwiegersohn anerkannt hat, seiner enterbten Tochter widerwillig so viel Geld vererbt hat, dass sie ein Heim für ihre Familie hinstellen kann. Vieles ist ziemlich komisch, aber das liegt nicht an ihnen, sagt sich Artur, sondern an seinem Schwiegervater, der keiner sein wollte, und den Zeiten. Er tröstet sich damit, dass die Zeiten auch wieder anders werden.

Am 9. November 1938 ist ihr sechster Hochzeitstag. Artur durchstreift die Stadt nach einem Geschenk und setzt sich mit einer Zeitung ins «Café Fledermaus». Alle Blätter sind in Aufruhr wegen des Mordes an einem deutschen Diplomaten in Paris. Was hat den Jungen so weit gebracht, dass er jemanden erschießt?, fragt sich Artur. Wenig erfährt er davon aus den aufgeregten Artikeln, die über die Ungeheuerlichkeit des Verbrechens herziehen und den Siebzehnjährigen zum Judenteufel erklären. Eigentlich dachte Artur, nach der Einverleibung Österreichs würde Ruhe einkehren. Das schien auch so zu sein, aber damit ist es jetzt vorbei.

Artur schüttelt die schwarzen Gedanken ab und macht sich auf den Heimweg. In der Novemberkälte zieht er den Kopf ein.

Diesmal gehen sie im «Kaiserhof» feiern. Artur hat gerade noch einen Tisch im wilhelminischen Prachtbau ergattert und will dafür gelobt werden. Grete tut ihm den Gefallen, sie sagt sich in solchen Fällen: Wenn es nicht mehr ist, was er will, soll es so sein; wahrscheinlich hält es Artur umgekehrt genauso.

Grete liebt es, mit Artur auszugehen, schön angezogen, außer der Reihe, mitten in der Woche, mit einem kleinen Geschenk bedacht, gutes Essen, guter Wein, wie geht es uns, machen wir es richtig mit den Kindern, wohin fahren wir in den Urlaub: wieder nach Heidebrink an die Ostsee oder zur Abwechslung einmal woandershin, und wann fangen wir mit dem Hausbau an? Das Haus ist ihr großes, wunderbares Steckenpferd. Jetzt, da die Formalien erledigt sind, richten sie es in Gedanken ein. Zwei Kinderzimmer, ein Erfinderbüro, ein Gästezimmer, einen schönen Garten für die Kinder. Hecken darum herum. Viel Grün. Ihr Heim. Ihr Zuhause. Ihre feste Burg.

Sie haben noch einen Grund, groß zu feiern. Am 21. September 1938 hat das Patentamt in München Artur offiziell davon unterrichtet, dass es seinen Brillenscheibenwischer als Erfindung anerkennt. Das Verfahren hat nicht einmal ein Jahr gedauert. Artur Schlesinger ist nun, was er sein möchte: ein Erfinder, der die Menschheit voranbringt, jedenfalls die der Autofahrer, Taucher und Gasmaskenträger. Grete ist furchtbar stolz auf ihren Mann, der Ideen hat und sie auch umsetzen kann.

Während Artur und Grete beglückt miteinander anstoßen, bricht ein paar Straßen weiter der gesteuerte Wahnsinn aus. Ein Siebzehnjähriger, wie passend, schlägt ein Fenster in der Synagoge ein. Neugierige sammeln sich, sie wollen dabei sein, wenn etwas passiert. Und dass etwas passieren wird, ist schon den ganzen Tag lang zu spüren gewesen.

Der Siebzehnjährige, er heißt Ernst Bier, und sein älterer Komplize verschwinden im Inneren der Synagoge, legen

Feuer, steigen durch das eingeschlagene Fenster wieder hinaus und gehen ihrer Wege, als wäre nichts gewesen. Das Feuer kokelt vor sich hin. Dem Mob wird langweilig. Ein Nachbar ruft die Feuerwehr, der es schnell gelingt, die Brandnester zu löschen. Den Davidstern auf dem Dachfirst haben sie abgerissen, doch die Synagoge bleibt leicht lädiert stehen. Ein Kuriosum in Deutschland an diesem Tag.

In Mühlhausen treten sie bei Arturs Schwester Hertha die Tür ein, zerren den Rabbiner Max Rosenau aus der Wohnung, stoßen ihn die Treppe hinunter, prügeln auf ihn ein. Ein anderer Nazi schlägt auf die Tochter Myriam ein, sie ist vierzehn. Alle drei Rosenaus schleppen sie in den Hof. Die Eltern beten. Den Rabbiner stellen sie an die Wand. Ehe er schießt, schreit der NSDAP-Kreisleiter Vollrath: «Ihr Schweine, ich werde euch helfen, einen Deutschen zu erschießen!» Er trifft Max Rosenau in die Brust. Sie lassen ihn liegen, sie denken, er sei tot. Die Polizei taucht auf und bringt den Verletzten ins Krankenhaus. Mutter und Tochter nehmen die Polizisten mit, sie verbringen die Nacht auf der Wache.

Artur holen sie am nächsten Morgen. Sie werfen ihm vor, er habe nicht den Namen Israel in den Pass eintragen lassen, wie es das Gesetz vorsieht. Er sagt, das habe er wohl vergessen. Es nützt nichts. Er muss mitkommen. Grete schreit die beiden Männer von der Gestapo an, was sie da machen, wohin sie Artur bringen und wann er wiederkommt. Das wird man sehen, sagen sie und nehmen Artur in die Mitte. Sie antworten ruhig, leidenschaftslos, entschlossen. Damit machen sie Grete erst recht Angst.

Sie fahren Artur in die Augustastraße 31, einen klassizistischen Prachtbau, in dem sich die Gestapo breitgemacht hat. Sie verhören ihn, sie fragen ihn, wo er seinen Lohn verdient, was er vorher gemacht hat, sie wollen wissen, mit wem er

Umgang pflegt und wer sich mit ihm, dem Juden, abgibt, was er in seiner Freizeit macht, wen er früher gewählt hat, welchen Vereinen er angehört, mit wem er sich trifft und wen er von früher noch kennt.

Artur entschließt sich, Auskunft zu geben. Er will ihnen vorführen, dass einer wie er nichts zu verbergen hat, weil er ein harmloses Leben führt. Die Vernehmer tragen Zivil. Der mit dem Kahlschädel wirkt unnahbar, vollkommen gleichgültig. Der andere, mit Nickelbrille und dem Scheitel wie mit der Axt gezogen, stellt die meisten Fragen.

Was Artur irritiert: Entweder wissen die beiden bereits alles über ihn, oder seine Antworten sind ihnen egal. Wahrscheinlich wissen sie, dass Artur kein großes Kaliber ist, aber deswegen werden sie ihn nicht so schnell laufenlassen. Was kommt, wenn die beiden mit ihm fertig sind? Was haben sie vor? Wem wird er übergeben?

Artur hat längst eingeräumt, dass ihm ein Versäumnis unterlaufen ist. Es kann aber kein großer Umstand sein, den Zusatznamen Israel in den Pass einzutragen, und natürlich wird er sofort auf die Behörde gehen. Je bewusster Artur wird, dass sein Vergehen eigentlich belanglos ist, desto länger reitet er darauf herum.

Er erlahmt erst, als ihm dämmert, dass es um nichts geht. Nicht um den Namenszusatz. Nicht um das Passversäumnis. Nicht um ihn persönlich. Die Gestapo verhaftet Juden wie ihn, weil sie es will. Weil sie den Auftrag dazu hat. Weil es die Rache für Paris ist. Aus diesem Grund holen sie Menschen wie ihn aus ihren Wohnungen, verhören sie und sperren sie ein.

Erst wenn sie dich festgesetzt haben, verstehst du, was Willkür ist, hat Werner gesagt. Wenn du Glück hast, verlieren sie das Interesse an dir und lassen dich laufen. Hast du Pech, gefällt einem dieser Kerle deine Nase nicht, hat einer einen schlechten Tag oder überkommt ihn Gewaltlust, dann wird es schwierig. Werners Esterwegen-Erfahrung.

Die Angst packt Artur und schüttelt ihn durch. Der Kahlschädel fragt ihn nach Otto Buchwitz, sieh mal an. Otto muss es wirklich geschafft haben, sonst würde er nicht nach ihm fragen. Artur sagt wahrheitsgetreu, er habe Otto seit Jahren nicht gesehen. Der Kahlschädel lässt sich nicht ansehen, ob er Artur glaubt oder nicht. Vielleicht hört er ihm nicht einmal zu. Vielleicht denkt er darüber nach, was er nach Dienstschluss essen möchte. Wie viel Uhr ist es eigentlich?

Jetzt kommen sie mit seinen beruflichen Erfolgen als Handelsvertreter. Sie wissen von seinem Großauftrag in Breslau, von Felix Stern. Ob Artur ihn gut gekannt hat, denn wenn jemand so viel auf einmal bestellt, dann muss er ja einen Grund haben, der Firma Schneider solche Aufträge zu erteilen und nicht einer anderen Firma, und ob der Grund nicht Arturs Freundschaft zu diesem emigrierten Juden gewesen sei. Und immer so weiter, immer so weiter.

Warum wissen die beiden so viel? Hat ihn der Lampenheini angeschwärzt? Sein Leben ist wie ein offenes Buch. Artur fällt ein, dass es nicht viele Juden in Görlitz geben kann. Die einen sind weggegangen wie die Mühsams, die anderen im Exil wie Otto. Wahrscheinlich sind es heute noch um die zweihundert. Ob sie seine Mutter auch geholt haben? Oder nur eine Auswahl aus der männlichen, arbeitenden Judenschaft mit Familien? Und wie steht es um die Mühlhäuser?

Es kann natürlich auch sein, dass sie nur wissend tun, dass sie in Wahrheit nichts gegen ihn in der Hand haben. Aber darauf kommt es nicht an. Sie halten ihn einfach fest, sie verhören ihn, bis die Dienstzeit vorbei ist. Aus den anderen Zimmern oder von den Fluren dringt kein Ton zu Artur hervor. Gut möglich, dass dort weitere Juden sitzen, denen ähnlich sinnlose Fragen gestellt werden, ohne dass die Herren sich die Mühe gäben, ernsthaftes Interesse am Verhörergebnis vorzutäuschen. Müsste man ihnen nicht sagen, dass hier Steuermittel verschwendet werden? Deutsche Beamte fertigen Protokolle an, die deutsche Sekretärinnen in die Maschine tippen werden. Lachhafte Protokolle, zu schade für den Papierkorb.

Artur hat Hunger. Er hat Durst. Er wollte heute wieder nach Breslau, Ware verkaufen. Volkswirtschaftlich wäre es sinnvoller gewesen, die Gestapo hätte ihn seine Absicht verfolgen lassen, anstatt sich in sein Leben einzumischen.

Artur hat gehört, dass die meisten Gestapos der SS angehören und dass die SS die Konzentrationslager leitet. Die SS ist gefährlich, die Gestapo ist gefährlich. Er, Artur Schlesinger, sitzt auf einem Verhörstuhl im Vorhof der Hölle.

Die Angst kriecht in ihn hinein, macht ihn mürbe, kraftlos. Die Angst ist eine schwarze Spinne, die sein Herz weniger schnell schlagen lässt, das Blut strömt langsamer. Diese seltsamen Vernehmer fragen immer dieselben Fragen. Sie drehen sich im Kreis. Sie machen das absichtlich. Sie wissen, dass er jetzt Angst hat. Sie wollen, dass er Angst hat. Dann haben sie ihre Arbeit erledigt. Schaut der mit der Brille ihn nicht gerade prüfend an? Schaut er nicht gerade beredt zu seinem Kollegen?

«So, Herr Schlesinger, für heute sind wir mit Ihnen fertig. Sie werden die Nacht bei uns verbringen. Ob es bei dieser einen Nacht bleibt, hängt ganz von Ihnen ab. Wache, abführen.»

Dann sitzt Artur in einer Zelle. Das Bett hängt an Ketten in der Wand, es gibt ein Waschbecken und einen Notdurfteimer. Das Essen besteht aus zwei Scheiben Schwarzbrot mit dünnem Aufstrich, dazu Tee.

Artur streckt seine Glieder auf dem Bett aus und fühlt

sich unendlich müde. Er träumt davon, dass er einem widerwärtigen Menschen Fragen stellen muss, wobei ihm aber keine Fragen einfallen, weil er nicht weiß, was er von ihm wissen will. Er darf ihn jedoch nicht fortschicken, ohne dass er ihm eine Vielzahl von Fragen gestellt hat, wobei er auch nicht weiß, wie viele es sein sollen. Der Mensch, den er zu befragen hat, ist widerwärtig, weil er sich darüber freut, wie schwer ihm das Erfinden immer neuer Fragen fällt. Artur ahnt, dass er keine Frage zweimal stellen darf, denn sonst kommt von irgendwoher der Abpfiff, und er hat verloren, sein Leben womöglich, er weiß es nicht, er kennt den Auftraggeber nicht. Der Befragte freut sich schon diebisch auf sein Scheitern und liefert ihm damit einen Grund mehr, seine Phantasie anzustrengen. Nein, der soll nicht triumphieren, der nicht.

Die nächsten Tage verlaufen immer gleich. Morgens gegen 7 Uhr wird er geweckt und frühstückt: wässriger Kaffee und zwei Scheiben Brot mit einer dünnen Schicht Marmelade. Dann muss er die Zelle aufräumen. Dann ein lustloses Verhör mit lustlosen Fragen über sich ergehen lassen und möglichst immer die gleichen Antworten geben, damit er den Vernehmern keinen Grund für einen neuerlichen Durchgang mit den immer gleichen Fragen liefert. Dann Mittagessen. Am Nachmittag eine neue Vernehmungsrunde. Die Vernehmer wechseln ab, sonst würden sie sich noch mehr langweilen. Artur rechnet jedes Mal damit, dass sie aus Langeweile auf ihn einprügeln.

Mittlerweile hat er auch eine Ahnung davon, wer in den Zellen nebenan haust. Menschen wie er. Görlitzer wie er. Juden wie er. Mit seinem Nachbarn hat er in einer Minute, in der man ihnen keine Beachtung schenkte, Informationen ausgetauscht. Er heißt Arthur Seligmann, noch ein Arthur, und ist seit der Nacht vom 9. November hier. Seligmann fragte Artur, ob er wisse, wie es mit ihnen weitergehen soll. Niemand scheint es zu wissen, vielleicht nicht einmal die Vernehmer. Artur glaubt, dass die ganz unten in der Hierarchie stehen, ist sich aber nicht sicher und will es sie auch nicht spüren lassen.

Artur vertreibt sich die Zeit, indem er über seine Erfindungen nachdenkt. Ganz langsam, ganz sorgfältig, während er in den vernehmungsfreien Stunden auf der Pritsche liegt. Er will wieder nach München schreiben. Nach dem, was er gehört hat, dauert es normalerweise zwei Jahre bis zur Genehmigung eines Patents, das dann vom Patentamt veröffentlicht wird. Diesmal hat er eine Mattscheibe für das Armaturenbrett des Automobils entwickelt, die dem Fahrer mit verschiedenfarbigen Punkten anzeigt, ob er Licht eingeschaltet hat und, wenn ja, ob es das Standlicht, das Abblendlicht oder das Fernlicht ist. Eine der typischen Schlesinger'schen Erfindungen. Ein Praktiker hat die besten Ideen.

Bisher war es so, dass der Fahrer die Lampen auf dem Kotflügel beobachten musste. Sie hatten Abdeckgläser, und er musste sich merken, welche Farbe welchem Licht entsprach. Nun kann sein Kontrollblick drinnen zum Armaturenbrett schweifen, und schon weiß er ganz sicher, welches Licht seine Scheinwerfer abstrahlen.

Auf diese Erfindung ist Artur besonders stolz. Es ist zwar die zweite, und die erste ist immer die schönste, weil sie die erste ist, aber die «Lichtüberwachungseinrichtung», wie er sie auf der Patentanmeldung genannt hat, ist weniger kurios als die Kinnbewegung, mit der seine Kunden die Wischer an ihren Brillen betätigen. Ursprünglich wollte er die zweite Erfindung zuerst machen, aber dann ist es anders gekommen, und das hatte Artur ein wenig geärgert. Nummer eins ist nur für schlechtes Wetter einsetzbar, Nummer zwei hingegen Nacht für Nacht, und sie kann sogar Unfälle vermeiden, wenn die Fahrer einander nicht mehr blenden oder lichtlos durch eine Kurve fahren.

Allerdings will Artur Erfindung Nummer zwei nicht persönlich einreichen. Er hat sich etwas ausgedacht, sicherheitshalber. Er hat sich eine Firma gesucht, die ihm das abnimmt, die Firma Ad. Voigt & Co. in Bremen. Sie ist unverdächtig arisch, eine alteingesessene Firma, 1864 gegründet, sehr solide, sie hat den Wagenheber erfunden und patentiert, eine ungeheure Erleichterung für die Automobilwelt, findet Artur, denn Reifen können immer platt gehen.

Den jungen Herrn Voigt kennt Artur aus Rennfahrertagen. Er ist nett, höflich, ein Sportsmann. Mit ihm hat Artur vereinbart, dass die Firma sein Patent einreicht und es ihm abkauft, sobald die Genehmigung eingetroffen ist. Sie haben einen persönlichen Vertrag aufgesetzt, aber Artur weiß natürlich, dass ein Vertrag mit ihm nichts gilt, falls Voigt es sich anders überlegt. Nein, Voigt wird sich an die Abmachung halten, hat Artur zur zweifelnden Grete gesagt. Und um sicherzugehen, dass sein geistiges Eigentum gewahrt bleibt, hat er auf dem Briefkopf des Patentanwalts Hans Meissner, der das Anschreiben formuliert hat, hinter das Aktenzeichen SCH 32 223 Gm. 63 c den Zusatz «Schlesinger geb. Lehmann übertragen auf: Voigt & Co» eingetragen. Offiziell ist also Grete Schlesinger, geborene Lehmann, die ursprüngliche Antragstellerin auf ein Patent, das die Firma Voigt einreicht.

In seiner Zelle weiß Artur nicht, ob Voigt den Brief schon abgeschickt hat. Hoffentlich noch nicht, denkt Artur. Besser, er wartet, bis sich die Zeiten beruhigen.

Die erste Woche in Gestapo-Haft vergeht mit Vernehmungen und Nachdenken auf der Pritsche. In der zweiten Woche müssen die Gefangenen den ganzen Trakt reinigen und die Büros säubern, in denen sie sonst sinnlose Fragen beantworten. Wärter bewachen sie und treiben sie an. In der dritten Woche müssen sie eine Straße in der Vorstadt ausbessern. Sie haben notdürftig warme Anziehsachen bekommen, Zuchthauskleidung, damit ihnen in der Kälte nicht die Finger erfrieren. Sie müssen die Pflastersteine freischlagen und herausnehmen. Sand dient als Untergrund, den sie zuerst aufschütten und glatt streichen. Den Abstand zwischen den Steinen müssen sie mit einem Faden genau bemessen, damit die Steine parallel liegen.

Die Wärter schlagen mit dem Stock zu, wenn es ihnen nicht schnell genug geht. Einer von ihnen ist bekennender Sadist und sucht sich seine Opfer sorgfältig aus. Alle paar Stunden traktiert er einen kleinen, schwächlichen Juden mit starker Brille, der sich zur Handarbeit wenig eignet. Die anderen nehmen ihm die Arbeit ab, wenn niemand hinsieht.

In der vierten Woche, während sie wieder Zellen und Büros von Staub und Schmutz reinigen, geht das Gerücht um, sie kämen bald frei. Einige Häftlinge sind schon entlassen worden. Warum, weiß keiner.

Am 6. Dezember morgens holen sie Artur aus seiner Zelle, geben ihm seine Sachen wieder, außer dem Geld, und schieben ihn in das Wartezimmer, in dem Grete sitzt. Er kann es kaum glauben, sie zu sehen. Es kommt ihm vor, als seien viele Monate vergangen. Mit dem Weinen wartet er, bis sie das Gestapo-Quartier, das von außen grotesk ehrwürdig aussieht, verlassen haben.

Grete erzählt ihm, dass sie Tag für Tag angerufen hat oder hierhergekommen ist, Tag für Tag abgefertigt mit nichtssagenden Sätzen, dass er in Haft ist und bleiben muss und dass es von ihm abhängt, wie lange er in Haft bleibt, und wieso sie, eine Arierin, mit so einem Menschen verheiratet ist, verschlagen und durchtrieben, wie Juden nun einmal sind, und sie soll morgen bloß nicht schon wieder herkommen, sie wird benachrichtigt werden, wenn sich im Fall Schlesinger etwas Neues ergibt, wo kämen wir hin, wenn alle Frauen täglich hier aufkreuzen würden?

Anfangs hatte Grete sich nicht getraut, aber dann fragte sie Freya, was bei ihrem Sohn den Ausschlag zur Entlassung gegeben hatte. Nach einigem Herumdrucksen erzählte Freya, dass sie einem Gestapo-Mitarbeiter, von dem sie gehört hatte, dass er zugänglich sei, Geld gegeben hat. Daraufhin hörte sich auch Grete um und überreichte schließlich dem richtigen Menschen eintausend Reichsmark in einem Umschlag. Der zählte in aller Ruhe das Geld und ließ es in seinem Revers verschwinden. Dann sagte er ihr, sie solle in einer Woche wiederkommen, das sei ein guter Zeitpunkt. Der Zeitpunkt ist heute. Grete musste nur eine Stunde warten.

So schnell es geht, fahren sie nach Hause. Artur nimmt ein Bad und erzählt Grete, was er erlebt hat. Es ist vorbei, und daher macht er kein Drama daraus. Im Grunde ist er glimpflich davongekommen, er hat keinen Schaden genommen, davon ist er überzeugt, und Grete glaubt es ihm gern. Er schneidet sich die Nägel, er bearbeitet den ganzen Körper mit Seife und Wurzelbürste, er wäscht sich die Haare, er lässt die Zelle hinter sich. Ein Bad ist das, was wir Zivilisation nennen, sagt er lachend zur besorgten Grete, bei der jetzt erst die Angst durchbricht, die sie um ihn, um sich hatte.

Ich habe es hinter mir, wir haben es hinter uns, sagt Artur im Schaumbad. Alles wird gut.

Eine Freundin war mit den Kindern in der Stadt, gerade kommen sie zur Tür hinein. Artur sitzt frisch und munter vor einem Rührei in der Küche. Grete hat Peter gesagt, dass der Papa diesmal auf einer langen Geschäftsreise sei. Jetzt will das Kind unbedingt mit Artur spielen und schleppt seine Autosammlung herbei. Grete berichtet, wie es bei der Gestapo war. Dass die Freilassung sie eintausend Reichsmark gekostet hat, behält Grete für sich. Artur soll es noch nicht hören.

Nach einigen Tagen begibt sich Artur in die Berliner Straße zu Herrn Schneider. Grete hat ihn über die Inhaftierung informiert. Jetzt ist Artur gespannt, was er sagen wird. Mitleid kann er nicht erwarten. Achtung ist für den Lampenheini ein Fremdwort. Spott und Sarkasmus kann Artur aushalten. Er weiß selber nicht genau, wo seine Schmerzgrenze liegt. Er ist gerne Handelsvertreter für die Firma Schneider, und die Stellung als Handelsreisender bringt gut was ein. Es hat zu schneien begonnen, in knapp einer Woche ist Weihnachten. Herr Schneider wird schon friedlich sein.

«Na, Schlesinger, wieder unter den Lebenden? Freut mich zu sehen. Die Frau Gemahlin hat mir ja erzählt, dass Sie in Schutzhaft waren. Schutzhaft ist ein dolles Wort. Der Staat muss sich vor Leuten wie Ihnen schützen, das verstehe ich», sagt Herr Schneider, dessen schallendes Lachen Artur auf die Nerven geht.

«Das liegt ja nun hinter mir, und ich möchte wieder losfahren. Kurz vor Weihnachten sind gute Geschäfte zu machen.»

«Sie sagen es, aber Sie waren ja nicht verfügbar. Mir ist da einiges durch die Lappen gegangen. Sie sind ein guter Mann, doch wenn Sie wochenlang ausfallen, habe ich ein Problem.»

«Ich war nicht freiwillig weg, Herr Schneider.»

«Na, nichts für ungut, Schlesinger. Ich versuche es noch einmal mit Ihnen. Aber gut was einbringen müssen Sie, sonst überlege ich es mir doch noch anders.»

Auf dem Heimweg schaut Artur bei seiner Mutter vorbei.

Noch immer ist sie aufgelöst wegen der Schläge und Schüsse auf ihren Schwiegersohn und der Demütigungen, die ihre Tochter und ihre Enkelin erleiden mussten. Waren es wirklich nur Demütigungen?, fragt sie Artur, der noch weniger weiß und das Wenige auch nur von ihr. Er will nach Mühlhausen fahren und nach dem Rechten sehen; seine Mutter würde er gerne mitnehmen, aber die schreckt davor zurück. Komm doch mit, du wirst dich besser fühlen, wenn du alle mit eigenen Augen gesehen hast, sagt er. Sie will es sich überlegen.

Ältere Jüdinnen wie Rieke haben sie ausgelassen. Sie musste nur eine Geldstrafe zahlen, weil der Vorname Sara in ihrem Ausweis fehlte. Beim nächsten Mal werden sie uns nicht verschonen, sagt sie. Dass Artur vier Wochen weg war, geht im Mühlhäuser Drama fast unter.

Artur hat sich umgehört. Rund zweihundert Juden hat die Gestapo in Görlitz abgeholt. Die meisten von ihnen kamen innerhalb eines Monats wieder frei. Andere haben sie nach Buchenwald deportiert. Offenbar machen sie einen Unterschied zwischen Juden, die mit Nichtjuden verheiratet sind, und Männern aus rein jüdischen Ehen.

Seine Mutter erzählt ihm, dass jüdische Frauen jetzt auf die Friedhöfe gehen und nach Grabsteinen von Nichtjuden im passenden Alter Ausschau halten. Haben sie einen gefunden, stellen sie den Antrag, den jüdischen oder halbjüdischen Sohn rassisch höherzustufen. Sie behaupten dann, er sei die illegitime Frucht einer Affäre mit ebendiesem Arier, dessen unverfänglichen Namen sie auf dem Friedhof gefunden haben. Das ist ein gewagtes Unterfangen, aber es klappt, hat Rieke gehört. Aus dem Juden wird dann ein Halbjude, aus dem Halbjuden ein Vierteljude. Wir sollten auch auf den Friedhof gehen, sagt Rieke zu ihrem Sohn.

Artur staunt. Worauf Menschen heutzutage verfallen, sagt

er. Aber er kann sich nicht vorstellen, dass er so viel Unverfrorenheit aufbringt. Noch nicht.

Wenigstens einen Lichtblick gibt es. Herr Voigt in Bremen hat die Patentanmeldung weise zurückgehalten, wie Artur es gehofft hatte. Herr Voigt deutet am Telefon an, dass der November auch für ihn nicht einfach war. Mehr will er nicht sagen, weil immer jemand mithören könnte. Vielleicht hat er abgewartet, ob die Gestapo Artur wieder freilässt. Etliche derer, die am 9. November verhaftet worden waren, brachte man ins Konzentrationslager. Ihnen erging es viel schlechter als Artur.

Mit Herrn Voigt hat er nun vereinbart, dass der Brief nach den Feiertagen abgeschickt wird. Wenn es stimmt, dass zwei Jahre Wartezeit üblich sind, wird er Ende 1940 vom Patentamt Bescheid bekommen.

Grete möchte mit nach Mühlhausen fahren, auch Rieke hat sich dazu durchgerungen, und so machen sie sich zu dritt auf die Reise. Max liegt noch im Krankenhaus, die Ärzte haben ihn mehrmals operiert, er ist schwach und sieht alt aus. Ein Wunder, dass er überlebt hat. Zwei Kugeln steckten in seiner Brust, eine Kugel bohrte sich nahe dem Herzen hinein. Dazu ist sein Körper übersät mit Blutergüssen von den Schlägen.

Zwanzig Männer waren am Überfall auf die Familie und die Synagoge beteiligt, der Kreisleiter der NSDAP vorneweg. Sie glaubten, dass der Rabbiner tot sei, sie ließen ihn an der Mauer liegen, verwüsteten die Synagoge und steckten sie in Brand. Wahrscheinlich bekamen sie nicht mit, dass Polizisten Max abholten, erwarteten aber ohnehin, dass die Polizei Juden sterben lässt oder gar nachhilft. Seltsamerweise verhielten sich die Polizisten korrekt. Sie versorgten Max notdürftig und brachten ihn ins Krankenhaus. Vielleicht hatten sie einen Funken Sympathie für Max Rosenau. Ob sie wohl Ärger bekamen?

Hertha sieht stark mitgenommen aus. Auch auf sie haben sie eingeprügelt. «Sie waren im Blutrausch», sagt sie, «sie waren von Sinnen. Ich glaube, sie haben vorher getrunken, ich kann mir nicht vorstellen, dass sie nüchtern so weit gegangen wären. Das sind fanatische Judenhasser, ich kenne jeden von ihnen, jeder hier in der Stadt kennt sie; sie müssen sich nicht verstecken, sie können sich alles erlauben. Ich hätte nie gedacht, dass es so weit kommt, das war Raserei wie im Mittelalter. Max haben sie an die Wand gestellt wie einen Kriegsgefangenen, und dann hat Vollrath auf ihn geschossen. Vollrath ist Apotheker, ein bürgerlicher Mensch, könnte man meinen, aber mit einem ungeheuren Stiernacken, und der hat auf Max geschossen, als sei Max ein Verbrecher; und keiner von diesen vielen Männern, die plötzlich um uns herum waren, hat sich ihm in den Weg gestellt. Die wollten das so, die haben sich im Wirtshaus ausgedacht, wie sie den Rabbiner ermorden und die Synagoge abbrennen – und dann sind sie gekommen und wollten Blut sehen.»

Sie zerrten und stießen Hertha und ihre Tochter herum, und Hertha dachte plötzlich, sie beide würden vergewaltigt, aber dann fiel ihr ein, dass sie so weit nicht gehen durften, denn auch eine Vergewaltigung wäre ja Rassenschande, ein Verbrechen, auf dem jahrelange Haftstrafen stehen, und damit nehmen es die Nazis genau.

Auf der Polizeistation merkten Mutter und Tochter, dass sie in Sicherheit waren. Sie bekamen zu trinken und zu essen. Über Nacht blieben sie auf der Wache, aber zu ihrem Schutz, denn draußen zog der Pöbel durch die Stadt und schlug die Scheiben jüdischer Geschäfte ein und plünderte sie und zerrte Juden oder wen sie dafür hielten, auf die Straße und brachte sie in die Turnhalle. Rund zweihundert

Juden leben in Mühlhausen, genauso viele wie in Görlitz. Für einunddreißig wurde die Turnhalle zum Gefängnis.

«Ihr müsst weg aus Deutschland, hier werdet ihr nicht überleben», sagt Rieke mit klarer Stimme, sie wirkt erstaunlich ruhig dabei.

«Ja, das wissen wir, wir wollen nach Palästina auswandern.»

«Habt ihr genug Geld? Sie nehmen Geld dafür, dass sie euch gehen lassen.»

«Ich weiß, die Reichsfluchtsteuer. Was die sich einfallen lassen, einfach ungeheuerlich. Aber es ist nur Geld und nicht das Leben.»

«Wie lange muss Max noch im Krankenhaus bleiben?», fragt Artur.

«Die Ärzte sagen, er kann reisen. Sie wissen nicht, wie viel zurückbleibt. Die eine Kugel hat Lunge und Milz verletzt, die andere steckt noch in der Brust. In Palästina gibt es gute Ärzte, wir werden sehen.»

«Wir sollten dir beim Packen helfen. Vielleicht könnt ihr Möbel an Freunde verkaufen oder verschenken, damit die Nazis nicht alles in die Finger bekommen», sagt Rieke.

«Wir machen das, und du kümmerst dich um Max und Mira», sagt Grete zu Hertha.

In der Wohnung sucht Hertha Persönliches zusammen, Fotos und Urkunden, Briefe und Schmuck, alles, was mit der Kleidung in drei Koffer passt. Von den Möbeln, dem Geschirr, den Bildern, Büchern und Kerzenleuchtern sollen sich Freunde und Bekannte aussuchen, was sie gebrauchen können, natürlich auch die Schlesingers.

Nach ein paar Tagen verabschieden sich die drei Görlitzer. Max geht es besser, die Koffer sind gepackt, die Schiffspassage ist bezahlt. Alle weinen beim Abschied. Keiner von ihnen weiß, ob sie sich je wiedersehen werden. Rieke ist todtraurig.

Auf der Heimfahrt fängt Rieke wieder davon an, dass Artur und Grete auch darüber nachdenken sollten, ins Ausland zu gehen. Und du, fragt Artur, was machst du? Für mich ist es zu spät, sagt Rieke. Hertha hat sie gefragt, ob sie mitkommen möchte, aber Rieke ist zu müde, zu alt, sie wird zweiundsiebzig, da geht man nicht mehr weg, sagt sie. Was die Nazis den Rosenaus angetan haben, bestärkt sie in ihrer Angst, dass es irgendwann alle Juden treffen wird. Sie will in ihrer Wohnung bleiben, sie wird sie noch seltener verlassen, vielleicht finden die Nazis, dass sie zu alt ist, und vergessen sie.

Artur und Grete sprechen wenig auf der Rückfahrt. Es fällt ihnen schwer, die gewohnte Zuversicht zurückzugewinnen. Grete ringt sich dazu durch, an das Haus zu denken, an ihre Pläne, an ihre Wünsche, an ihre Kinder. Vielleicht holen sie Artur irgendwann wieder ab, aber sie wird man in Ruhe lassen. Und sie schützt ihren Mann, so gut es geht, und so wird es bleiben.

Artur grübelt wieder, ob das Beschwichtigen gut ist, ob er sich am Ende nicht wird sagen müssen, dass die Mühsams und die Rosenaus es richtig gemacht haben und er falsch. Dann denkt er an die Schlupflöcher, die die Nazis lassen, an das Patentamt und den Lampenheini und die Juden, die mit Ariern verheiratet sind. Hitler hat nun auch noch das Sudetenland bekommen. Wichtiger als die Juden sind ihm solche Erfolge, sagt sich Artur. Das Saarland, Österreich, das Sudetenland, die Rache für Versailles, darauf kommt es Hitler an. Die Juden sind nur Beiwerk, oder nicht?

27.

Gretes Sehnsucht nach Normalität

Grete findet den Übergang vom Ausnahmezustand zur Normalität quälend, aber auch faszinierend. In Mühlhausen konnte sie sich nicht vorstellen, dass es je wieder Normalität für sie geben könnte, doch zum Glück hat sie sich geirrt. Jetzt lässt sie sich von dem wohligen Gefühl umfangen, dass der Schrecken nachlässt. Sie freut sich über jede Nacht ohne Albtraum. Sie ist wie eine Gefangene, die sich an die Freiheit gewöhnt. Das belanglose Leben, das aus Hausarbeit und Kindererziehung besteht, erscheint ihr plötzlich erstrebenswert.

Noch in der Freude über den Alltag spürt sie die Erschütterung, die Arturs Verhaftung ausgelöst hat. Mit einem Mal war sie auf sich gestellt gewesen, ohne zu wissen, wie lange er weg sein würde. Unsicherheit bestimmte plötzlich ihr Leben und machte ihr Angst. Ging das nur ihr so? Und ging das jetzt immer so weiter?

Nein, nicht immer, redete sie sich ein. Es musste wieder besser werden. Wenn das Leben unübersichtlich war, wenn der Blitz einschlagen konnte, musste sie sich damit abfinden. Wichtig war nur, dass sich Normalität und Ausnahmezustand abwechselten, wenigstens das. So viel Verlässlichkeit erwartete sie schon vom Leben. Und wann schlug der Blitz wieder ein? Weder Artur, der so viel älter war als sie, noch sie selber konnten wissen, wann es wieder so weit sein würde.

Und dabei mussten sie sich sagen, dass Artur glimpflich davongekommen ist im Vergleich zu den Rosenaus in Mühlhausen. Und beim nächsten Mal?

Zu Gretes Leben gehört jetzt der Schmerz. Schmerz über das Unglück, das eingetreten ist und erneut eintreten kann. Schmerz über ihre Machtlosigkeit. Schmerz über die Ungewissheit, wie lange der Alltag anhält.

Grete findet, dass sie in merkwürdigen Schüben erwachsen geworden ist. Es begann mit der Feindseligkeit ihres Vaters gegenüber Artur, die ihr Verhältnis zu den Eltern verschlechterte. Die Heirat machte sie zur Frau und entfremdete sie ihren Freundinnen. Oder die Kündigung der Adlerwerke, die ihr Leben veränderte, auch wenn der Lampenheini Artur bald wieder Arbeit gab. Artur beschwert sich nicht, aber nur in seinem Laden auf der Berliner Straße war er wirklich glücklich. Die ganze Herumfahrerei während der Woche und das Anpreisen der Ware bringen ihm zwar gutes Geld ein, machen ihm aber keinen Spaß.

Grete ist ein ernster Mensch, der weiß, dass einem nicht alles in den Schoß fällt. Ernst zu sein hat ihr immer gefallen; es war ja nur eine Seite von ihr. Jetzt beherrscht er sie, dieser Ernst, ergreift Besitz von ihr und lässt sie nicht mehr los.

Mit dem alten Ernst hat sie sich wohlgefühlt, der neue Ernst ist bedrohlich. Er verändert sie. Der Gedanke treibt sie um, was aus ihr und den Kindern werden wird, wenn die Gestapo Artur erneut abholt: länger, lange, für immer. Es ist wichtig, sich auf den Notfall vorzubereiten.

Sie rechtfertigt sich damit, dass sie ja nicht nur Ehefrau ist, sondern Mutter zweier Kinder. Falls Artur wieder verschwinden sollte, würde sie mit Peter und Jochen zu ihrer Mutter ins große Haus ziehen. Dort würde sie abwarten. Es tut ihr gut, für den Fall der Fälle einen Ausweg zu kennen, und zugleich rührt sich das schlechte Gewissen.

Als Mutter ist es unumgänglich, Vorkehrungen zu treffen. Als Ehefrau findet sie es geschmacklos, auch nur einen Gedanken darauf zu verschwenden, dass Artur nicht mehr wiederkommen könnte. Ist das treulos? Wo fängt Treulosigkeit an? Würde Artur Verständnis dafür aufbringen, dass sie Mutter-Gedanken hegt, die den Ehefrau-Gedanken widersprechen? Sie glaubt, dass er sie darin bestärken würde und dass es ihn sogar beruhigt zu wissen, dass sie gut aufgehoben ist, wenn er weiß, wo sie in seiner Abwesenheit unterkommt, mit wem sie zusammen ist, wer sich um die Kinder kümmert, wer ihr hilft, wenn er ihr nicht helfen kann.

So viel Nachdenken über den Eventualfall, von dem sie hofft, er trete nie ein, wobei ihr die Erfahrung, die sie im November machen musste, das Gegenteil nahelegt – noch eine Verhaftung, noch mehr Ungewissheit, noch tiefere Angst. Davor muss sie sich schützen, damit sie die Kraft aufbringt, die beide Kinder von ihr erwarten dürfen. Sie verhält sich richtig. Sie ist nicht treulos. Sie muss so sein, wie sie ist. Bleibt ihr überhaupt etwas anderes übrig?

Der Lampenheini hat sich Arturs im Sommer 1939, kurz vor Kriegsausbruch, entledigt. Er warf ihm seinen Erfolg vor. Aus Breslau kam Artur erneut mit einer Großbestellung nach Hause, und Herr Schneider sagte ihm, er komme mit den Aufträgen nicht nach und müsse ihn deshalb entlassen. Artur fand die Begründung stümperhaft, war aber nicht überrascht, wie er auch damals nicht überrascht gewesen war, als er von den Adlerwerken den Entlassungsbrief bekam. Immerhin war Herr Schneider so korrekt, ihn auszuzahlen, einen stattlichen Betrag von mehr als zehntausend Reichsmark. Davon können Artur und seine Familie eine Weile gut leben.

Es gibt auch Trost, immerhin. Im Mai 1940 erkennt das

Patentamt in München die Lichtanzeige im Armaturenbrett als Erfindung an. Die Firma Voigt hält die Vereinbarung ein und händigt ihm zwanzigtausend Reichsmark aus. Artur ist zwar ohne Anstellung, aber liquide, sehr liquide.

Um Geld geht es Grete nicht. Am Geld wird nichts scheitern. An den Nazis womöglich schon. Sie ist vierunddreißig Jahre alt und muss der Angst standhalten, die sie wie eine Schlange umschlingt. Sie schaut sich dabei zu, wie sie Angst hat und wie sich alles in ihr dagegen wehrt, dass die Angst sie in Besitz nimmt. Sie schaut genau hin, was sich in ihr regt und was nicht. Sie ist glücklich darüber, dass kein Gedanke darunter ist, der sich gegen Artur kehrt oder ihr rät, sich von ihm abzuwenden.

Sie sucht nach der Kraft, dem Wahnsinn zu trotzen, der jederzeit wieder an der Wohnungstür klingeln kann. Sie nimmt sich vor, zuversichtlich zu sein, und sie glaubt fest daran, dass der Höllenschlund sie nicht verschlingen wird und dass es irgendwann vorbei sein wird mit den Ledermänteln und dem Verschwinden und dem Krieg, der Sieg auf Sieg auf Sieg bringt, erst das Saarland, dann Österreich, dann das Sudetenland und die Resttschechei und Frankreich. Es kann gar nicht sein, dass es immer so weitergeht, es muss bei aller Ungerechtigkeit so etwas wie Gerechtigkeit geben, und wenn alles erst einmal schlimm geworden ist, muss es auch wieder anders werden, ruhiger, zuverlässiger, weniger unübersichtlich.

Den Frühsommer vor dem Einzug in das neue Haus verbringt Grete ohne Artur mit den Kindern in Ostpreußen. Cranz ist ein beliebtes Seebad, es liegt nicht weit von Königsberg am Südrand der Kurischen Nehrung. Hier wohnt Hilde, eine Freundin, die Grete mit Peter und Jochen besucht. Der Urlaub endet am 22. Juni. An diesem Tag beginnt Hitler seinen Russlandfeldzug. Die Schlesingers fahren schleunigst zurück nach Görlitz. Ostpreußen ist jetzt Aufmarschgebiet.

Im August 1941 kommt Peter in die Melanchthonschule. Jetzt ist er kein kleines Kind mehr, sondern ein Schuljunge mit Hausaufgaben. Die Ereignisse, die für die Familie wichtig sind, hält Grete getreulich im Merk- und Tagebuch fest.

Mit seinem Lehrer, Herrn Röhr, hat Peter es gut getroffen. Seine Eltern haben ihm nichts davon gesagt, dass sein Vater ein Jude ist und der Name Schlesinger darauf hindeutet. Peter bekommt eine Schultüte und ist stolz auf seinen neuen Status. Der Junge hat blondes Haar und blaue Augen. Lehrer Röhr passt auf Kinder wie Peter auf, ohne dass sie es merken.

Viele Lehrer sind Nazis, überzeugt von der nationalsozialistischen Ideologie sind sie nicht unbedingt. Lehrer Röhr mit seinen schwarzen Haaren, dem zerknautschten Gesicht und einem schwarzen Schnäuzer ist ein leidenschaftlicher Pädagoge, der die Kinder in die höhere Schule begleiten will und sonst nichts. Wenn ein Schüler eine Frage richtig beantwortet, streicht ihm der Lehrer über beide Ohren wie einem kleinen Hund. Er hat auch einen Tick, über den sich die Kinder zuerst wundern und dann amüsieren. Seine rechte Schulter zuckt immer mal wieder, woraufhin der Lehrer zischende Laute von sich gibt. Wäre er nicht freundlich zu den Kindern, hätten sie Angst vor ihm und diesem Zucken und Zischen.

Grete hat vor Schulbeginn mit Lehrer Röhr geredet und hält ihn für einen Glücksfall. Zu Artur sagt sie: «Immer wieder treffen wir auf Menschen, die sich von niemandem einfangen lassen. Denk nur an die Mersheimers oder die Vannahmes. Herr Röhr ist auch so wie sie.»

«Die anderen, die sich einfangen lassen, kennen wir ja

auch nicht», antwortet Artur. «Und wenn wir sie kennen würden, wäre das schon sehr komisch.»

«Da hast du auch wieder recht», lacht Grete. «Aber lass mir doch die Freude, wenn wir im richtigen Augenblick auf gute Menschen treffen.»

In Peters erstem Zeugnis steht: Lesen gut; Rechtschreibung gut, Rechnen gut, Handschrift gut, Musik befriedigend, Führungshaltung sehr gut. Später zieht die Schule um in die Schulstraße. Die Melanchthonschule wird zum Lazarett. Der Krieg in Russland läuft nicht mehr so gut wie zuvor.

«Das könnte die Wende sein», sagt Artur.

«Wir wollen uns nicht zu früh freuen», meint Grete. «Der Hitler hat doch immer Glück.»

«Gehabt, Mädi, gehabt. Damit ist es irgendwann vorbei. Hoffe ich jedenfalls. In der Zwischenzeit bauen wir unser Haus fertig und ziehen ein.»

Vom Hausbau gibt es sogar einen kurzen Film, den Artur gedreht hat, um den großen Augenblick festzuhalten. Es ist Krieg, alles Mögliche kann passieren, sie können Artur wieder abholen und ins Konzentrationslager stecken, wer sollte sie davon abhalten, aber Artur und Grete tun, was sie sich vorgenommen haben, sie bauen ein Haus und dokumentieren den Baufortschritt mit einem Filmchen.

Auf den ersten Bildern ziehen zwei Pferde einen Leiterwagen, auf dem Holzbalken gestapelt liegen. Es ist Sommer 1939. Dann gibt die Kamera den Blick frei auf ein großes leeres Grundstück. Schnitt. Ein Arbeiter schiebt eine Schubkarre voller Ziegelsteine über Bretter, die auf dem aufgeweichten Boden liegen. Jetzt ist Herbst. Wieder ein Schnitt. Zwei Jungen im Trenchcoat stapfen Hand in Hand durch den Schnee. Schnitt. Man sieht Grete im geblümten Kleid, sie strahlt und lacht in die Kamera. Artur taucht im Bild auf. Er trägt Krawatte zum weißen Hemd, die Ärmel sind hochgekrempelt, er schippt Erde auf eine Schubkarre. Er schmunzelt.

Der Film vom Hausbau dauert siebenundzwanzig Minuten. Die erste Mauer wird hochgezogen. Massenhaft Ziegelsteine liegen dort, wo einmal der Garten sein wird. Die Bauarbeiter tragen Schiebermützen und rauchen entweder Pfeife oder Zigarre, während sie Beton mischen, das Gebälk hochziehen und die Fensterhöhlen mauern. Zum Richtfest zieren drei Kränze das Dach. Der Architekt in Mantel, Hut und Krawatte ist auch dabei. Und immer wieder Peter und Jochen: im Sonntagsstaat auf einer Leiter; in Lederhosen, mit Tirolerhut und Trachtenjacke; beim Herumtoben rund um den Nutzgarten, den Grete anlegt. Noch ist das Haus nicht fertig, da improvisiert die Familie Schlesinger schon dort ein Frühstück, wo bald die Terrasse sein soll.

Eine deutsche Familie baut ein Haus und filmt sich dabei. Alle sehen glücklich aus. Ein Haus, ein Heim. Eine Welt nur für sie. Die Kamera schwenkt über die Nachbarschaft in der Tannenbergstraße. Das Haus ist groß: Zwei Schlafzimmer mit Bad, Wohn- und Esszimmer gehen ineinander über; die ausladende Diele ist Empfangsraum für Gäste; das Dienstmädchen, das Artur und Grete einstellen, sobald das Haus bezugsfertig ist, hat ein Zimmer im ersten Stock neben dem geräumigen Gästezimmer und Arturs Büro. Natürlich hat Artur auch eine Werkstatt im hinteren Trakt. Der Garten ist fast so schön wie in der Rauschwalder Straße. Als die beiden Pferde 1941 wieder mit dem Leiterwagen antraben, um das unverbaute Holz und den abgerissenen Schuppen aufzuladen, in dem Baumaterialien gelagert waren, sind mehr als zwei Jahre vergangen.

Als das Haus fertig ist, weint Grete. Vor Glück. Vor Erleichterung. Vor Angst, sie könnten das Haus wieder verlieren.

Für den Film benutzt Artur eine Eumig, eine ganz flache Kamera, die keine Batterie hat, sondern mit einer Kurbel an der Seite aufgezogen werden muss. Der Achtmillimeterfilm läuft jeweils drei Minuten lang, dann muss ein neuer Film eingelegt werden. Die Aufnahmen sind stumm. Keine Wortfetzen der Arbeiter sind zu hören, kein Gespräch beim Harken, als Grete dem filmenden Artur fröhlich die Zunge herausstreckt, kein Streit zwischen den Buben.

Grete ist eine schöne junge Frau mit Lockenwickler-Frisur. Artur ist ein schlanker, beweglicher Mann, dem man seine einundfünfzig Jahre nicht ansieht. Mit seinem zurückgekämmten schwarzen Haar, weiß durchwirkt, das Gesicht braun gebrannt, sieht er fast italienisch aus; immer im Anzug, immer mit Krawatte, ein Hausbauer aus dem Bilderbuch. Die Kinder sind blond und fröhlich und wachsen mit dem Haus. Eine deutsche Familie im 20. Jahrhundert, selbstbewusst und zuversichtlich, geradezu ein Klischee. So sieht sie im Film aus.

Die Jahreszeiten wechseln. Das Haus bekommt ein Dach, Fenster, eine Treppe. Beim Einzug fehlt nur noch das Gartentor. Nur einmal erfasst die Kamera wie aus Versehen einen vorbeieilenden SS-Mann. Wohin er wohl geht, und woher er wohl kommt?

Den Grundstein für das Haus haben Artur und Grete Monate vor Kriegsausbruch gelegt. Als der Überfall auf Polen den Zweiten Weltkrieg auslöst, feiern die Schlesingers in Görlitz Richtfest. Der Umzugswagen fährt am 3. Juli 1941 vor, bald darauf müssen Juden in Deutschland wie im Mittelalter den gelben Stern tragen. Im Osten beginnen die Nazis mit der Ermordung der Juden. Hitler ist dabei, die Welt zu erobern und die Juden zu vernichten, wie er es sich vorgenommen hat.

Grete und Artur bauen ihr Haus gegen die Nazis, gegen

den Krieg, gegen den ganzen Wahnsinn um sie herum. Sie besuchen die neuen Nachbarn und stellen sich vor. Sie laden ihre Freunde ein und führen sie fröhlich durch das Haus. Die Freunde staunen darüber, wie schön es geworden ist. Sie staunen über den Mut von Artur und Grete, ihre Beharrlichkeit und die Findigkeit, mit der Artur Beton, Fenster und Dachschindeln besorgt hat, alles Mangelware im Krieg. Vielleicht ist ihnen beklommen zumute, weil Artur Jude ist und niemand weiß, ob Hitler nicht auch bald ihn deportieren lässt, aber sie lassen es sich nicht anmerken.

Jeder tut in dieser Zeit das, was er für richtig hält. Die Vannahmes sind ihrem Sohn in England hinterhergezogen. Die Bredows schwimmen auf der Siegeswelle. Die Mersheimers stehen mit der Bekennenden Kirche in Verbindung. Werner Finck hat sich freiwillig zur Wehrmacht gemeldet, nachdem er aus der Reichskulturkammer ausgeschlossen worden war, und ist jetzt Soldat an der Ostfront. Goebbels machte ernst, er wollte ihn der Gestapo überlassen, aber so weit ist es zum Glück nicht gekommen. Werner macht jetzt in der Freizeit Kabarett an der Front.

Lücken im System? Gibt es kaum noch. Artur und Grete nennen ein Haus ihr Eigen, und Artur versucht, seiner Mutter zu helfen.

Rieke hat Angst. Sie geht kaum noch aus dem Haus, seit sie den Judenstern tragen muss. Besorgungen erledigen Artur oder eine arische Nachbarin. Alle Versuche, sie aufzumuntern, prallen an ihr ab. Höchstens die beiden Buben dringen durch den Schleier der Hoffnungslosigkeit. Sie ist vierundsiebzig Jahre alt. Sie wartet darauf, dass etwas passiert. Dann passiert es. Sie wird abgeholt und nach Tormersdorf gebracht, in eine Ortschaft vor Görlitz.

Tormersdorf war seit mehr als einhundert Jahren eine diakonische Anstalt für «männliche Sieche, Kranke, Epileptische und Idioten». Die Diakone bildeten die Bruderschaft Zoar. Zoar ist der Name der biblischen Stadt, in der der gerechte Lot aus Sodom, von zwei Engeln vor der Zerstörung der Stadt gewarnt, Unterschlupf fand. Aus Baracken bauten die Brüder Häuser für ihre Schützlinge, die in einer Buchhandlung, der Schuhmacherei, in der Bäckerei oder Wäscherei oder Obstkelterei arbeiten konnten. Die Diakone unterschieden zwischen Schwachbegabten und Bildungsfähigen. Sie kümmerten sich um diejenigen, um die sich sonst niemand kümmerte. 1933 arbeiteten dreiundsechzig Diakone in Tormersdorf.

«Friedhofsgemüse» sagten die Nazis zu den Pfleglingen in Tormersdorf. Zoar musste sich in St. Martin umbenennen, jüdische Namen waren nun verboten. Wer von den Schützlingen arbeitsfähig war, den holten sie heraus. Die Schwachsinnigen wurden Ärzten und SS-Männern vorgeführt und ausgesondert. Im Juni 1941 ist die Diakonie menschenleer. Nun wird aus Tormersdorf ein Internierungslager für Juden. Siebenhundert Juden aus Niederschlesien werden hierher deportiert; Rieke ist eine von ihnen. Sie müssen zum Morgenappell antreten und arbeiten. Es gibt einen Judenältesten. Das Bethaus wird zur Synagoge. Rieke ist fromm, aber nicht arbeitsfähig. Wieder wartet sie ab, was als Nächstes passiert.

Artur ist verzweifelt und fährt mit Lebensmitteln nach Tormersdorf. Ich habe es dir gesagt, wir sind als Nächste an der Reihe, sagt Rieke zu ihrem Sohn, der nicht weiß, was er erwidern soll. Soll er fragen: Wie geht es dir? Er sieht, wie schlecht es ihr geht. Soll er sagen, dass er sie hier rausholt? Wie könnte er? Sie fragt nach den Kindern und dem Haus, und er bekommt ein furchtbar schlechtes Gewissen. Er hatte ihr angeboten, zu ihnen zu ziehen, aber sie wollte nicht aus ihrer Wohnung heraus. Das war vorgeschoben, denn in

Wahrheit wollte sie ihnen nicht zur Last fallen, und eine Last wäre eine alte Frau mit gelbem Stern gewesen. Sie weiß es, und er weiß es, und sie weiß, dass er es weiß.

Vor einem Jahr sind Rieke und Artur auf einen Friedhof in Görlitz gegangen und haben nach einem Verstorbenen gesucht, der ohne Familie beerdigt war. Sie stießen auf einen Mann namens Gottfried Schmidt, Todesdatum 5. März 1931, vierundsechzig Jahre alt, ein Offizier, den Rieke sogar gekannt hatte. Rieke setzte ein Schreiben an das Sippenamt in Berlin auf, in dem sie Artur als Frucht einer unehelichen Verbindung mit diesem Herrn Schmidt ausgab, und bat um Korrektur der Abstammung. Artur wiederum bat um Klärung seines Status.

Nach einigen Monaten schrieb das Sippenamt zurück, dass es sich bei Artur Schlesinger um einen Mischling ersten Grades handelt, wie die Bürokratie Halbjuden nun bezeichnet. Da er mit einer Arierin verheiratet ist und beide Kinder evangelisch getauft sind, lebt er in einer privilegierten Mischehe. Deshalb muss er keinen Judenstern tragen und hat Aussicht auf Arbeit.

Die Halbjuden haben Glück. Sie sind die Lücke, die die Nazis in Deutschland zulassen. Rund zwanzigtausend Halbjuden gibt es noch in Deutschland, das weiß man seit der Volkszählung von 1939. Für Halbjuden finden die Nazis keine Handhabe, weil sich die zivile Bürokratie und die Partei gegenseitig blockieren. Die Bürokratie verlangt nach einer gesetzlichen Regelung, aber die Partei fasst keine Beschlüsse für die Halbjuden, weil der Führer Wichtigeres zu tun hat, zum Beispiel die Sowjetunion zu überfallen. Die Vernichtung der Halbjuden behält er sich für die Zeit nach dem Krieg vor.

Artur sitzt im Auto und weint. Er muss zusehen, wie seine Mutter in Tormersdorf seelisch und körperlich zugrunde geht. Er kann ihr Lebensmittel bringen, das lassen sie zu. Damit hat es sich aber auch. Rieke hat gehört, dass sie nicht lange in Tormersdorf bleiben sollen. Wohin bringen sie sie dann? Artur hat gehört, dass überall Lager entstehen, Konzentrationslager, vor allem im Osten. Was soll er tun? Er muss an seine Familie denken, die ihn braucht. Gerade hat er wieder Aussicht auf eine Vertreterstelle. Das kommt ihm gelegen, denn seine Ersparnisse schrumpfen. Darüber freuen kann er sich nicht. Er hat wieder eine Lücke im beinahe lückenlosen System entdeckt. Einen Weg, seine Mutter zu retten, die ihm selbst so sehr geholfen hat, findet er aber nicht. Jeder ist sich selbst der Nächste, sagt er sich. Auch er.

Grete kann ihn diesmal nicht trösten, Artur steckt fest in seiner Verzweiflung. «Du bist nicht schuld daran, du kannst nichts dafür. Du musst dich nicht schuldig fühlen, dass es uns gutgeht. Du hast alles getan, was du tun konntest. Du warst – nein, du bist ein guter Sohn, der sich kümmert und seine Mutter besucht und ihr Lebensmittel bringt», redet sie auf ihn ein.

«Sie hat es kommen sehen. Sie hat es viel früher gesehen als ich. Ich sehe gar nichts kommen. Andere sehen viel mehr, meine Mutter, die Mühsams, die Vannahmes, Werner. Zu Recht haben sie sich bedroht gefühlt. Sie haben die Drohungen ernst genommen und Konsequenzen gezogen. Auch die Rosenaus sind spät, aber nicht zu spät, nach Palästina gegangen.»

«Du darfst nicht so mit dir hadern. Wir haben nicht alles richtig gemacht, aber schon gar nicht alles falsch. Du bist ein geschickter Mann, der immer wieder eine Lösung gefunden hat. Zuerst den Lampenheini, dann die Patente, und bald wirst du Feuerlöscher verkaufen.»

«Wer weiß, was passiert wäre, wäre meine Mutter nicht mit mir auf den Friedhof gegangen, hätte sie nicht ans Sippenamt geschrieben? Vier Wochen bei der Gestapo genügen mir für den Rest meines Lebens. Und jetzt sitzt sie hinter Stacheldraht in Tormersdorf und wird bald verlegt, und niemand weiß, wohin. Wie lange wird sie da durchhalten können?»

«Wir haben immer gesagt, Bübi, dass wir versuchen wollen, unser Leben so normal wie möglich zu leben. So haben wir zwei Kinder bekommen und ein Haus gebaut. Wir haben nichts Böses getan und nichts Falsches.»

«Ja, du hast recht, ich aber auch. Wir haben nichts Böses getan, aber in bösen Zeiten wird jeder irgendwann schuldig. Diese Nazis zwingen uns alle dazu, schuldig zu werden.»

«Um schuldig zu sein, müsste es eine Möglichkeit gegeben haben, ihr zu helfen, die du nicht genutzt hast. Die gab es aber nicht.»

«Es ist furchtbar. Ich werde diese Hilflosigkeit nie vergessen. Sie hat mich angeschaut, als wäre es das letzte Mal.»

Wie vergehen solche Gefühle: Trostlosigkeit, Hoffnungslosigkeit, Hilflosigkeit? Peter kommt aus der Schule und Jochen aus dem Kindergarten. Grete kocht Mittagessen und Abendessen. Die Familie folgt ihrem eigenen Rhythmus, der Artur von seinen schwarzen Gedanken ablenkt. Langsam findet er zurück. Langsam kann er wieder ohne Albträume schlafen. Von der NSDAP-Kreisstelle bekommt er die Sondererlaubnis, als Handelsvertreter für Feuerlöscher herumzufahren. Denn der Krieg kommt nach Deutschland, und die Städte brennen. Feuerlöscher werden überall gebraucht.

Zweimal noch besucht Artur seine Mutter und bringt ihr Lebensmittelpakete. Hager und dürr ist sie, alt und abwesend. Er schaut sie an. Sie schaut ihn an. Sie reden wenig. Es gibt nichts zu sagen. Er zeigt ihr Fotos von den Kindern. Sie lächelt. Wenn er geht, schaut sie ihm lange nach. Er spürt es, ohne zurückzuschauen. Jeder Abschied ist wie ein Abschied für immer. Ihm bricht das Herz.

Dann ist sie fort. Tormersdorf wurde aufgelöst. Die siebenhundert Menschen, minus derjenigen, die Selbstmord begangen haben, wurden nach Theresienstadt deportiert. Theresienstadt ist weit weg. Es ist ein Konzentrationslager für alte Juden. Was machen sie dort mit ihnen?

Artur schreibt an seine Mutter. Der Brief kommt mit dem Vermerk «abgereist, unbekannt wohin» zurück. Er vermutet, dass sie sie nach Auschwitz gebracht haben. Er fährt zur Gestapo-Leitstelle in Breslau, er will Fragen stellen, kommt aber nicht dazu. Sofort wird er einem Verhör unterzogen. Zwei Sadisten richten eine Jupiterlampe auf ihn und schlagen ihm ins Gesicht. Dass ein Halbjude es wagt, nach seiner jüdischen Mutter zu fragen, ist für sie eine ungeheure Frechheit, die bestraft werden muss. Artur rechnet damit, dass sie ihn hierbehalten. Er stellt sich auf weitere Schläge ein. Aber es kommt anders. Nach zwei Stunden lassen sie ihn gehen. Wieder gibt es keinen anderen Grund dafür, als dass sie genug von ihm haben. Ihm soll es recht sein.

Als Artur benommen beim Pförtner vorbeiwankt, sagt der zu ihm: «Sei froh, dass du hier noch lebendig herausgekommen bist.»

28.
Die Großfamilie

Der britische Ingenieur und Leutnant W. C. Philipp beobachtete bei einer Schiffsreise, wie Meereswasser, das in den heißen Krater eines feuerspeienden Vulkans strömte, förmlich explodierte und die dabei entstehenden Dampfwolken das Feuer löschten. Das brachte ihn auf eine Idee. Er konstruierte ein tragbares Gerät, das mit dem in ihm erzeugten Wasserdampf Brände zu löschen vermag. Noch so eine Erfindung, die Artur wegen ihrer Einfachheit bewundert.

Artur versteht nicht viel von Feuerlöschern, aber er versteht, dass die deutschen Städte, auf die britische Flugzeuge Brandbomben werfen, dringend Löschgerätschaften benötigen und dass die anderen Städte, die noch verschont werden, Vorkehrungen treffen sollten. So bekommt die Firma Total ein Problem. Die Nachfrage steigt, und das Angebot bleibt aus zwei Gründen weit zurück: Das Metall, aus dem der Löschkörper besteht, ist rar, da die Kriegsrüstung Vorrang hat; auch Vertreter, die Feuerlöscher vertreiben, gibt es nicht viele, weil Männer entweder an der Front kämpfen, in kriegswichtigen Firmen arbeiten oder im KZ inhaftiert sind. So fügt es sich, dass die Firma Total für Niederschlesien eine Sondergenehmigung beim NSDAP-Kreisleiter erwirkt, die es dem Halbjuden Artur Schlesinger erlaubt, für sie zu arbeiten.

Zunächst liest Artur alles, was ihm über Feuerlöscher in

die Hände fällt. Bald fühlt er sich als Fachmann und redet darüber so kundig wie über das Automobil. Lässig unterscheidet er Feuerlöscher, die mit Kohlensäure oder Schaum löschen, von denen, die mit Wasser, Trockenpulver oder Magnesium gefüllt sind. Feuerlöscher sind näher bei Automobilen als Stehlampen und retten auch noch Leben. Er mag seine neue Stelle lieber als die alte.

Artur beschafft sich einen Opel P4 Lieferwagen und fährt damit nach Breslau. Dort lädt er Feuerlöscher auf und bringt sie in einer der beiden Garagen unter, die er fortan sein «Lager» nennt. Er heuert einen Mann an, der die Feuerlöscher mit dem gewünschten Löschmaterial füllt. Dann packt Artur die Geräte in den Lieferwagen und beliefert Fabriken, Tankstellen und Firmen in den Industrievierteln der kleinen und größeren Städte Niederschlesiens. Die meisten hatten schon vor Monaten bestellt. Artur hat es leicht. Kein Verhandeln, kein Einerseits-ja-andererseits-vielleicht-lieber-doch-nicht wie bei der Lampenvertretung. Artur muss nicht anpreisen, nicht angeben, er muss sich nicht verrenken. Ein Feuerlöscher ist eine wichtige Sache, und wer eine Firma hat, tut gut daran, ein funktionstüchtiges Exemplar zu besitzen.

Außerdem kontrolliert Artur die Feuerlöscher, die schon in Gebrauch sind. Wo es nötig ist, tauscht er sie aus. Sein Wort entscheidet, seine Expertise stellt niemand in Frage. Auch in solchen Fällen gibt es kein Gefeilsche. Meinen Sie wirklich?, fragt der Firmeninhaber vielleicht noch gedehnt, aber dann kauft er einen neuen Löscher. Wer geht schon das Wagnis ein, dass sein Gebäude brennt und das Löschgerät nicht funktioniert?

So ist Artur zwar wieder viel unterwegs, aber nicht so lange fort wie früher beim Anpreisen der Lampen. Meistens geht alles ganz schnell, und er ist wieder weg. Wenn die Auftraggeber wochenlang auf den Vertreter von Total warten mussten, sind sie froh darüber, dass er endlich auftaucht. Manchmal machen sie ihrem Ärger Luft, aber das prallt an Artur ab. Unterhaltungen über das Geschäft oder den Krieg meiden Käufer und Lieferant. Bei aller Leutseligkeit, die Artur eigen ist, beschränkt er sich jetzt auf das Wesentliche. Aus einem hingeworfenen Wort kann jeder jedem einen Strick drehen.

Artur verbrüdert sich mit niemandem, und niemand verbrüdert sich mit ihm. Er findet das schade. Früher hat er gerne mit den Kunden geplaudert. Früher. Wie lange ist das her?

Wieder fährt Artur mit seinem Auto quer durch Niederschlesien. Dabei nimmt er mehr vom Krieg wahr, als ihm lieb ist. Soldaten auf Heimaturlaub, Soldaten auf Genesungsurlaub, Verwundete und Amputierte begegnen ihm auf den Straßen. Traurige, versonnene Gesichter. In sich gekehrte Menschen. Städte wie Zittau oder Apolda oder Hoyerswerda liegen wie ausgestorben. Die Menschen bleiben zu Hause, unter sich. Überall sind es die Frauen, die Läden führen, auf dem Feld arbeiten, Straßenbahnen fahren oder Feuerlöscher ausgeben. Männer sind ein seltener Anblick. Je länger der Krieg dauert, desto mehr von ihnen werden sterben oder erblinden oder verlieren einen Arm oder beide Arme oder ein Bein oder beide Beine.

Männer wie Artur werden scheel angeschaut. Warum ist er nicht Soldat? Was ist los mit ihm? Seinen Ausweis und seine Ausnahmegenehmigung muss er häufig vorzeigen. Fremde sind verdächtig. Auch deshalb liefert Artur die Feuerlöscher immer schnell ab, er möchte möglichst bald zurück nach Görlitz fahren.

Artur verdient gut. Total ist mit ihm zufrieden. Allerdings rückt Herr Guhr, der Artur eingestellt hat, ungern das Geld heraus. Darin ist er dem Lampenheini ähnlich. Herr Guhr lässt sich bitten. Artur muss zu ihm nach Breslau kommen und den Scheck persönlich abholen.

Herr Guhr ist ein stattlicher Mann, immer im gepflegten Anzug, immer Chef. Er ist stolz und legt viel Wert darauf, von Artur mit Achtung behandelt zu werden, am liebsten mit Hochachtung. Damit tut sich Artur schwer, denn Herr Guhr erinnert ihn an einen der Kontoristen, die für seinen Schwiegervater die Buchhaltung führten, einen Mann mit Ärmelschonern an einem Stehpult, der Zahlen in ein Buch eintrug, als seien es die Runen eines Ritterordens.

Erst nach einigen Besuchen fällt es Artur leichter, Herrn Guhr angemessen zu umgarnen. Es ist nicht so, dass Herr Guhr ihm sonst die Provision verweigern würde. Nur dauert es ohne Achtungserweisung länger und geht dann einher mit Monologen über das Geschäft und den Krieg und den Gottessegen, den Hitler für Deutschland bedeutet. Artur hat noch nicht herausgefunden, ob Herr Guhr das Loblied auf den Führer sicherheitshalber singt, damit niemand ihm Halbherzigkeit vorwerfen kann, oder ob er davon überzeugt ist, dass Deutschland mit Hitler gebenedeit ist. Er vermutet, dass Herr Guhr es selber nicht mehr weiß. Am Ende bekommt Artur seinen Scheck und zieht von dannen.

Zu Hause hat sich die Familie verdoppelt. Anneliese ist mit ihrem Mann und ihren zwei Kindern Ende 1942 oben im großen Gästezimmer eingezogen. Sie hat Josef Vogel geheiratet, einen Bayern, der Sepp gerufen werden will. Anneliese und Sepp haben zwei Buben, der ältere heißt Peter, der jüngere Jörg.

Die Vogels wollten Wuppertal hinter sich lassen. Das Ruhrgebiet ist das bevorzugte Ziel der britischen Bomber. Die Vogels wollten nicht abwarten, bis es auch ihr Haus treffen würde, und haben die Schlesingers gefragt, ob sie bei ihnen wohnen dürften. Das Haus in der Tannenbergstraße ist groß genug. Oben im ersten Stock gibt es Bad und Toilette, das Gästezimmer bietet ausreichend Platz für alle vier. Gegessen, gespielt und geredet wird unten im Wohn- und Esszimmer.

Anneliese und Grete haben sich einige Jahre lang nicht gesehen, aber sie sind sich wieder so nah, wie sie es als junge Mädchen waren. Sie kochen zusammen, waschen zusammen ab, machen zusammen den Haushalt, kümmern sich zusammen um die Buben und warten zusammen auf die Heimkehr der Ehemänner. Sepp arbeitet für die Tuchfabrik P.C. Neumann in Zittau. Morgens fährt er vierzig Kilometer hin, abends kommt er zurück. In der Tannenbergstraße ist jetzt immer Leben.

Grete muss sich erst daran gewöhnen, dass Anneliese Ehefrau und Mutter zweier Söhne ist. Die alte Anneliese war immer die Flottere von beiden gewesen, hatte aber auch eine Neigung zum Unglücklichsein. Die neue Anneliese denkt praktisch, ist sicher im Umgang mit den Kindern und fühlt sich Sepp nahe. Sie führt genauso eine Ehe wie Grete und hält genauso die Familie zusammen. Sie hat sich stärker verändert, als ich es für möglich gehalten hätte, denkt Grete.

An einem Nachmittag, die Kinder spielen im Garten Verstecken, fragt Grete rundheraus: «Was ist mit dir passiert? Du warst immer anders als ich. Jetzt sind wir uns so ähnlich.»

«Ich war ja auch nicht zufrieden mit mir, so wie ich war. Irgendwann habe ich mich gefragt: Warum warte ich immer darauf, dass ein Mann vorbeikommt und all meine Probleme löst? Da bin ich nach Wuppertal gezogen, wo ich Verwandte habe, die eine Schlittschuhfabrik besitzen. Ich habe dort im

Laden gearbeitet und Geld verdient, ich habe gut gelebt und bin selbstbewusster geworden. Ein Jahr später ist mir Sepp über den Weg gelaufen, hat mir den Hof gemacht, und dann haben wir uns verlobt.»

«Du hast dich nie von mir verabschiedet.»

«Ich weiß, und es tut mir auch leid, aber ich wollte keinen großen Bahnhof haben. Für mich musste das so sein: kein Tamtam, keine Tränen, einfach weg und ein neues Leben anfangen.»

«Und jetzt ist es so seltsam, dass jeder von uns zwei Jungen bekommen hat, die auch noch fast gleich alt sind.»

«Dabei habe ich es viel leichter als du, Grete. Ich bewundere deinen Mut, ein Haus zu bauen, mitten im Krieg.»

«Meinst du wirklich nur den Hausbau? Oder dass ich bei meinem Mann bleibe, der Jude ist?»

«Beides. Du unterschätzt dich. Andere Frauen lassen sich scheiden oder geben ihrem Mann zu spüren, was sie für ihn auf sich nehmen.»

«Gut möglich, aber ich denke nicht daran, so zu denken wie die Nazis. Ich habe Artur lieben gelernt, wie er war, und heute ist er nicht viel anders, nur älter und ernster, und an dem größeren Ernst sind sie schuld, die Nazis, und nicht unsere Ehe.»

«Ich bewundere auch Artur. Für seine Patente, für dieses Geschick, immer wieder eine Anstellung zu finden und trotz allem fröhlich zu sein, jedenfalls in Gesellschaft.»

«Ja, Artur ist wirklich bewundernswert. Er gibt nie auf und denkt sich immer etwas Neues aus; er hat Schläge und Haft ausgehalten, ohne zu verbittern.»

«Ich wüsste nicht, wie ich mich in eurer Lage verhalten würde. Ob ich auch so viel Mut und Zuversicht aufbrächte.»

«Ach, Anneliese, wenn es darauf ankäme, würdest du dich genauso verhalten und genauso viel Energie aufbringen. Ich habe vorher auch nicht gewusst, was in mir steckt. Trotzdem finde ich nicht, dass ich mich groß verändert habe. Du aber hast dich neu erfunden, und das ist erstaunlich. Erstaunlicher als mein geradliniges Leben.»

«Dann beschließen wir hiermit, dass wir uns gegenseitig bewundern, Grete», lacht Anneliese. «Und jetzt machen wir das Abendessen. Die Kinder werden einen Bärenhunger haben und müssen vor dem Essen zuerst in die Badewanne.» Sie hakt sich bei Grete ein und bugsiert sie in die Küche. «Außerdem sind heute beide Männer da, und das müssen wir feiern.»

Artur war zuerst skeptisch, ob zwei Familien unter einem Dach gut miteinander auskommen könnten. Aber das Haus bewährt sich. Sie hocken nicht aufeinander, sie können sich aus dem Weg gehen; sie haben den Garten, den ersten Stock und das Wohnzimmer. Artur weicht in sein Erfinderbüro aus, wenn ihm danach ist. Da sie nicht alle ständig auf einem Haufen sein müssen, sitzen sie häufiger im Garten oder im Wohnzimmer zusammen, als Artur gedacht hätte. Ohnehin ist er ein geselliger Mensch, der gerne Leben in der Bude hat.

Sepp ist über zwei Meter lang und dürr. Wegen seiner Größe hat er Probleme mit dem Rücken und dazu ein Lungenleiden. Die Ärzte haben ihn für kriegsuntauglich erklärt, worüber er nicht unglücklich war. Trotzdem hat er ein schlechtes Gewissen, weil seine Freunde und Schulkameraden und Firmenkollegen an der Front stehen und sterben.

Mit Sepp redet Artur nach einigem Abtasten offen. Er ist ein Katholik aus Bayern und ebenso immun gegen die Nazis wie der gläubige Protestant Alfons Mersheimer. Dass der Glaube vor Hitler schützt, findet Artur interessant. Der Glaube kann also ähnlich widerstandsfähig machen wie die politische Überzeugung von Otto Buchwitz oder der hellwache Menschenverstand von Paul Mühsam.

Alle sind klüger als ich, sagt sich Artur oft. Er muss sich dann selber wieder aufrichten und sich daran erinnern, dass er zwei Patente hält und eine bekömmliche Anstellung hat, und Lücken zu finden ist auch eine Kunst. Aber davon geht dieses tiefe Unbehagen nicht weg. Es rührt daher, dass er nicht einmal weiß, wohin sie seine Mutter gebracht haben. Wahrscheinlich ist sie tot, irgendwo allein und traurig gestorben und verscharrt, und vielleicht wird er nie erfahren, unter welcher Erde sie liegt.

Neulich hat er mit Sepp einige Gläser Wein getrunken und mit ihm über seine Mutter geredet. Er hat gerne gehört, was Sepp dazu gesagt hat: Mach dir keine Vorwürfe, du hast alles getan, du hast ihr geholfen, solange du konntest, und du warst sogar so wahnsinnig und bist nach Breslau gefahren, wo sie dich doch genauso gut in ein Lager hätten stecken können, denn wer oder was hätte sie davon abhalten können? Nichts und niemand.

Und dann hat Sepp etwas Erhellendes gesagt: Ich glaube, du machst dir Vorwürfe, weil deine Mutter weg ist und du hier. Du machst dir Vorwürfe, dass sie nicht dich verschleppt haben, dass du jeden Tag zu deiner Familie zurückkehren kannst, dass es dir den Umständen entsprechend gutgeht, während sie leidet. Aber damit gehst du ihnen auf den Leim. Sie hätten es gerne, dass sich diejenigen mit Vorwürfen herumquälen, die nicht in einem Lager verschwinden. Das darfst du dir nicht antun. Das schwächt dich, und du wirst deine Kraft noch brauchen.

Sepp hat eigene Ansichten über die Nazis und den Krieg. Er glaubt, dass der Krieg verloren ist und dass es deshalb schon bald mit Hitler vorbei sein wird. «Ich habe gesehen, wie die Tommies Bomben auf Köln und Essen und Dortmund und Wuppertal geworfen haben. Ihr hier im Osten habt noch Glück, aber damit ist es bestimmt bald vorbei.

Und wenn es erst einmal auch hier losgeht, dann räumen sie Hitler ab, ich schwöre es dir.»

«Wer soll ihn denn abräumen? Wer will das?»

«Dem dicken Hermann traue ich es zu. Er muss sich nur mit ein paar Generälen zusammentun, und dann klappt es.»

«Göring? Der liebt doch das schöne Leben. Warum sollte er es aufs Spiel setzen?»

«Gerade weil er es liebt, will er es behalten. Und Hitlers Nachfolger soll er eh werden. Mit den Alliierten könnte er als Reichsmarschall gut verhandeln. Wir haben bald 1944. Über vier Jahre dauert der Krieg schon. 14/18 war es nach vier Jahren vorbei. Glaubst du denn, dass dieser Krieg ewig weitergeht?»

«Du verrennst dich, Sepp. Ich kann es mir einfach nicht vorstellen, dass Göring den Hitler beiseiteschiebt. Da müsste er ihn schon umbringen. Glaubst du wirklich, dass er so weit geht?»

Artur beeindruckt die Beharrlichkeit, mit der Sepp den dicken Hermann zum Retter Deutschlands ausruft. Vieles ist ja eingetreten, was er nicht für möglich gehalten hätte. Warum nicht auch das? Zugleich ärgert sich Artur, dass ihm feste Standpunkte imponieren, egal welche es sind. Er weiß genau, was ihn daran ärgert: dass er keine hat. Er glaubt, dass der Krieg so lange weitergeht, bis er ganz und gar verloren ist. Deutschland wird ausbluten, sagt er zu Sepp. Aber ist das ein Standpunkt? Oder Phantasielosigkeit?

Die doppelte Familie in der Tannenbergstraße bleibt bis in den Sommer 1944 eine Einheit. Dann kommen sie von allen Seiten, die Gegner des Deutschen Reichs. Von der Normandie. Aus Ostpreußen. Der dicke Hermann bleibt ein treuer Paladin seines Führers. Deutschland blutet aus. Artur hat recht gehabt. Darüber wundert er sich selber am meisten.

Sepp sagt, dass er das dicke Ende lieber mit Anneliese daheim in Wuppertal abwarten will als in Görlitz. Die Amis und die Tommies seien ihm lieber als die Russen. Er fragt auch, ob die Schlesingers nicht mit ihnen kommen wollen, aber Artur und Grete sagen, sie blieben in ihrem Haus und sie kämen schon durch, da sie doch schon so lange durchgekommen seien. Und dann ist nur noch die Hälfte der Menschen im Haus, das ihnen plötzlich groß und leer vorkommt.

Am 23. Januar 1945 trifft ein amtliches Schreiben von Oberbürgermeister Dr. Roeder in der Tannenbergstraße 21 ein, in dem er Herrn Artur Schlesinger als Mischling ersten Grades für politisch unzuverlässig erklärt und deshalb nicht mehr für würdig erachtet, die Tätigkeit eines Handelsvertreters auszuüben. Grete und Artur warten jetzt nur noch darauf, dass der Spuk endlich vorbeigeht. Der Wahnsinn. Die Angst. Das Sterben. Das Abholen. Das Wegschaffen. Die Willkür. Das Morden. Die Machtlosigkeit. Alles.

Es geht schnell, und es geht quälend langsam. Zuerst bekommt Artur noch ein amtliches Schreiben, in dem steht, dass er sich umgehend zum Volkssturm melden soll. Er kann es nicht fassen, dass er, ein politisch unzuverlässiger Halbjude, jetzt plötzlich würdig sein soll, im Endkampf gegen die Rote Armee Hitler zu verteidigen. Er geht zum Ortsgruppenleiter der NSDAP, einem Mann namens Baum, und zeigt ihm seinen Militärpass, in dem das Kürzel NZV steht: nicht zu verwenden. Baum sagt nur: Sie werden ja sehen, was passiert, wenn Sie nicht pünktlich erscheinen.

Sein Freund Willie Hüttig erhielt ebenfalls den Bescheid zur Einberufung. Willie ist es weniger gut ergangen als Artur. Er war früher in der Kommunistischen Partei und hat fast ein Jahr im Konzentrationslager verbracht, seither ist er arbeitslos. Artur berät sich mit Willie und fasst mehrere Entschlüsse.

Zuerst bringt er seine Frau, die Kinder und Gretes Mutter mit dem Lieferwagen nach Lommatzsch. Dort wohnt Otto, der Bruder von Mutter Lehmann, mit seiner Frau Anna, einer Russin. Die beiden haben einen Früchte- und Gemüsetrocknungsbetrieb, der sehr gut läuft. Sie verpacken die getrocknete Ware in Tüten und verkaufen große Mengen an die Wehrmacht. Otto und Anna haben viel Platz für die Görlitzer Verwandtschaft. Artur sagt sich, dass es besser ist, wenn sie dort untergebracht sind, falls ihm etwas zustößt.

Sie verabschieden sich lange. Grete schaut Artur beklommen an. «Pass auf dich auf», beschwört sie ihn. «So lange haben wir durchgehalten, so lange ist es gutgegangen. Es darf dir jetzt nichts passieren, hörst du, jetzt, da es nicht mehr lange dauern kann, bis wieder andere Zeiten anbrechen.»

«Mache ich», sagt Artur und legt Zuversicht in die Stimme. «Und du passt auf die Kinder auf. Hier ist es sicherer für euch. Sobald ich kann, hole ich euch wieder zu mir.»

So fröhlich wie irgend möglich verabschiedet er sich von Peter und Jochen. Die Jungen sind älter geworden, sie ahnen, wie ernst es jetzt für ihren Vater wird. Die wissenden Kinderaugen verfolgen ihn auf der Fahrt zurück nach Görlitz.

Am Tag der Einberufung melden sich Artur und Willie bei der Volkssturmkompanie Welk. Willie wird als Zugführer eingeteilt, Artur als Volkssturmmann. Willie plaudert scheinbar ziellos mit Pötschke, dem Feldwebel der Kompanie. Aus der Unterhaltung schließt Willie, dass der Einsatz der Kompanie mit kriegsunerfahrenen, nicht mehr ganz jungen Zivilisten vollkommen sinnlos ist. Pötschke lässt durchblicken, dass auch er nicht in den Krieg ziehen will.

Artur überlegt, wie er eine Aufgabe bekommen könnte, die ihn aus der Schusslinie bringt. Er könnte in der Kompanie zuständig werden für Waffen und Geräte, davon versteht er als gelernter Mechaniker einiges. Aber der Kompanieführer Welk lehnt das Ansinnen ab. Artur findet die Begründung bemerkenswert, denn Welk sagt, falls Deutschland den Krieg doch noch gewinnen sollte, müsste er sich für die Beförderung eines Halbjuden in seiner Kompanie rechtfertigen und dann werde er vermutlich nicht wieder als Leiter des Arbeitsamtes in Görlitz eingesetzt. Welk denkt weit. Welk rechnet mit allem, auch mit dem Endsieg.

Dann hat Welk eine Idee, wie er eine weiße Weste behalten kann, egal was passiert, ob die Deutschen den Krieg gewinnen oder verlieren: Er muss nur die Verantwortung abtreten. Also trägt er den Vorschlag, den ihm Artur unterbreitet hat, dem Kommandeur des Wehrmachtsbataillons vor, dem seine Kompanie untersteht. Der will sich selbst ein Bild machen und befiehlt den Volkssturmmann Schlesinger zu sich. Wie der Zufall es will, kennen sich die beiden Männer. Der Kommandeur ist der Sohn des Görlitzer Gelbgießermeisters Jäckel und hat als kleiner Junge den Rennfahrer Artur Schlesinger bewundert. Die beiden unterhalten sich entspannt, und Artur macht sogar Bemerkungen über den verlorenen Krieg, die Jäckel schweigend zur Kenntnis nimmt.

Wenige Tage nach seinem Besuch beim Kommandeur ist Artur zuständig für Waffen und Geräte. Jäckel hat dafür eine kleine Gegenleistung verlangt: Er möchte von Artur zu Schneider Lattich in die Kunnerwitzerstraße gefahren werden. Offenbar fühlt sich der Kommandeur zu dem Idol seiner Kindheit hingezogen und plaudert gerne mit ihm. Während der Fahrt unterhalten sich die beiden über die Sinnlosigkeit des Krieges und rätseln gemeinsam darüber, was danach kommen wird.

Sie sind sich einig, dass das Schlimmste hinter ihnen liegt. Wer es so weit geschafft hat, wird auch das Kriegsende und die Nachkriegszeit überstehen, sagen sie, und jeder benickt die Worte des anderen. Sie sprechen sich Mut zu. Und sie beschweigen das Naheliegende: Gerade bei diesen sinnlosen letzten Kämpfen stirbt es sich schnell. Zum Abschied drückt der Kompaniechef Artur eine Pistole in die Hand: Falls Sie in die Verlegenheit kommen sollten, sich wehren zu müssen.

Mit der Waffe fühlt sich Artur nicht ganz wohl, aber man kann ja nie wissen, vielleicht wird er sie wirklich brauchen.

In den letzten Kriegstagen schließt Artur sich mit Willie einer Widerstandsgruppe an, der ein Mann namens Paul Hencke vorsteht. Hencke mustert sie, sie scheinen in Ordnung zu sein, und so weist er ihnen eine Aufgabe zu. Artur und Willie schleichen nachts durch Görlitz und hissen weiße Fahnen in den Häusern, damit die russischen Tiefflieger die Innenstadt möglichst verschonen. Außerdem lotsen die beiden etliche Deserteure, die sich in Häuserruinen und Gärten verstecken, an der Truppe des Generals Tschörner vorbei, der an der Ecke Brautwiesenstraße/Rauchwalder Straße eine «Heldenfalle» aufgebaut hat.

«Heldenfalle» ist eines dieser bösen Worte. Die Helden, die keine mehr sein wollen und fahnenflüchtig werden, um nicht bei aberwitzigen letzten Gefechten zu sterben, sollen in diese Falle tappen. Aufgestellt hat sie ein General, der blutjunge, unerfahrene Jugendliche und alte Männer dazu anhält, gegen russische Panzer zu kämpfen, während er seinen persönlichen Rückzug längst vorbereitet hat. Artur findet, dass schon zu viele Menschen an Straßenlaternen und Brücken aufgehängt worden sind. Er tut seinen Teil dafür, dass es nicht mehr werden.

Er tut, was er für richtig hält. Dabei bleibt er ganz ruhig. Er hat nicht das Gefühl, sein Leben aufs Spiel zu setzen. Er ist wie ein Schlafwandler, er trifft die richtigen Entscheidungen und lotst die abgerissenen Gestalten in der Dunkelheit an Wachen und Posten vorbei. Er erwartet keinen Dank, er tut es einfach, geht zurück und kümmert sich um die nächsten armen Teufel. Artur ist selber erstaunt darüber, mit welcher Sicherheit er sich in diesen letzten Kriegstagen bewegt.

Am meisten erstaunt ihn aber, dass ihn ein paar Kriegstage mehr verändert haben als die zwölf Jahre Hitler. Aber wahrscheinlich, überlegt Artur, hat er sich gar nicht verändert. Er tut nur immer, was ihm geboten zu sein scheint. Zwölf Jahre lang war es geboten, Lücken zu finden und durchzukommen. Jetzt ist es daran, armen Teufeln zu helfen. Oftmals war er unzufrieden mit sich gewesen, weil ihm starke Meinungen abgingen, weil er nicht kompromisslos wie Paul und Irma sein konnte, weil er nicht so schlau wie Werner war, der in die Armee eintrat, als sie ihm an den Kragen gehen wollten.

Ich bin eben anders schlau, grübelt Artur, ich bewege mich Schritt für Schritt und bemühe mich auf diese Weise darum, mir treu zu bleiben. Und wenn ich bald wieder mit meiner Familie zusammen bin und der Spuk, wie Grete immer sagt, wirklich vorbei ist, dann haben wir zwar nicht alles richtig gemacht, aber doch das Wichtigste.

Grete schlägt sich in den letzten Kriegstagen mit den Kindern auf abenteuerlichen Wegen von Lommatzsch nach Görlitz durch. Die Züge sind überfüllt und fahren nicht mehr nach Fahrplan, sondern nur so weit, wie die Schienen intakt sind, und immer nur so lange, wie die russischen Tiefflieger nicht die Waggons beschießen. Als Peter und Jochen kaum noch laufen können, übergibt Grete sie einem Unteroffizier, der ihr angeboten hat, die beiden Kinder im Kübelwagen mitzunehmen und im nächsten Dorf wieder abzusetzen.

Schon ein paar Minuten später macht Grete sich höllische Vorwürfe. Wie konnte sie nur das Wagnis eingehen, einem Wildfremden ihre Söhne anzuvertrauen? Wenn er kein guter Mensch ist, sieht sie die beiden womöglich nie wieder. Wie soll sie dann Artur erklären, was sie geritten hat, die Kinder aus der Hand zu geben? Und selbst wenn der Offizier es gut meinen sollte, könnte er unterwegs beschossen werden oder auch gezwungen sein, die Richtung zu ändern. Dann wird er am vereinbarten Dorf vorbeifahren, die Kinder bei sich. Vermutlich wird er sie in diesem Fall irgendwo absetzen, wenn es ihm zu viel wird, und wie soll sie Peter und Jochen dann wiederfinden, in diesem Wirrwarr, unter diesen vielen Menschen, die mit Sack und Pack auf der Landstraße so schnell, wie sie können, dahinhasten, weil sie unbedingt den Russen entkommen wollen, von denen Gräuelmärchen in Umlauf sind, die ja sogar stimmen können. In diesem furchtbaren Durcheinander des Krieges, der bald enden muss, obwohl Grete sich das jetzt nicht vorstellen kann, scheint alles möglich zu sein. Bisher ist es für sie einigermaßen gutgegangen. Da darf jetzt doch nichts Schlimmes mehr passieren.

Aber der Offizier musste unterwegs nicht abbiegen. Er ist in das nächste Dorf gefahren, und als Grete dort ankommt, außer sich vor Angst, findet sie tatsächlich ihre Söhne an der vereinbarten Stelle vor, in der Kirche mitten im Ort. Die Buben sind erstaunt über die Freudentränen der Mutter. Sie haben gerade ein wunderbares Abenteuer erlebt.

Mit strahlenden Augen erzählen sie, dass der Offizier ihnen Schokolade aus seinem eisernen Vorrat gegeben hat. Der Fahrer hat seine Scherze mit ihnen gemacht. Beide haben sich bemüht, den Kindern die Angst zu nehmen. Auch haben sie ihnen eingeschärft, auf keinen Fall von der Kirche wegzugehen und immer zusammenzubleiben, bis die Mutter da sein würde. Jetzt sind wir wieder vereint und trennen uns nicht noch einmal, schwört sich Grete.

Sie laufen, dann fährt ein Zug für wenige Kilometer, dann laufen sie wieder. Unterwegs findet Grete zufällig ein Telefon und ruft Artur an, der tatsächlich gerade zu Hause ist, noch so ein Zufall. Ihm geht es gut, ihr geht es gut, den Kindern geht es gut. Bald sind die Schlesingers wieder eine Familie in Görlitz.

Zehn Kilometer vor der Stadt holt Artur die drei wie verabredet ab. Er kommt mit dem Fahrrad. Wäre er mit einem seiner beiden Autos gefahren, hätte die Wehrmacht oder die SS oder eine herumirrende Kompanie das Fahrzeug sofort beschlagnahmt. Sie liegen sich in den Armen, die Kinder drängen sich an die Eltern. Sie können gar nicht sprechen. Tränen fließen. Tränen, dass es gut ausgegangen ist. Tränen, weil es auch anders hätte enden können. Tränen über die Mühsal, die Anstrengung, die Gefahr, die Unsicherheit, was ihnen jetzt bevorstehen mag.

Gretes Mutter ist in Lommatzsch geblieben. Für sie wäre der Heimweg zu beschwerlich gewesen. Glücklich machen sie sich auf den Weg in die Tannenbergstraße. Das Haus, ihr Haus, ihre Burg, steht, als ginge es der Krieg nichts an. Grete weint, als sie die Tür aufschließt.

29.

Der Spuk, der Spuk, er ist vorbei

Als Grete und Artur wieder einziehen, ist Görlitz wie ausgestorben. Die Einwohner haben sich auf das Land zurückgezogen und warten dort ab, wie es weitergeht. Andere haben Fahrräder oder Autos mit Habseligkeiten vollgeladen und schlagen sich in den Westen durch.

Vor den Toren der Stadt steht seit August 1944 ein Arbeitslager, eine Außenstelle des Konzentrationslagers Groß-Rosen. Am 8. Mai 1945 stoßen die russischen Panzer vor und befreien ein paar hundert Häftlinge. Die SS und die Wachmannschaften haben schon längst das Weite gesucht. Der Kommandeur sagt den Häftlingen, sie sollen ihre Kleidungsfetzen ausziehen und verbrennen. Die meisten hängen sich Decken um oder holen sich passende Klamotten aus der Kleiderkammer der Deutschen. Dann schleppen sie Lebensmittel aus der Küche und bereiten erst einmal ein Festmahl auf dem Appellplatz. Sie singen und tanzen und können gar nicht glauben, dass sie es hinter sich haben, die Qual, die Marter, die Todesangst.

Dann brechen sie auf, ein seltsamer Tross, abgemagert und abgerissen, aber mit dem Leben davongekommen. Sie gehen nach Görlitz hinein, ohne jemandem zu begegnen. Die Reste der glorreichen deutschen Wehrmacht sind mit den Panzern und Kübelwagen in Richtung Westen aufgebrochen. Der Endkampf in der Festung Görlitz fiel aus.

Die Häftlinge sehen zum ersten Mal die Stadt, für die sie schuften mussten. Sie ist fast leer. Sie brechen Haustüren auf und nehmen mit, was sie gebrauchen können. Der russische Arzt hat ihnen gesagt, sie sollten sich die Bäuche bloß nicht voll schlagen, denn das seien sie nicht mehr gewohnt, und an den vollen Bäuchen könnten sie sterben. Jagdflieger kreisen über der Stadt, auf der Suche nach Maschinengewehrnestern oder Werwölfen.

Die Stadt ist jetzt in russischer Hand. Hitler ist tot. Sein Nachfolger, der Admiral Dönitz, krächzt aus dem Radio. Seine Regierung sitzt hoch oben in Flensburg und will Frieden schließen, sagt der Admiral. Am 8. Mai ist der Krieg wirklich und endgültig vorbei, nicht nur in Görlitz und Lommatzsch, sondern im ganzen Reich, das untergegangen ist und es endlich einsieht.

Artur glaubt es kaum. Er muss es sich immer wieder vorsagen: Es. Ist. Vorbei.

Jetzt bin ich endlich wieder einfach nur Artur Schlesinger, denkt er. Niemand darf mir mehr sagen, ich sei politisch unzuverlässig. Niemand darf mir einen Stempel aufdrücken, dass ich Mischling ersten Grades sei. Ein Jude, kein Protestant. Aber was kommt jetzt?

Am Abend machen Grete und Artur eine Flasche ihres besten Weins auf, den sie sich für diesen Tag, von dem sie kaum glaubten, dass er wirklich einmal kommen würde, aufgehoben haben. «Ich danke dir, dass wir uns nie verloren haben», sagt Artur und bekommt feuchte Augen.

«Ich danke dir, dass du für uns nie den Mut verloren hast», antwortet Grete, die wie immer in solchen Momenten die Fassung behält, obwohl sie jetzt nichts dagegen hätte, auch ein wenig, nur ein klein wenig zu weinen.

Sie schauen zurück auf die Zeit, die sie durchlebt haben. Artur sagt, dass ihm das Herz schwer ist, weil er nicht weiß, wie und wo seine Mutter gestorben ist. Sie reden über die Söhne und fragen sich, wie sich die Erlebnisse wohl in deren Gemüt niederschlagen werden.

«Was wir hinter uns haben, wissen wir. Was kommen wird, dürfte auch nicht leicht werden», sagt Artur. Und Grete antwortet: «Schwerer doch wohl aber auch nicht, oder?»

Dann kommt die sowjetische Besatzungsmacht. Artur sieht sie von weitem, das ist der Vorteil eines frei stehenden Hauses. Es kommt ein Offizier mit Gefolge. Artur und Grete haben vereinbart, dass sich Grete im Kohlenkeller verstecken soll, sobald die Russen Anstalten machen, ins Haus vorzudringen. Die Kinder sind eingeweiht. Sie wissen, was sie sagen sollen. Sie sind groß genug für überzeugende Lügen.

«Wo ist deine Frau?», fragt der Offizier und schaut sich im Wohnzimmer um. Artur zuckt mit den Schultern und antwortet, sie sei noch auf dem Land, viele Görlitzer seien noch nicht zurück, viele Häuser stünden leer.

«Das weiß ich, die Nazis fliehen in alle Windrichtungen. Wann kommt sie zu dir?», fragt der Offizier. Wenn die Mutter seiner Frau wieder reisebereit sei, antwortet Artur, und wieder Züge führen. «Und warum sind deine Kinder hier, wenn deine Frau noch dort sein soll?»

Der Offizier ist gefährlich, denkt Artur. Er schmeichelt ihm, wie gut sein Deutsch sei. Der Offizier ist eitel genug, ihm zu erzählen, dass er es in der Schule gelernt hat und dann zum Besatzungsoffizier auserkoren worden ist, wodurch er die Sprache immer besser beherrschte.

«Heute feiern wir bei dir», sagt er. Artur hat ihm den Brief vom Sippenamt gezeigt. Die Besatzungsmacht hält ihn seitdem nicht mehr für einen Nazi. Der Offizier tätschelt

Artur die Wange und sagt: «Du hast Schwein gehabt.» Das findet Artur auch. Das Tätscheln erträgt er kaum. Ich bin doch nicht dein Diener, denkt er mit aufsteigender Wut. Sind diese Russen gönnerhaft oder tückisch?

Arturs Vorräte an Wein und Schnaps schrumpfen an den nächsten Abenden. Die Besatzungsmacht feiert erst den 8. Mai, an dem sie in Görlitz einmarschiert ist, und dann den 9. Mai, den eigentlichen Tag der Kapitulation, und sie feiert in der Tannenbergstraße auch den 10. Mai, weil der ja der erste Friedenstag ist.

Der Offizier und seine Leute kommen und gehen. Der Aussichtsposten kündigt ihre Ankunft an; diese Aufgabe hat Peter inne. Er ist fast elf Jahre alt und äußerst zuverlässig. Fast den ganzen Tag hockt er am Fenster, von dem aus er einen Rundumblick hat, und schaut, wer sich dem Haus nähert. Kommen die Russen, alarmiert er sofort seine Mutter, damit sie rechtzeitig hinunter in den Kohlenkeller gehen kann.

Nach ein paar Tagen fühlt sich der Offizier wie zu Hause und behandelt Artur wie einen alten Freund. Am Gartentor lässt er ein Schild anbringen, auf dem in kyrillischer Schrift geschrieben ist, dass dieses Haus unter seinem Schutz steht und niemand außer ihm Zutritt besitzt. Ein Schutzbrief für Grete und Artur. Sie atmen auf, behutsam.

Das Leben geht weiter, es muss ja. «An diesen seltsamen Frieden muss ich mich erst noch gewöhnen», sagt Grete.

«Ich mich auch. Ich habe noch immer Angst, vielleicht sogar mehr als vor ein paar Monaten. Ich habe keine Ahnung, was die Russen mit uns vorhaben. Womöglich wissen sie es selbst noch nicht. Aber sie können mit uns machen, was sie wollen. Wir haben nichts zu melden.»

«Das gefällt mir auch nicht. Und ich habe es satt, mich stundenlang in den Kohlen zu verstecken.»

«Was meinst du», fragt Artur, «hätten wir mit Sepp und

Anneliese nach Wuppertal gehen sollen? Dort sind keine Russen.»

«Kann sein, ich weiß es nicht. Wir haben ganz gute Erfahrungen damit gemacht, dort zu bleiben, wo wir sind. Vielleicht wäre es diesmal trotzdem besser gewesen zu gehen.»

«Hier ist unser Haus. Dort hätten wir nichts. Aber mulmig ist mir auch.»

30.
Eine deutsche Karriere

Das Leben, es geht jetzt wirklich weiter. Die Russen reaktivieren Artur Schlesinger, den Halbjuden, der sich nichts zuschulden kommen ließ. Sie machen ihn zum Treuhänder der Firma Schneider, die der Lampenheini wegen seiner Mitgliedschaft in der nunmehr falschen Partei nicht länger führen darf. «Ist das nicht eine hübsche Pointe?», fragt Grete, begeistert von dieser Schicksalswendung.

Artur fällt die neue Arbeit leicht. Er kennt den Laden und ist in seinem Element. Wie eh und je bewährt er sich als Improvisationskünstler. Er beschafft Papier und Karton und lässt alles farbig bedrucken. Aus einer Drahtwarenfabrik in Singwitz bekommt er das Material für die Gestelle der Lampenschirme. Nebenbei konstruiert er eine Faltenbrechmaschine aus Gretes Hausmangel.

Er kurbelt das Geschäft an. Die Angestellten, die weiterhin für die Firma Schneider arbeiten dürfen, vertrauen ihm, weil er alles Mögliche organisieren kann, auch das Material, das es eigentlich nicht gibt. Der Absatz lässt sich gut an. Die Besatzungsmacht ist zufrieden mit dem Treuhänder Schlesinger und macht ihn bald zum Geschäftsführer.

Was für eine Genugtuung! Der Lampenheini, der ihn drangsalierte und am Ende sogar feuerte, hat sich aus dem Staub gemacht. Artur, der sich duckte, um seine Stellung als Handelsreisender nicht zu gefährden, ist der neue Chef. Er denkt daran, das Sortiment zu erweitern. Das wollte er schon immer, scheiterte jedoch an der Ignoranz des Firmenchefs, der keiner mehr ist. Zunächst aber arbeitet die Werkstatt hinten für das Geschäft vorne. Lampen sind gefragt. Lampen gehen immer. Erst wenn ein Überschuss produziert werden kann, sollen wieder Handelsreisende die Städte Niederschlesiens abklappern wie früher. Wie lange ist das her? Ganz, ganz lange. Jahre. Mindestens drei Monate.

Noch immer sinnen Grete und Artur darüber nach, was die Besatzungsmacht mit den Besetzten vorhaben mag. Etliche Görlitzer kehren zurück, versuchsweise. Anders als Dresden, Leipzig oder Magdeburg ist Görlitz fast unzerstört. Die Stadt füllt sich mit Leben. Grete und Artur hören, dass die Sowjetarmee beginnt, Waggons und Maschinen des größten Industriebetriebs abzubauen. Sie hören auch, dass die Neiße zum Grenzfluss zwischen Polen und Deutschland werden soll. Zwischen dem neuen Polen und dem Deutschland der sowjetischen Besatzungsmacht, genauer gesagt. Fast mehr noch als früher fühlen sie sich ohnmächtig. Zum Trost sagen sie sich, dass sie immer noch weggehen könnten. Der Weg nach Westen ist jetzt wieder offen.

Andererseits kann sich Artur nicht beschweren, im Gegenteil. Die sowjetische Besatzungsmacht beruft ihn in den neuen Rat der Stadt Görlitz. Was er dort machen soll, ist ihm nicht klar, aber es wird sich finden, sagt er sich. Es stellt sich heraus, dass Artur die Verkehrskommission leiten soll, schließlich sei er ein Experte auf diesem Gebiet. Die Kommission ist dafür zuständig, dass die Trümmer in der Stadt weggeräumt und die Reste zerstörter Panzer abtransportiert werden.

Artur ist zufrieden. Er kann sich um die Belange seiner Stadt kümmern. Er nimmt Weisungen der Besatzungsmacht entgegen, kann aber auch selbst entscheiden, was zu tun ist. Eine Arbeit ganz nach seinem Geschmack.

Artur wird gebraucht. Endlich wieder gebraucht. Er nimmt sich seine Freiheit. Wie immer. Er macht sich unentbehrlich. Zum Beispiel stellt die Kommission fest, dass der Leiter der Feuerwehr mit allen Gerätschaften geflüchtet ist. Artur weiß Abhilfe. Er holt zwanzig Feuerlöscher aus seinem Garagenlager. Die sind übrig aus seiner Zeit als Handelsvertreter mit Sondererlaubnis der NSDAP, bevor er für politisch unzuverlässig erklärt wurde. Das sitzt tief, der demütigende Bescheid will ihm nicht aus dem Kopf.

Ein wenig Normalität zieht in das Leben der Schlesingers ein. Vor allem Grete hat sich danach gesehnt. Noch ist nichts gefestigt. Morgen kann manches anders sein als heute. Die sowjetische Besatzungsmacht hat viele Instanzen, was für den Wiederaufbau nicht unbedingt hilfreich ist. Dass die Russen sich gegenseitig ins Gehege kommen, hat aber auch Vorteile. Sie lassen sich gegeneinander ausspielen.

Grete und Artur beschließen, dass sie jetzt auf die halbe Normalität vertrauen wollen. Monat für Monat zieht vorüber. Noch immer ist Frieden. «Langsam gewöhne ich mich daran», sagt Grete, und Artur geht es genauso.

Grete sagt beim Abendhalten, als der Krieg schon seit fast zwei Jahren vorbei ist: «Dich behandeln die Russen ja wirklich gut. Sie brauchen dich, und irgendwie vertrauen sie Menschen wie dir.»

«Sie gebrauchen mich, aber schon wahr, mir geht es verblüffend gut. Trotzdem rechne ich jeden Tag damit, dass sie mich hinauswerfen.»

«Wahrscheinlich bist du es gewohnt, dass du Stellungen willkürlich verlieren kannst, weil du solche Erfahrungen gemacht hast. Aber da wir wirklich nicht wissen, woran wir bei den Russen sind, ist es in dem Fall besser, du bist auf alles vorbereitet.»

«Bis jetzt kann ich mich nicht beschweren. Das Lampengeschäft gehört noch mir, und es läuft. Die Arbeit in der Kommission macht Spaß. Und trotzdem werde ich das Gefühl nicht los, dass es bald damit vorbei sein könnte.»

Zur neuen Normalität gehört es, dass die Kinder groß werden. Sie gehen in die Schule, spielen Fußball. Der Garten vor dem Haus wirft Gemüse und Kartoffeln für das Mittagessen ab. Grete hat sich Hühner zugelegt. Einige Eier verkauft sie an die Nachbarn. Wenn ein Huhn krank oder alt ist, dreht sie ihm den Hals um. Die Kinder bewundern die Mutter dafür, gruseln sich aber auch vor ihr.

1947 ist Peter dreizehn und Jochen zehn. Artur, der Vielbeschäftigte, ist siebenundfünfzig, Grete zweiundvierzig. Seit fünfzehn Jahren sind sie verheiratet. Jeder Hochzeitstag wird zu zweit gefeiert. Das Haus steht seit sechs Jahren.

Grete und Artur eint ein festes Band. Was könnte sie auseinanderbringen? Sie vermissen ihre Freunde. «Es wird Zeit, dass wir wieder einmal Gäste haben», sagt Grete. «Ja, aber wen sollen wir einladen?», fragt Artur zurück.

Von Werner Finck wissen sie, dass auch er den Krieg überlebt hat, dass er in Gefangenschaft war und irgendwo im Süden wieder Kabarett machen soll. Von den Mühsams haben sie nichts mehr gehört, aber die sind ja in Sicherheit. Arturs Hochachtung für Pauls Weitsicht ist ungebrochen. Auch die Klemperers haben überlebt, haben Grete und Artur gehört. Von Anneliese ist eine Postkarte angekommen. Ihr und ihrer Familie geht es gut. Man schlägt sich durch, schreibt sie, es ist nicht einfach. Aber alles ist besser als früher.

Nur die Mersheimers sind noch in Görlitz. Grete hat Kontakt zu Uta. «Mir gefällt nicht, was um uns herum geschieht», sagt Uta. Sie traut den Russen nicht. «Vielleicht gehen wir fort», erzählt sie, und Grete erschrickt.

«Aber warum denn?», fragt Grete.

«Na, mal sehen, vielleicht sehe ich auch zu schwarz», lenkt Uta ein. «Eines habe ich mir aber vorgenommen: Diesmal warten wir nicht ab, bis es zu spät ist.»

«Der Unterschied zu früher ist doch, dass wir einfach weggehen können, wenn wir wollen. Niemand hindert uns daran. So viele sind schon gegangen. Und so viele sind wieder da, die weg waren. Und wir müssen nicht ins Ausland gehen, wir müssen nur aus einer Zone in die andere wechseln.»

Zwei Jahre lang jongliert Artur mit zwei Anstellungen, dann muss er die Betriebsleitung der Firma Schneider aufgeben. Er wurde befördert. Nunmehr ist er Ministerialdirektor für Verkehr in der sächsischen Landesregierung. Er macht weiterhin, was er in der Kommission gemacht hat. Er räumt auf. Er baut auf. Doch jetzt ist er für das ganze Land zuständig und nicht nur für eine Stadt.

Wie früher pendelt er. Diesmal zwischen Dresden und Görlitz. Vieles ist neu für ihn, was ihn aber nicht schreckt. Die Mühlen mahlen langsam. Der Papierkram ist ärgerlich, aber unvermeidlich. Artur kommt gut zurecht. Er ist jetzt als Ministerialdirektor ein hohes Tier. Dass er es so weit gebracht hat, allein durch seine Tüchtigkeit und nicht etwa deshalb, weil er sich als überzeugter Kommunist ausgibt, der an die Sowjetunion als heilbringende historische Kraft glaubt, lässt ihn der neuen Normalität jetzt schon eher vertrauen. So ungefestigt, wie sie bis vor kurzem noch war, ist sie nicht mehr. Es geht voran. Es geht aufwärts. Einerseits.

Mit Grete bespricht er immer wieder, wie seltsam widersprüchlich diese neue Normalität ist. Die Sowjetische Besatzungszone kapselt sich von den anderen Besatzungszonen ab. Amerika und die Sowjetunion haben Hitler-Deutschland gemeinsam besiegt, mehr nicht. Sie liegen sich in den Haaren. Churchill hat kürzlich gesagt, ein eiserner Vorhang gehe in Europa herunter. Ist das wirklich so? Die Zeitungen gibt es längst wieder, aber kann man ihnen glauben?

«Wie soll das denn weitergehen?», fragt Grete.

«Ich habe keine Ahnung», antwortet Artur. «Ich weiß es wirklich nicht, und das macht mich kribbelig. Hoffentlich geht es gut weiter. Wir haben doch ein Recht darauf.»

In Dresden hat er sich ein möbliertes Zimmer in einer Altbauwohnung genommen. Darin schläft er, wäscht sich, macht sich ein schnelles Frühstück und verbringt mehr Zeit als nötig im Büro. Die ungewohnte Arbeit am Schreibtisch nimmt ihn in Beschlag. Anders als in Görlitz kann er nicht herumgehen und nach dem Rechten sehen oder Feuerlöscher aus der Garage holen, damit die Feuerwehr wieder einsatzbereit ist. Er sitzt am Schreibtisch, Tag für Tag, und arbeitet Akten ab. Er versucht, sich einen Überblick zu verschaffen und auch einen Eindruck davon, ob es aufwärtsgeht. Dresden ist furchtbar zerstört, Leipzig auch.

Seine Familie vermisst er, sobald er dazu kommt, an sie zu denken. Ich bin ein Familientier, sagt er sich und ist froh, dass er etwas hat, das er vermissen kann.

Freunde finden sich nicht so schnell, schon gar nicht bei der Arbeit im Ministerium. Artur fällt auf, dass hier jeder jeden mustert. Was kann er? Was will er? Steigt er höher, oder fällt er? Artur hält seine Leutseligkeit im Zaum. Er ist ein gebranntes Kind. Er arbeitet die Aktenberge ab. Er arbeitet dem Minister zu. Er konzentriert sich auf die Sache und macht das Geschwätz nicht mit. Er sagt sich, dass er dafür zu alt sei. Ob er noch einmal befördert wird, ist ihm nicht so wichtig. Ist er nicht weiter gekommen, als er jemals auch nur zu träumen gewagt hatte? Hätte ihm irgendjemand zugetraut, dass er kurz nach dem Krieg dort landen würde, wo er jetzt war?

Niemals. Und wenn doch, hätte er es nicht geglaubt.

Wenn er am Freitagabend nach Hause kommt, staunt er immer wieder über Grete. Lässig und sicher führt sie ihr Regiment. Die Kinder gehorchen ihr. Noch gehorchen sie, sagt sie. In der Schule haben sie keine Schwierigkeiten. Ab und zu schaut Grete nach, ob sie auch wirklich die Hausaufgaben erledigt haben, wie sie behaupten, wenn sie in den Garten hinauswollen. Peter und Jochen stürzen sich auf den Vater, sobald er vorfährt. So muss es sein. Wehe mir, es wäre anders, sagt Artur zu Grete und gibt ihr einen Kuss.

Abendhalten ist jetzt auf Freitag, Samstag und Sonntag beschränkt. Sobald die Jungen im Bett sind, sitzen sie entweder auf der Terrasse oder im geräumigen Wohnzimmer. «Ich genieße jeden Abend mit dir noch mehr als früher», sagt Artur und öffnet eine Flasche Wein.

«Wie war die Woche, Mädi?», fragt er und prostet Grete zu.

«Nichts Ungewöhnliches ist hier passiert. Meine Mutter hat uns besucht. Ich glaube, allmählich wird sie wirklich alt. Manchmal erzählt sie mir zweimal hintereinander dasselbe.»

«Hat sie denn Neuigkeiten von Hans? Wie macht sich die Firma?»

«Wohl nicht gut. Den Russen sind die Unternehmer verdächtig. Er müsste wieder an die alten Kontakte in Südamerika anknüpfen, aber das ist schwer.»

«Du sagst ja immer, Hans sei weniger gerissen als euer Vater. Meinst du wirklich?»

«Ich weiß, das klingt gemein, aber es ist so.»

«Vermutlich hätte es der Alte heute auch schwer. So viel solltest du Hans zugutehalten.»

«Und wie war deine Woche, Bübi?»

«Viel Arbeit. Viel Bürokram. Vor lauter Papieren verliere ich manchmal aus den Augen, was eigentlich unser Ziel ist. Der Wiederaufbau geht schrecklich langsam voran. Immerhin können wir auf unserer Ebene ungestört arbeiten. So leicht hat es der Minister nicht. Die Russen lassen der Regierung wenig Spielraum. Und bei den Russen weiß die eine Hand oft nicht, was die andere tut.»

Am Freitagabend sitzen sie meistens besonders lange zusammen und reden über die Woche. Am Samstag unternehmen sie wie früher einen Ausflug in die Umgebung. Am Sonntag kommt Gretes Mutter zum Kaffee vorbei, und die Kinder toben sich aus, ehe Grete sie ermahnt, den Schulranzen zu packen. Artur hält sich aus der Wochenvorbereitung heraus. Grete ist jetzt ganz Innenministerin und er Außenminister, so wie früher einmal.

Die Sonntagabende sind kurz. Montags um halb sechs in der Früh fährt Artur los, damit er rechtzeitig in Dresden am Schreibtisch sitzt.

Das Leben ist gut zu ihm. Wieder zwei Jahre später ist Artur Gesundheitsminister und bleibt es so lange, bis die erste Regierung der frisch gegründeten DDR beschließt, die historisch gewachsenen Länder aufzulösen und alle Macht auf die Ostberliner Partei- und Staatsführung zu übertragen.

Als 1949 aus den Trümmern des Krieges die beiden deutschen Staaten entstehen, haben Artur und Grete zwei Kriege erlebt und zwölf furchterregende Jahre unter Hitler überstanden. Sie wussten 1945 nicht, wie es weitergehen würde, aber wie immer hat sich ihre Gabe, Zuversicht zu bewahren, bewährt.

Artur empfindet ungeheure Genugtuung darüber, dass die neuen Herren seine Talente zu schätzen wissen. In den letzten Kriegstagen hätte er an einem Laternenpfahl aufgehängt werden können, weil er ungeahnte Zivilcourage entwickelt und sich zum späten Widerstandskämpfer gemausert hatte. Stattdessen wird er sogar Minister und Mitbegründer der Liberal-Demokratischen Partei Deutschlands, kurz LDPD, und schließlich stellvertretender Vorsitzender der Industrie- und Handelskammer in der Hauptstadt der DDR, in Ost-Berlin.

Was für eine Karriere für einen Mann, der mittlerweile 60 Jahre alt ist.

31.

Die Enkelin besucht ihre Großeltern in der DDR

Oft habe ich mich gefragt, warum mein Großvater im Osten lebte und nicht in den Westen ging wie so viele seiner Freunde. Aus Loyalität, glaube ich. Er war nicht mehr jung, als der Krieg vorbei war, und plötzlich ein gefragter Mann. Dass die neuen Herren ihn schätzten und brauchten, dankte er ihnen mit seiner Treue.

Arthur war niemand aus dem Zentrum der Macht, doch er genoss Privilegien. Er besaß einen VW Käfer, eine Wohnung in Ost-Berlin und das Haus in Görlitz, er bekam Waren, die Normalbürger entbehren mussten, er hatte Hausangestellte. Die guten Jahre in der DDR machten die schlechten Jahre unter Hitler nicht wett, aber es war besser gekommen, als Grete und Arthur es sich ausgemalt hatten.

Dabei waren meine Großeltern nicht blind. Sie übersahen nicht das Unrecht und verhalfen Freunden, die es in dem sozialistischen Land nicht aushielten, zur Übersiedlung in den Westen. Auswanderer gab es auch in der eigenen Familie. 1956 verließ ihr ältester Sohn Peter, zweiundzwanzig Jahre alt, den Osten. Er nahm nur eine Aktentasche mit, um nicht aufzufallen. Er setzte sich in Ost-Berlin in die S-Bahn und fuhr hinüber nach West-Berlin. So einfach war das vor dem Mauerbau. Seine Mutter brachte ihm Kleidung und Dokumente herüber.

Peter, der mein Vater werden sollte, hatte nur seine Mutter in die Flucht eingeweiht. Er fand, es wäre besser, wenn sein Vater nichts wüsste. Der Staatssicherheitsdienst würde fragen, warum der Sohn weggegangen sei und was Arthur davon halte. So kam es auch. Die Stasi kam und fragte nach. Sie blieb misstrauisch und legte eine Akte über Arthur an. Doch darin stehen nur Belanglosigkeiten. Sie wollte ihm offensichtlich nichts anlasten.

Für mich gehörte mein Großvater zu den Menschen, denen die Zeit, die gute wie die schlechte, wenig anhaben konnte. Mir scheint, dass er immer derselbe blieb. Ein Menschenfreund, anderen Menschen zugewandt, hilfsbereit, diskret. Ideologien abhold. Sein Standpunkt war nicht immer fest, aber immer human.

Arthur und Grete verband eine große Liebe, die beide trug, als es darauf ankam. Sie widerstand dem sperrigen Vater Lehmann. Sie widerstand Anfechtungen, als die Nazis sie zur Scheidung zwingen wollten. Sie widerstand Hitler. Kann eine Liebe mehr widerstehen?

Arthur sagte, er habe das Glück, das ihm widerfahren sei, Grete zu verdanken. Grete sagte, sie habe alles Arthur zu verdanken. Gretes Zuverlässigkeit und Arthurs Improvisationstalent ergänzten einander auf das vortrefflichste.

Als ich zweiundzwanzig Jahre alt war, wollte ich nach Israel fliegen. Davon erzählte ich meiner Großmutter bei einem Besuch. Wie beiläufig sagte sie: «Du weißt schon, dass wir dort Verwandtschaft haben.»

Ich wusste es nicht.

Zum ersten Mal in meinem Leben hörte ich, dass es eine jüdische Urgroßmutter Rieke gegeben hatte, die im Konzentrationslager starb, und ich erfuhr von den Rosenaus, die nach Palästina ausgewandert waren. Meine Tante Mira und meinen Onkel Adi könnte ich ja mal besuchen, sagte Grete.

Mich interessierte Israel, das Land, der Konflikt, die Menschen. Aber plötzlich reiste ich zu meiner Familie, einem jüdischen Zweig meiner Familie. Natürlich fragte ich meinen Vater, warum er mir davon nichts erzählt hatte. Damit ist Leid verbunden, von dem ich mir nicht sicher war, ob du es verkraften würdest, antwortete er.

Mira war wunderbar. Eine schöne, kraftvolle Frau, intelligent, temperamentvoll und lustig. Sie war verheiratet mit Adi, der mit einem der Schiffe vor Jaffa aufgekreuzt war, die die Briten nicht in den Hafen einfahren ließen. Die Auswanderer zündeten eine Bombe an Bord und erzwangen so, an Land gehen zu dürfen. Adi war die Kurzform für Adolf. Was für eine grausame Ironie, dass er so einen Namen tragen musste. Ich besitze ein Foto, auf dem Adi mit David Ben-Gurion zu sehen ist, dem Gründer des Staates Israel.

Mira und Adi hatten inzwischen einen internationalen Blumenhandel bei Netanya. Ihnen ging es gut. Sie wohnten in einem Moshav, einem Genossenschaftsdorf, mit vielen Deutschen und hatten zwei Kinder, ungefähr zehn Jahre älter als ich. Meine neue Familie.

Mira erzählte mir von der Nacht, als sie ihren Vater Max Rosenau in Mühlhausen an die Wand stellten. Von ihrer Angst, von ihrer Fassungslosigkeit, von dem Hass und der Niedertracht. Noch im Januar 1939 machten sich die Rosenaus mit drei Koffern auf den Weg nach Palästina. Hier seien sie jetzt zu Hause, sagten Adi und Mira. Sie sprachen dieses wunderbare Weimarer Deutsch, das in meinen Ohren wie Literatur klingt. Sie flogen immer mal wieder nach Deutschland, in den Westen und den Osten. Es war in Ordnung dort, sagte Adi. Vieles würde ihm wohl für immer fremd vorkommen, vieles sei ihm aber auch vertraut. Deutschland sei die verlorene Heimat, Israel die gewonnene.

Mira erzählte auch von ihrem Vater, dem Rabbiner, meinem Großonkel. Max Rosenau litt ein Leben lang unter den Schusswunden, die ihm der Kreisleiter zugefügt hatte. Er starb 1963, siebenundsechzig Jahre alt; erlebte noch, dass der Anführer des Mobs, Paul Vollrath, in Bayreuth vor Gericht gestellt und zu zwei Jahren Haft verurteilt wurde: für einen Mordversuch, den er nicht abstreiten konnte. Nach dem kurzen Gefängnisaufenthalt durfte er wieder als Apotheker arbeiten. Ihr habt eine seltsame Rechtsprechung, sagte Mira.

Ich freute mich über die Verwandtschaft. Ich fühlte mich auch als Deutsche, mitverantwortlich für das, was damals passiert war. Ich hatte Dokumentationen über den Auschwitz-Prozess gesehen. Ich bewunderte Willy Brandt für seinen Kniefall in Warschau und die Entspannungspolitik.

Aber das hatte es eben auch gegeben: Lächerliche zwei Jahre für einen misslungenen Mord, für das Verprügeln von Mutter und Tochter, für die Vertreibung einer deutschen Familie aus Deutschland. Das war nicht Recht und schon gar nicht Gerechtigkeit. Und auf beides hatten diejenigen einen Anspruch, die aus Deutschland vertrieben worden waren.

Von Mira erfuhr ich auch viel über Arthur. Sie konnte sich an seinen Besuch in Mühlhausen kurz vor Weihnachten 1938 erinnern, an einen freundlichen Mann, der nicht viele Worte machte. Sie war damals vierzehn Jahre alt und mit sich selbst beschäftigt nach der schwarzen Nacht. Er war ihr Onkel, einer von den Erwachsenen, die schon zurechtkamen oder zumindest zurechtkommen sollten. Er war da, er half, es war nicht selbstverständlich, nichts war selbstverständlich, das lernte sie damals. Auf nichts war Verlass. Auch Eltern konnten hilflos sein, schrecklich hilflos. Auf wen konnte ein junges Mädchen wie sie bauen?

Mira traf Arthur nach dem Krieg in der DDR wieder. Sie war erwachsen, sie verstand ihn nun besser. Er war ein selbstbewusster Menschenfreund, und das, obwohl er wusste, was Menschen einander antun. Was ihm widerfahren war, 1938 und später, bedachte er mit kargen Worten; wer Glück hat, gibt damit nicht an, sagte er immer und wurde dabei streng.

Nächtelang habe ich während meines Besuchs in Israel mit Mira geredet, Adi war oft dabei. In den schönsten Augenblicken unterhielten sich die beiden über ihre deutsche Kindheit, und ich lauschte, wie sie sich die Stichworte zuwarfen.

Mira machte mir klar, dass ich nicht nur ein Kind aus Hannover war, sondern eine Deutsche mit jüdischen Wurzeln, welche ihr eine Verpflichtung auferlegten. Ich war nach Israel gekommen, um Land und Leute kennenzulernen. Was ich kennenlernte, war meine Familie und mich selbst. Als Deutsche, die sich eine Haltung zur Vergangenheit zulegen sollte. Als Enkelkind eines Juden, von dem ich lernen konnte.

Ich habe Mira und Adi noch öfter besucht, und immer war es schön und warm und aufwühlend. Israel ist ein Land geworden, an dem mir liegt. Im Alter reisten die beiden regelmäßig nach Deutschland, nach Ost-Berlin und zu meinen Eltern nach Hannover. Adi starb schon vor zehn Jahren, er hatte ein schwaches Herz. Mira besuchte ich, wenn ich in Israel war, gemeinsam mit ihrer Tochter, meiner Cousine. Mira starb, dreiundneunzig Jahre alt, im Juni 2016.

Später habe ich herausgefunden, wo Arthurs Mutter, meine Urgroßmutter, umgekommen war.

Die Nazis haben Rieke Schlesinger am 30. August 1942 von Tormersdorf nach Theresienstadt deportiert. Dort ist sie dreieinhalb Wochen später, am 25. September 1942 um 12 Uhr, gestorben. Das geht aus der Todesfallanzeige hervor, die eine Ärztin namens Dr. Alice Steindler ausgestellt hat. Der behandelnde Arzt, Dr. Eugen Wärmer, schreibt als Todesursache in Blockschrift: Darmentzündung. Das war die übliche Begründung, wenn jemand verhungert war oder an den Prügeln starb oder sich bei den katastrophalen hygienischen Zuständen im Lager eine Infektionskrankheit zugezogen hatte. Nichts in der Todesfallanzeige muss stimmen, außer vielleicht dem Todestag.

32.

Die Enkelin erzählt über die letzten Jahre ihrer Großeltern

Ihre letzten Jahre lebten meine Großeltern nur noch in der Stadt, in der sie sich kennengelernt hatten. Sie kamen mir alt vor, aber nie gebrechlich. Der Lebenskreis verengte sich, doch sie behielten ihre Gewohnheiten bei. Ich habe nie ein böses oder krummes Wort zwischen ihnen vernommen, jedenfalls kann ich mich an keines erinnern.

Arthurs hohe Geburtstage waren Festtage, zu denen die SED und die Stadt Blumen und Abgesandte schickten, die ihm für sein Lebenswerk in der DDR dankten und seine Beharrlichkeit rühmten, die auch darin bestand, dass er nie der SED angehören wollte, sondern lieber der Satellitenpartei LDPD verbunden blieb.

An Arthurs fünfundachtzigstem Geburtstag stand in der Görlitzer Zeitung ein langer Artikel: «Seine Leidenschaftlichkeit hat ihn junggehalten». Dazu ein Profilfoto, das ihn zeigt, wie er mir in Erinnerung blieb: freundlich, zuversichtlich, wach, selbstgewiss. Arthur hat weißes Haar und sieht viel jünger aus. Das Gesicht ist lebenssatt, doch mit erstaunlich wenigen Falten. Im Text wird sein ganzer Werdegang vom Mechaniker bis heute entfaltet, und auch seine Orden finden Erwähnung: Träger des Vaterländischen Verdienstordens in Silber und Bronze (Gold war wohl SED-Genossen vorbehalten), die Ehrennadel der LDPD.

Noch mit fünfundachtzig Jahren fuhr Arthur Auto, einen Škoda. Alles in allem zollte ihm die Geburtstagslaudatio einen Respekt, der ihm wohltat und ihn auch durch die dunkleren Stunden in der Geschichte der DDR trug.

Hat er sich Gedanken darüber gemacht, ob er sich diesmal zu sehr angepasst hatte? Bestimmt, und sicherlich hat er seine Sorgen wie immer in langen Gesprächen mit Grete geteilt. War denn im Westen alles besser? Adenauer hatte Nazis wie den Rassegesetz-Interpreten Globke um sich versammelt. Kurt Georg Kiesinger war ein Mitglied der NSDAP gewesen und durfte trotzdem Bundeskanzler werden. Willy Brandt wurde unflätig daran erinnert, dass er eigentlich Herbert Frahm hieß und ein Emigrant war, was in der Adenauer-Zeit so viel bedeutete wie «Vaterlandsverräter».

Grete und Arthur gingen keinen Ideologien auf den Leim und sind nie einer Großlehre verfallen. Sie lebten ihr Leben in der Stadt in dem Land, in das sie hineingeboren worden waren. Sie gehörten niemals zu den Menschen, die sich beklagten und immer unzufrieden waren, während sie die Schuld anderswo suchten, in der Zeit, in den Umständen, in der Regierung, im System.

Arthur pflegte zu sagen, dass man sich mit dem Leben arrangieren muss, das einem gegeben wurde. Glück bestand für ihn darin, jemanden zu finden, der einen ergänzt und bereichert und beschützt, wenn möglich, und der einen ermutigt, wenn nötig. Verantwortlich ist der Mensch für den Umkreis, in dem er sich bewegt, das andere ist seinem Einfluss meist entzogen.

Viele in seiner Generation haben so gedacht. Sie waren skeptisch aus dem Ersten Weltkrieg herausgekommen, immun gegen den Wahnsinn von links und rechts; sie waren es gewohnt, Auswege aus der Krise zu finden, und kamen irgendwie durch die zwölf Hitler-Jahre, oftmals weniger geradlinig als Arthur und Grete. Das Ehepaar Schlesinger war stolz und genügsam, beide neigten nicht zur Besserwisserei gegenüber anderen, die sich damals mehr als nur gefügt hatten und hinterher wilde Ausreden bemühen mussten.

Es war, wie es war. Es kommt, wie es kommt. Tun kann man dennoch einiges, weil es immer Lücken und Nischen und Widersprüche gibt, auch wenn das System noch so perfekt zu sein scheint. Ausreden sind Ausreden und richten denjenigen, der sie sich einfallen lassen muss. So hat Arthur über sein Leben gedacht, mit Stolz und einem leisen Hochmut.

Arthur starb am 28. März 1981, knapp einundneunzig, ein stolzes Alter, ein tapferes Leben. Achtundfünfzig Jahre und einhundertneununddreißig Tage war er mit Grete verheiratet gewesen. Nicht schlecht für einen Mann, der erst mit zweiundvierzig geheiratet hatte; eine Ehe, die er nicht angestrebt hatte, bis zu dem Moment, als Grete begann, bei ihm Fahrstunden zu nehmen. Von da an gab es nichts, was er mehr wollte.

Grete lebte nach Arthurs Tod noch weitere sechs Jahre. Es waren keine schönen Jahre mehr. Dafür sorgte die Obrigkeit, die der Witwe nicht dieselbe Achtung erwies, die sie Arthur gezollt hatte. Die Stadt Görlitz vertrieb Grete aus ihrem Haus in der Tannenbergstraße und stellte ihr als Ersatz eine Zweizimmerwohnung zur Verfügung. In der DDR war dieser Umgang mit Privateigentum gang und gäbe, und jetzt, da Arthur nicht mehr lebte, sah man keinen Grund, es bei Grete anders zu halten.

Grete hatte fast ein Leben lang in einem Haus gewohnt. Die erste gemeinsame Wohnung des jungen Paares war eine Ausnahme gewesen. Das Haus in der Tannenbergstraße war ihre Festung, gebaut in finsterer Zeit, ein «Trotzdem» aus Stein. Die DDR durfte es ihr nicht wegnehmen. Die Enteignung war ein ruchloser Akt.

Dann brach sich Grete den Oberschenkelhals. Von da an wollte sie nicht mehr. Nicht ohne Arthur. Nicht ohne das Haus. Als wir sie in Görlitz besuchten, richtete sie sich auf, in ihr war noch immer Grete die starke Frau, die ihren Mann geliebt und geschützt hatte, und die ihre Söhne liebte und immer noch bemutterte. Doch sie wurde immer weniger. Am 12. Juli 1987, mit einundachtzig Jahren, war Grete Schlesingers bemerkenswertes Leben vorbei. Wir haben sie beweint und beerdigt.

Aber natürlich hat der Tod nicht das letzte Wort: Grete und Arthur leben weiter. Hier in diesem Buch, in ihren Söhnen Peter und Jochen und in mir, der Enkelin.

Nachwort

Grete und Artur Schlesinger haben wirklich so gelebt. Sie haben am 9. November 1932 geheiratet, gegen den Willen von Max Lehmann, Gretes Vater, der seinen Schwiegersohn sein Leben lang ignorierte, weil er nicht standesgemäß, und vor allem, weil er ein Jude war. Artur hat wirklich in den Jahren 1938 und 1940 zwei Patente bekommen, und das Ehepaar hat wirklich das Haus in der Tannenbergstraße in Görlitz gebaut, von dessen allmählichem Werden es einen siebenundzwanzigminütigen Film gibt.

Grete und Artur waren mit Werner Finck, dem Kabarettisten, befreundet und kannten Victor Klemperer, den Romanisten, der den verdienten Ruhm erst fünfunddreißig Jahre nach seinem Tod erntete. 1995 erschienen zwei Bände seiner Tagebücher, die er seit 1933 geschrieben hatte, als Zeugnis dafür, wie die Nazi-Ideologie das Denken und Fühlen der Deutschen in Besitz nahm.

Eva und Victor Klemperer in Dresden waren ein «gemischtrassiges» Paar nach den Gesetzen des Nazi-Rassenwahns, genauso wie die Schlesingers in Görlitz: beide Frauen «deutschblütig», beide Männer Juden. Auch die überraschende Karriere, die Artur nach 1945 zuerst in der Sowjetischen Besatzungszone und später in der DDR hinlegte, entspricht den Tatsachen. Dabei entging ihm die Ironie nicht, die in dieser späten Entwicklung lag: Zwölf Jahre lang hatten ihn die Nazis als Juden ausgegrenzt und benachteiligt und bedroht. Danach belohnte ihn die sowjetische Besatzungsmacht dafür, dass er Jude war, als sie nach Menschen für den Wiederaufbau suchte, die sich nicht mit dem NS-Regime eingelassen hatten.

Sämtliche Zäsuren im Leben von Artur und Grete haben sich so wie beschrieben ereignet. Deshalb stehen sie auch im Zentrum der Erzählung, die durch die Deportation und den Tod von Arturs Mutter und den Fast-Mord an Max Rosenau, dem Schwager und Rabbiner in Mühlhausen, tragisch überschattet ist. Zu den dramatischen Ereignissen gehört natürlich auch, dass die Gestapo Artur im November 1938, nach der Reichspogromnacht, vier Wochen in Haft nahm.

Grete und Artur zeichnen sich dadurch aus, dass sie sich von Hitler nicht unterkriegen lassen, dass ihnen in der Not immer wieder etwas einfällt und dass sie sich dagegen wehren, Opfer des NS-Regimes zu werden. Die beiden verbindet eine große Liebe und eine große Zuversicht. Sie hegen keine Illusionen und denken immer wieder darüber nach, was möglich ist und was nötig ist und ob es richtig ist, in Deutschland zu bleiben, anstatt zu emigrieren. Jeder der beiden beweist immense Stärke und überwindet Phasen der Schwäche. Und sie haben das Glück, in Anstand zu überleben, wie sie es sich vorgenommen haben.

Für die Erzählung konnte ich mich auf zwei wunderbare Kronzeugen verlassen. Die eine Kronzeugin ist meine Frau Patricia Schlesinger. Sie ist die Enkelin von Grete und Artur. Ab und zu lasse ich sie in die Erzählung eingreifen, weil sie ihre Großeltern kannte und besonders mit Grete vertraut war; lasse sie einen eigenen Blick auf die Ereignisse werfen und mit den Erfahrungen ihrer Generation darüber nachdenken.

Der andere, noch wichtigere Kronzeuge ist mein Schwiegervater Peter Schlesinger. Er ist der Sohn von Grete und Artur. Peter wurde 1934 geboren und war bei Kriegsende knapp elf Jahre alt. So hat er als Kind mehr miterlebt, als seinen Eltern lieb war. Der Krieg und die Lebensgefahr haben ihn geprägt.

Mit ihm habe ich zahllose Gespräche geführt, um ein Gefühl für die Biographie seiner Eltern zu bekommen. Immer wieder habe ich ihn dann während des Schreibens angerufen und nach Details gefragt. Da er ein gutes Gedächtnis besitzt, konnte er sich an erstaunlich viele Einzelheiten erinnern. Oft hat ihn eine Frage ins Nachdenken gebracht, und dabei fiel ihm dann noch mehr ein, wovon er selber überrascht war. Heute weiß er, dass er mehr über diese Zeit und seine Eltern behalten hatte, als ihm bewusst gewesen war. Die Arbeit am Buch erwies sich für ihn als Graben im Gedächtnis, was manchmal auch schmerzlich gewesen sein muss.

Peter hat mir eindringlich geschildert, wie es damals zu Hause zuging, wie er seine Eltern erlebt hat, wie das Haus und der Garten aussahen und wie es war, als Gretes alte Freundin Anneliese samt Ehemann und zwei Kindern ins Haus einzog. Er brachte mir seine Eltern nahe, ihre Rituale, ihren Umgang miteinander, ihr Zusammenspiel. Er hatte ein gutes Verhältnis zu seinen Eltern; er kommt nach seinem Vater.

Peter hat die Faszination seines Vaters für das Automobil geerbt und durfte schon als kleiner Junge beim Fahren schalten und steuern. Sein Vater nahm ihn in den Ferien sogar mit, wenn er in den Städten Niederschlesiens Feuerlöscher auslieferte. Peter schilderte mir auch geduldig die technischen Erfindungen, die Artur ausgetüftelt hatte und von denen ich wenig verstand. Mitten im Schreiben kam ich auf die Idee, mich an das Patentamt in München zu wenden, und erhielt prompt vier Tage später die Bestätigung über die beiden Patente. Das war für uns alle eine Überraschung.

Die zweite Erfindung ging offiziell auf die Firma Ad. Voigt in Bremen zurück. «Der Erfinder hat beantragt, nicht genannt zu werden», steht auf der Patentschrift vom 9. Mai 1940. Warum wollte Artur nicht erwähnt werden? Für ihn gab es Grund zur Vorsicht: den heraufziehenden Krieg, die Ausgrenzung der Juden. Aber wie kam er auf diese Firma, und warum vertraute er ihr seine Erfindung an? Was ging dem Patent voran?

Die Firma Ad. Voigt kam durch die Erfindung des Wagenhebers 1926 zu Ruhm. Möglicherweise wollte Artur wissen, wer dahintersteckte, und lernte so den Inhaber kennen und schätzen.

Die Firma Voigt gibt es heute noch, sie heißt jetzt aber dank einiger Buchstabendreher Vigot Industrietechnik und hat mit Automobilen nichts mehr zu tun. Mit ihr nahm ich Kontakt auf, in der Hoffnung, mehr über die Verabredung von damals zu erfahren. Es musste ein Archiv geben, dachte ich, in dem vielleicht Unterlagen und Briefe aufbewahrt waren. Aber so war es nicht. Vom geschäftsführenden Gesellschafter Lars Blatt bekam ich die Auskunft, dass das Firmenarchiv im Krieg in Flammen aufgegangen war.

Dem Schreiben am Buch ging eine längere Phase der Recherche voran. Im Besitz der Enkelin befanden sich etliche Dokumente, zum Beispiel über Rieke Schlesingers Tod; Artur glaubte bis zuletzt, seine Mutter sei in Auschwitz umgebracht worden. Tatsächlich gibt es eine Regine Schlesinger, die in Auschwitz starb, aber das Geburtsdatum stimmte nicht mit dem der Großmutter Schlesinger aus Görlitz überein. Um die Wahrheit herauszufinden, bat ich die Hamburger Wissenschaftlerin Dr. Beate Meyer, eine grandiose Expertin für die Geschichte der Juden in Deutschland, um

Mithilfe. Sie fand heraus, dass Rieke Schlesinger nicht in Auschwitz, sondern in Theresienstadt gestorben ist. Datum und angebliche Todesursache gehen aus dem Totenschein hervor, der das korrekte Geburtsdatum angibt.

Im Ratsarchiv der Stadt Görlitz fand ich einige Unterlagen, die Artur zum Teil selber geschrieben hatte, zum Beispiel einen Antrag auf Anerkennung als Verfolgter des Nazi-Regimes und dazu einen Lebenslauf, der sich auf die Zeit von 1933 bis 1945 konzentriert. Der Schriftverkehr mit dem Sippenamt, der zur Anerkennung Arturs als Halbjude führte, ist hingegen verschollen.

So steht die Geschichte von Grete und Artur auf historischem Fundament. Die Erzählung, die darauf aufbaut, sollte so plausibel wie möglich sein, auch dort, wo sie, etwa in den Gesprächen, notwendigerweise nicht belegt werden kann. Ich habe mich gefragt, wie sich Grete und Artur beim Abendhalten, ihrem schönen Ritual (das wiederum verbürgt ist), unterhalten haben mögen. Ich habe Menschen erfunden wie die Vannahmes oder von Bredows oder die Mersheimers oder die anderen Handelsreisenden, auf die Artur unterwegs stößt. Sie stehen im Kontrast zu den Schlesingers oder ergänzen sie.

Manchmal habe ich ein wenig nachgeholfen. Paul und Irma Mühsam, die in Görlitz lebten und wirklich zu den ersten Emigranten aus Deutschland gehörten, waren nicht so eng mit den Schlesingers befreundet, wie es im Buch behauptet wird. In den Passagen, in denen Werner Finck von seinen Erfahrungen im Konzentrationslager Esterwegen berichtet, zitiere ich ihn aus seinem Buch «Alter Narr, was nun?». Das schien mir angemessen zu sein.

Ich habe versucht, eine plausible Rekonstruktion zu schreiben, in der die historischen Fakten narrativ aufgehoben sind. Am Ende konnte nur ein Mensch darüber entscheiden, ob die Methode an die Wahrheit heranreicht, und das ist der Sohn von Grete und Artur. Ihn habe ich immer wieder gefragt: Sind das deine Eltern? Wie wirkt es auf dich, wenn du liest, wie ich sie miteinander reden lasse? Wie gingen die Bergrennen damals vor sich, die Artur gewann? Kannst du dich an deine Großmutter Rieke erinnern, und ist sie ungefähr so gewesen, wie ich sie beschreibe? Was weißt du vom Krieg?

Am Ende meinte Peter, die Geschichte von Grete und Artur rücke ihm ganz nah, hautnah.

Ironischerweise hat auch Peter im Laufe der Arbeit an dieser Erzählung Neuigkeiten erfahren. Er kannte zum Beispiel das Büchlein nicht, das seine Mutter bei seiner Geburt angelegt hatte. Daraus geht hervor, wann er getauft wurde, wann er zur Schule kam, wann Max Lehmann, Gretes Vater, starb und wo sich Grete mit den beiden Kindern im Sommer 1941 aufhielt, als Hitler die Sowjetunion überfiel. Erst vor kurzem übergab ich Peter das Büchlein, das er bewegt durchblätterte. Ich habe es von der Enkelin, meiner Frau, erhalten, der es wiederum Grete, ihre Großmutter, geschenkt hatte.

Ich habe Grete und Artur nicht mehr kennengelernt. Als ich Teil der Familie Schlesinger wurde, waren beide schon tot. Mira Rosenau habe ich in Israel kennengelernt. Sie war die Tochter des Mühlhäuser Rabbiners Max Rosenau, dessen Leidensgeschichte ausführlich dokumentiert ist. Sie war mit Adi verheiratet, der ebenfalls aus Deutschland fliehen musste. Zu viert haben wir lange geredet, über damals und heute, über die Macht der Vergangenheit über die Gegenwart, über Deutschland und Israel. Die beiden, immerhin, standen mir beim Schreiben vor Augen.

Ich habe in meinem Leben viele Bücher über die Zeit des Nationalsozialismus gelesen, viele Filme und Dokumentationen angeschaut. Ich habe als Journalist für den «Spiegel» im Jahr 2001 eine Serie in dreiundzwanzig Teilen verantwortet, die sich mit der «Gegenwart der Vergangenheit» beschäftigte. Irgendwann dachte ich mir, es sei genug an Beschäftigung mit der deutschen Vergangenheit. Aber sie hat mich nicht losgelassen.

An Artur und Grete imponierte mir das Gegenläufige, das Widerspenstige. Artur findet Nischen und Lücken im System und richtet sich dort ein. Mit seiner besonderen Gabe, der Listigkeit, findet er immer wieder eine Anstellung. Und nebenbei mausert er sich, nicht mehr jung, zum Erfinder und dann kurz vor Kriegsende auch noch zum Widerstandskämpfer.

Mehr noch als ich fand meine Frau es überfällig, dass ein Buch über Grete und Artur geschrieben wird. Dazu hat sie mich ermuntert, ohne mich zu bedrängen, was eine große Kunst ist. Dafür bin ich ihr mehr als dankbar.

Bildnachweis

Archiv für Kunst und Geschichte: XI (oben)
Schwarze, Walter: V (unten)
Spörl, Gerhard: I, II, III (oben), III (unten), IV (oben), V (oben), VII (oben), VII (unten), VIII (oben), VIII (unten), IX, X, XII (oben), XII (unten), XIII (oben), XIII (unten), XIV, XV, XVI
Ullstein Bild: VI (oben), VI (unten), XI (Mitte), XI (unten)

MIX
Papier aus verantwortungsvollen Quellen
FSC® C083411
www.fsc.org

Das für dieses Buch verwendete Papier ist FSC®-zertifiziert.